中國史學基本典籍叢刊

國初群雄事略

〔清〕錢謙益 撰
韓志遠 張德信 點校

中華書局

圖書在版編目(CIP)數據

國初群雄事略/(清)錢謙益撰;韓志遠,張德信點校.
—北京:中華書局,2021.4(2024.8重印)
(中國史學基本典籍叢刊)
ISBN 978-7-101-15074-2

Ⅰ.國…　Ⅱ.①錢…②韓…③張…　Ⅲ.明代農民起義-史料　Ⅳ.K248.01

中國版本圖書館CIP數據核字(2021)第030929號

責任編輯:許　桁
封面設計:周　玉
責任印製:韓馨雨

中國史學基本典籍叢刊
國初群雄事略
〔清〕錢謙益 撰
韓志遠　張德信 點校
*
中華書局出版發行
(北京市豐臺區太平橋西里38號　100073)
http://www.zhbc.com.cn
E-mail:zhbc@zhbc.com.cn
北京新華印刷有限公司印刷
*
850×1168毫米 1/32・12印張・2插頁・220千字
2021年4月第1版　2024年8月第3次印刷
印數:4501-5300冊　定價:42.00元

ISBN 978-7-101-15074-2

目録

出版説明

國初群雄事略，錢謙益編撰。

錢謙益（一五八二——一六六四）字受之，一字牧齋，江蘇常熟人。萬曆庚戌進士。歷任翰林院編修、右春坊中允、詹事府少詹事、禮部右侍郎兼翰林院侍讀學士、禮部尚書等職。後降清，任内秘書院學士兼禮部侍郎，充明史館副總裁，僅任職六月，即告病回鄉，閒居至死。

錢謙益一生著述頗多，國初群雄事略即其中一種。此書對元末農民起義的史料，廣徵博引，使一些今已散失的資料得以保存下來。作者還對有疑問的史事及錯訛之處，附按語詳加校訂。它是研究元末明初歷史的一部重要史料。

本書絳雲樓藏書目稱開國群雄事略，大約編撰於明天啓六年（一六二六）前後，共十五卷。後有漢唐齋馬氏、蘭味軒莊氏藏鈔本（十五卷）、清鈔本（不分卷）、黄丕烈藏鈔本（十四卷）、張爾田藏鈔本（十四卷）、沈韻齋藏鈔本（十四卷）等。近人張鈞衡以馬氏、莊氏藏兩鈔本相互校訂，定爲十二卷，收入適園叢書。

現以中國社會科學院近代史研究所藏沈韻齋鈔本爲底本，參照清鈔本和適園叢書本加以標點校勘。在校勘過程中，對書中所引資料，其書尚存者，均取原書校核；所注資料出處不够詳明的，予以查補。凡鈔本中因訛、舛、衍、脱而有乖文義者，加以改正，並作校勘記附在每卷之末。但編撰者略去的文字，不再補入。書中所引資料，原書今已散失者，用有關史料校勘，不動原文，只在校勘記中説明。對書中個别疑誤而不能斷定者，加注存疑。另外，將適園叢書本張鈞衡跋附後，以備參閲。

本書的標點校勘工作由張德信、韓志遠同志担任。錯誤和不妥之處，請讀者批評指正。

一九八〇年十二月

國初群雄事略序

序録開國群雄，首滁陽、亳都者，何也？志創業也。數月而館甥，期年而别將，脱真龍於魚服之中，而借以風雷，傅之羽翼。滁陽之於聖祖，其亦天造草昧，有開必先者乎！元失其鹿，斬木揭竿，魚書狐呼之徒，汝、潁先鳴，淮、徐響應，濠城遥借聲勢，因緣起事，而滁陽位又在四雄之下。彭、趙，徐城之逋寇也，儼然踞坐堂皇，指揮奔走，所謂微乎微者也。滁陽既殁，孤軍無倚，假灤城之虚名，嘘崖山之餘燼，用以部署東南，號令天下。定臺城，開吴國，建帝王萬世之業。日月出而爝火熄，於是龍鳳之君臣事業，風銷烟滅，杳然蕩爲窮塵，而淪爲灰劫矣。嗟夫！安豐之擐甲，寧逆耳于青田；瓜步之膠舟，終歸獄于德慶。漢祖天授，不諱受命于牧羊；光武中興，聊復稱帝於銅馬。用是繫以年月，疏其終始，仿司馬遷楚漢月表之意，俾後世有觀焉。昔張衡上書謂：「更始居位，光武初爲其部將，然後即真。〔一〕宜以更始之號，建于光武之初。」然則龍鳳之號，或亦高皇帝之所不廢也。次僞天完，次僞漢，次僞夏，志割據也。次東吴，次慶元，志盗竊也。天命不僭，夷狄有君，故以擴闊、陳友定終焉。於乎！有元非暴虐之世，庚申非亡國之君也，惟其聰明自用，優柔不斷，權分椒塗，政出姦佞。寵賂於焉滋章，紀綱爲之委替。沙河之潰師，費以億萬，而敗將歸踞于臺端；高郵之圍寇，功在漏刻，而大軍立卸于城下。省院之駁議未決，而航海之寶賄直達于宮中；江淮之壁壘方新，而曠林之干戈相尋於閫外。馴至撫軍之院，朝設而夕罷；講解之書，此奉而彼格。南討之詔旨甫出河北，而北征之師旅已搗燕南。然後仰觀乾象，而喟然知事之不可爲也，寧有及乎！詩不云乎：「殷鑒不遠，在夏后之世。」後之人主讀儀鑒之詩，而以庚申爲前車，雖與天無極可也。

書成後之十六年涂月朔，舊史官錢謙益謹叙

校勘記

〔一〕然後即真：原本脱「即」。後漢書卷五九張衡傳載：「又更始居位，人無異望，光武爲其將，然後即真。宜以更始之號，建於光武之初。」據補。

國初群雄事略　卷之一

宋小明王

王名林兒，姓韓氏，其父山童，欒城人。〔一〕至正十五年二月，劉福通等迎立即位於亳，建國號曰宋，改元龍鳳，又號小明王。在位凡十有二年，丙午冬十二月殁於瓜埠。

至正十一年辛卯五月辛亥，潁州妖人劉福通作亂，以紅巾爲號，陷潁州。初，欒城人韓山童，祖父以白蓮會燒香惑衆，謫徙廣平永年縣。〔二〕至山童，倡言天下大亂，彌勒佛下生，河南及江淮愚民皆翕然信之。福通與杜遵道、羅文素、盛文郁、王顯忠、韓咬兒等復鼓妖言，謂山童實宋徽宗八世孫，當爲中國主。福通等殺白馬、黑牛，誓告天地，欲同起兵爲亂。事覺，縣官捕之急，福通遂反。山童就擒，其妻楊氏，其子韓林兒逃之武安。元史順帝本紀。

先是，至正庚寅間，參議賈魯，以當承平之世，欲立事功，首勸丞相脱脱開河北水田，造至正交鈔，皆不克行。及河決南行，又勸脱脱求禹故道，開使北流，身專其任。

潁河起集丁夫二十六萬餘人，朝廷所降食錢，官吏多不盡支，河夫多怨。韓山童等因挾詐，鑿石人，止一眼，鐫其背曰：「莫道石人一隻眼，此物一出天下反。」預當開河道埋之。掘者得之，遂驚亂。是時，天下承平已久，法度寬縱，貧富不均，多樂從亂。不旬月，衆殆數萬人。葉子奇草木子

先是，庚寅歲，河南、北童謠云：「石人一隻眼，挑動黄河天下反。」及魯治河，果於黄陵岡得石人，一眼，而汝、潁妖寇遂乘時而起。胡粹中元史續編

至正十一年，濮州遂安童謠云：「挖了石佛眼，當時木子反。」是年秋，芝麻李稱王。

五月，潁州紅軍起，〔三〕號爲香軍，蓋以燒香禮彌勒得名也。其始出趙州欒城韓學究家，已而河、淮、襄、陝之民，〔四〕翕然從之。故荆、漢、許、汝、山東、豐、沛以及兩淮紅軍皆起應之。起潁上者，推杜遵道爲首，破成皋，據倉粟，從者數十萬，陷汝寧、光、息、信陽。起蘄、黄者，宗彭瑩玉和尚，推徐貞逸爲首，陷德安、沔陽、安陸、武昌、江陵、江西諸郡。起湘、漢者，推布王三、孟海馬爲首。〔五〕布王三號北鎖紅軍，奄有唐、鄧、南陽、嵩、汝、河南府；孟海馬號南鎖紅軍，奄有均、房、襄陽、荆門、歸、峽。起豐、沛者，推芝蔴李爲首。庚申外史

韓山童詐稱徽宗九世孫，僞詔略曰：「蘊玉璽於海東，取精兵於日本。貧極江南，〔六〕富誇塞北。」蓋以宋廣王走崖山，丞相陳宜中走倭。託此説以動摇天下，當時貧者從亂如歸。朝廷發兵誅之，雖即擒獲，而亂階成矣。草木子

十二年五月，監察御史徹徹帖木兒等言：「河南群盗輒引亡宋故號以爲口實，宜以瀛國公子和尚趙完普及親屬徙沙州安置，禁勿與人交通。」從之。元史

壬申，命同知樞密院事禿赤以兵討劉福通，授以分樞密院印。

朝廷聞紅巾起，命樞密院同知赫厮、禿赤領阿速軍六千，并各支漢軍，討潁上紅軍。阿速者，緑睛回回也，素號精悍，善騎射，與河南行省徐左丞俱進軍。三將沉湎酒色，〔七〕軍士但以剽掠爲務。赫厮軍馬望見紅軍陣大，揚鞭曰：「阿卜！」阿卜者，言走也。於是所部皆走。至今淮人傳以爲笑。其後，赫厮死於上蔡，徐左丞爲朝廷所誅。阿速軍不習水土，病死者過半。庚申外史

劉福通據成臯，攻破羅山、上蔡、真陽、確山，遂犯舞陽、葉縣等處。

六月，汴梁路同知黄頭守項城縣，〔八〕被執，不屈死。時尚乘卿那海戍項城，謂子伯忽都、姪阿剌不花等曰：「狂賊新執黄頭，勢㒩突甚，與其坐斃，孰若進討。苟天未厭亂，吾一門不忝卞尚書矣。」伯、阿等曰：「大人誓許國，兒輩何愛死！」遂力戰，多

所殺獲，卒以援絶，咸死之。七月，安東萬户朵哥、千户高安童並中流矢死潁州。〔九〕

王逢死節詩後序

西臺御史張桓謝職居確山縣，賊久知桓名，襲獲之，羅拜，請爲帥。弗聽。囚六日，仰天詈叱，屢唾賊面。賊知終不可屈，遂刺之。元史

妻孥九人并遇害。王逢序

八月丙戌，蕭縣李二及老彭、趙君用反，攻陷徐州。趙君用，太祖實録作趙均用。

李二號芝蔴李，亦以燒香聚衆而反。芝蔴李，邳州人也。值歲饑，其家惟芝蔴一倉，盡以濟人，故得此名。賈魯挑黄河，所在廢業，芝蔴李與鄰人趙君用謀起事，曰：「朝廷多事，百姓貧苦無告，吾聞潁上香軍起，官軍無如之何，此男子取富貴之秋也！」君用者，趙社長也。謂李曰：「我所知某人、某人可用，燕城南彭二勇悍，有膽略，我當爲汝致之。」乃往，入門見其方礪斧斤，問之曰：「汝將何爲？」彭二應曰：「官府不足靠，日夜伺州縣賑濟，饑無所得，將伐薪入城换米喫耳。」君用呵之曰：「好男子，何處不得一頓飽飯喫耶！汝能從我，豈但衣食而已，富貴由汝。」彭二即解其意，應曰：「其中有芝蔴李乎？」君用曰：「然。」遂引見芝蔴李，因得八人，歃血同盟。八月十日，僞爲挑河夫，夜投徐城。留城中，門卒拒之，曰：「我挑河夫也。借一宿何

傷？」其半因突入，其半在外。夜四更，城内爇四火，城外亦爇四火應之。既而復合爲一，城内外吶喊相應，城内四人奪軍仗斬關，城外四人突入，同聲叫殺。民皆束手從命。天明，樹大旗募人爲軍，從之者近十餘萬。造浮橋四出掠地，奄有徐州近縣及宿州五河、虹縣、豐、沛、靈璧，西并安豐、濠、泗。事聞，朝廷省吏抱牘題曰「謀反事」。〔一〇〕脱脱觀其牘，改題曰：「河南漢人謀反事。」識者知元不復能有天下矣！河南漢人可盡誅乎！其後，張士誠起淮海，趙明遠起徐州，毛貴起山東，明元帥起四川。獨本朝龍興淮南，〔一一〕即以建康爲天下根本。先是，童謡曰：「富漢莫起樓，貧漢莫起屋，但看羊兒年，便是吴家國。」迨本朝定都建康，〔一二〕築郊壇於南門，郊天受命，改至正二十七年爲吴元年，實丁未也，豈不驗哉！庚申外史

蘄州羅田縣徐貞一，名壽輝，與麻城人鄒普勝等以妖術陰謀聚衆，遂舉兵爲亂，亦以紅巾爲號。九月，劉福通陷汝寧府及息州、光州，衆至十萬。

福通攻汝寧。九月，汝寧知府完哲、府判福禄護圖連抗十日，〔一三〕城垂陷，仰天呼曰：「臣等義不辱！」竟投水中。王逢詩序

壬子，命御史大夫也先帖木兒知樞密院事，及衛王寬徹哥總率大軍出征河南妖寇。

汝、潁之間妖寇聚衆反，以紅巾爲號，襄、樊、唐、鄧皆起而應之。脱脱乃奏以弟也先帖木兒爲知樞密院事，將諸衛軍十餘萬討之。元史脱脱傳

十月，命知樞密院事老章以兵同也先帖木兒討河南。

十二月辛丑，也先帖木兒復上蔡縣，擒韓咬兒等至京師，誅之。

十二月，宣徽院使帖木兒、河南萬户察罕，相繼鏖死南陽卧龍岡下。王逢詩序

是月，布王三陷鄧州、南陽。〔一四〕庚申外史

至正十二年壬辰正月，命逯魯曾爲淮東添設元帥，統領兩淮所募鹽丁五千討徐州。

淮東元帥逯善之上言：「官軍不習水土，宜募場下鹽丁，可以攻城。」又有淮東豪民王宣亦上言：「鹽丁本野夫，不如募城墅趫勇慣捷者，可以攻城。」前後各得三萬人，皆黄衣、黄帽，號曰黄軍。脱脱用以攻徐州，一鼓克之。庚申外史

正月，孟海馬陷襄陽，徐真逸陷湖廣。庚申外史

二月乙亥朔，定遠人郭子興、孫德崖及俞某、魯某、潘某等起兵，自稱元帥，攻拔濠州，據其城守之。

是年正月，定遠縣富民郭姓者，燒香聚衆，稱亳州制節元帥，起定遠縣。二月二

十六日克濠州，三月初二日克曹縣。俞本皇明記事錄

三月壬子，河南左丞相太不花克復南陽等處。

太不花，弘吉剌氏。〔一五〕時老章出師久無效，詔太不花將兵往代之。未期月，平南陽、汝寧、唐、隨，又下安陸、德安等路，軍聲大振。元史太不花傳

脱脱調太尉阿吉剌攻汝寧。〔一六〕汝寧紅軍懼，退保亳州。阿吉剌攻平汝寧城。庚申外史

辛酉，命親王阿兒麻以兵討商州等處賊，以鞏卜班知行樞密院事。

赫厮既死，朝廷别命平章鞏卜班爲將，領侍衛漢軍，合愛馬韃靼軍，合數萬衆屯汝寧沙河岸，日夜沉溺酒色，醉卧不醒。敵人偷營，遽失大將所在。次日閲死人，得其屍死人中，軍遂退數百里，屯項城縣。庚申外史

閏三月甲戌，大明太祖高皇帝起兵，入於濠州。也先帖木兒駐軍沙河，軍中夜驚。軍潰，退屯朱仙鎮。

也先帖木兒總精兵三十餘萬，〔一七〕金銀布帛，車數千輛，河南、北供億計億萬，駐軍沙河。未及兩月，軍中夜驚，也先盡棄軍資、器械、糧運，〔一八〕車輛山積，僅收散卒滿萬人，直抵汴城下。時文濟王在城頭，遥謂之曰：「汝爲大將，見敵不殺，何故自潰？

吾將劾汝，此城必不容汝也！」遂離城四十里朱仙鎮屯焉。朝廷乃命平章蠻子代之。庚申外史

也先帖木兒盡棄軍資器械，北奔汴梁，收殘卒，屯朱仙鎮。朝廷以爲不習兵，命別將代之。也先帖木兒徑歸，昏夜入城，仍爲御史大夫。元史脱脱傳

詔四川行省平章政事咬住以兵東討荆襄賊，克復忠、萬、夔、雲陽等州。四月，復歸州，進攻峽州，誅賊李太素等，遂平之。

五月，答失八都魯到荆門募兵，趨襄陽，與賊戰，大破之。

十一年，特除答失八都魯爲四川行省參知政事，從平章咬住討賊於荆襄。咬住兵既平江陵，答失八都魯請自攻襄陽，進次荆門，賊十萬，官軍三千餘，遂用宋廷傑計，招募襄陽官吏及土豪避兵者，得義丁二萬，編排部伍，敗賊於蠻河。進至襄陽城南，大戰，生擒僞將三十人，腰斬之。賊閉門不復出。乃相視形勢，内列八翼，包絡襄城，外置八營，軍峴山、楚山，以截其援。自以中軍四千據虎頭山，以瞰城中。城中之人縋城爲内應，五月朔日破之。僞將王權領千騎西走，遇伏兵，被擒，襄陽遂平。元史答失八都魯傳

九月，太傅、中書右丞相脱脱總兵復徐州，屠其城，芝蔴李遁走。

紅巾芝蔴李據徐州，脱脱請自行討之。九月，師次徐州，攻其西門。賊出戰，以鐵翎箭射其馬首，脱脱不爲動，麾軍擊之。賊城堅，不可猝拔。用也速計，以巨石爲礮，晝夜攻之，賊困莫能支，也速攻入其外郛。明日城破，芝蔴李遁去。獲其黄繖旗鼓，燒其積聚，追擒僞千户數十人，遂屠其城。詔即軍中加脱脱太師，趣還朝。（元史脱脱、也速傳）

芝蔴李據徐州，元命脱脱總番、漢兵數十萬平之，改爲武安州。（皇明紀事）

脱脱平徐州，以得芝蔴李奏功。月餘始獲芝蔴李，械送京師，脱脱密令人就雄州殺之。（庚申外史）

趙君用、彭祖住率餘黨奔濠州，脱脱命賈魯追擊之。（龍飛紀略）

按彭祖住，實録作早住，彭大之子也。奔濠州者，當爲彭大，其辨詳見滁陽事略中。

察罕帖木兒與李思齊同起義兵。

察罕帖木兒係出北庭，家河南，爲潁州沈丘人。幼篤學，嘗應進士舉。身長七尺，修眉覆目，左頰有三毫，或怒則毫皆直指。居常慨然有當世之志。至正十一年，盜發汝、潁，不數月，江淮諸郡皆陷。朝廷徵兵致討，卒無成功。十二年，察罕帖木兒乃奮義起兵，沈丘之子弟從者數百人。與信陽之羅山人李思齊合兵，同設奇計襲破羅山。事聞，朝廷授察罕帖木兒中順大夫、汝寧府達魯花赤，李思齊知汝寧府。於是，所在義士俱將兵來會，得萬人，自成一軍，屯沈丘，數與賊戰，輒克捷。元史察罕帖木兒傳

潁州沈丘探馬赤軍察罕帖木兒，與羅山縣典史李思齊集衆號義兵，克復羅山，朝廷授察罕羅山縣達魯花赤，李思齊縣尹。上曰：「人言國家輕漢人，如此果輕漢人也。」下吏部再議，於是察罕授汝寧府達魯花赤，思齊知府。庚申外史

至正十三年癸巳五月壬午，元將賈魯卒於濠州軍中，元兵解圍去。

十二月，陝西平章政事孛羅、四川行省右丞答失八都魯復均、房等州，詔孛羅等守之。

九月，答失八都魯率兵略均、房，平轂城，攻武當山寨數十，獲僞將杜將軍。十二月，趨攻峽州，破僞將趙明遠木驢寨。十四年正月，復峽州。元史答失八都魯傳

至正十四年甲午三月丙子，潁州陷。

五月甲子，安豐、正陽賊圍廬州。

十月戊戌，詔答失八都魯及太不花等會軍討安豐。

十一月，答失八都魯復苗軍所據鄭、鈞、許三州。〔一九〕

十二月，復河陰、鞏縣。

龍鳳元年乙未至正十五年閏正月，——大明兵取和陽，遂守之。

二月己未，〔二〇〕劉福通等自碭山夾河迎韓林兒至，立爲皇帝，又號小明王，建都亳州，國號宋，改元龍鳳。以其母楊氏爲皇太后，杜遵道、盛文郁爲丞相，羅文素、劉福通爲平章，劉六知樞密院事。

至正十五年，乃小明王龍鳳元年，稱帝於亳，後遷都安豐，號宋徽宗九世嫡孫，臣民稱爲主公，實韓哥哥之子也，小名林兒，太保劉福通等扶以爲主。於時上亦受節制。俞本皇明紀事録

拆鹿邑縣太清宫材建宫闕，杜遵道等各遣子入侍。遵道得寵專權，劉福通疾之，命甲士撾殺遵道，福通遂爲丞相，後爲太保。元順帝本紀

林兒徒擁虚名，事皆决於福通。高岱鴻猷録

毛貴、田豐、杜遵道等奉韓山童爲主公，分兵攻掠。其下有劉太保者，每陷一城，以人爲糧，食人既盡，復陷一處，故其所過，赤地千里。草木子

樞密院掾史杜遵道棄去不仕，適潁州，遂爲紅軍舉首。先是，伯顔爲丞相，馬札

兒台爲知院，遵道爲書生，上言：「請開武舉，以收天下智謀勇力之士。」馬札兒台遂補爲掾史。既而遵道知不能行其策，遂棄之去。後乃爲賊中舉首云。庚申外史

馬鑑，壽州人，年十四，爲盛文郁養子，冒其姓，文郁卒，鑑代領其衆，居安豐，自爲同僉。我師救安豐，鑑遂來降，復馬姓，官至前軍都督府僉事，洪武二十七年卒。太祖實録

三月，郭子興卒。

四月，小明王檄授郭天叙爲都元帥，張天祐爲右副元帥，我太祖爲左副元帥。汝、潁倡亂者杜遵道、劉福通等，迎韓山童之子林兒爲帝，居于亳，遣人詣和陽招諸將，欲爲己用。諸將推張天祐往。天祐尋自亳歸，賫杜遵道檄，推子興之子爲都元帥，天祐爲右副元帥，上爲左副元帥。上曰：「大丈夫寧能受制於人耶？」遂不受。太祖實録

杜遵道、劉福通立韓林兒爲君，韓林兒造言宋苗裔也，〔二〕群雄是其門弟子，皆從之。時滁陽王方卒，歸葬滁陽。未久，聞召諭造言門弟子孰先後之？·〔三〕創亂之功孰魁況？孫德崖以滁陽部將，意欲統滁陽之衆。其子聞之，懼辨不能，以文召上代辨。上總兵於和陽，日與元戰。諸戰將謂張天祐曰；「公當自察，果能率衆禦胡，則朱

往；不然，則公往。」張遂代往。上發兵及親率將和陽西南民寨節次削平。張自亳歸，賚亳州杜遵道文憑，授滁陽王子爲都元帥，張爲右副，上爲左副。皇明本紀

郭元帥卒，衆奉其長子郭天叙爲都元帥，張天祐次之，上次之。俞本皇明紀事録

上初欲不受，曰：「大丈夫寧能受制於人耶？」後以諸將議，欲藉爲聲援，從之。紀年稱龍鳳，然事皆不禀其節制。高岱鴻猷録

六月，大明兵自和州渡江，取太平路。

自紅巾妖寇倡亂之後，南北郡縣多陷没，故大明從而取之。元史順帝本紀

置太平興國翼元帥府，諸將奉太祖爲大元帥。

六月，我太祖起兵，仍稱龍鳳年號。陸深平胡録 十一月，郭元帥、張天祐戰殁。太祖獨任元帥府事。俞本紀事録

十一月，答失八都魯攻夾河賊，大破之。

六月，答失八都魯進次許州長葛，與劉福通野戰，爲其所敗，將士奔潰。九月，至中牟，團結屯種。賊復來劫營，掠其輜重，遂與其子孛羅帖木兒相失。劉哈剌不花進兵來援，大破賊兵，獲孛羅帖木兒歸之。復駐汴梁東南青堽。元史答失八都魯傳

劉福通劫敗長葛營。趙明遠陷嵩、汝以及雒陽。〔三〕庚申外史

賊陷懷慶，命河南行省右丞不花討之。

十二月，答失八都魯大敗劉福通等於太康，遂圍亳州，僞宋主遁於安豐。香軍陷安豐。二月，陷和州。三月，破廬州。宣讓王棄城由浙浮海還燕，香軍遂乘勝渡江，破太平、建康、寧國，遂據江東。既而，池州、安慶尋皆敗歿。庚申外史

察罕帖木兒與賊戰於河南、北，屢有功。

十五年，賊勢滋蔓，由汴以南陷鄧、許、嵩、洛。〔三四〕察罕帖木兒兵日益盛，轉戰而北，遂戍虎牢以遏其鋒。賊乃北渡孟津，焚掠至覃懷，河北震動。察罕帖木兒進戰，大敗之，河北遂平。元史察罕帖木兒傳

龍鳳二年丙申至正十六年三月庚寅，大明兵取集慶路。

三月，答失八都魯父子親與劉福通對敵，自巳至酉，大戰數合，答失八都魯墜馬。孛羅帖木兒扶令上馬先還，自持弓矢連發以斃追者，夜三更步回營中。元史答失八都魯傳

秋七月己卯，諸將奉太祖爲吴國公，以元御史臺爲公府，置江南行中書者，太祖兼總省事。

時置江南行中書省，太祖總其事，以李善長爲參議官，郭景祥、陶安爲郎中，各分

房掌事。至是，諸將奉太祖爲吳國公，得專征伐，因置前、後、左、右、中翼元帥府。龍飛紀略

是月，亳都陞上爲樞密院同僉，以帥府都事李士元爲經歷。尋陞上爲江南等處行中書省平章，以故元帥郭天叙弟天祐爲右丞，經歷李士元（改名善長）爲左右司郎中，以下諸將皆陞元帥。俞本皇明紀事録

八月，李武、崔德破商州，奉元路判官王淵起兵復之。

九月庚辰，汝、潁賊李武、崔德等破潼關，參知政事述律杰戰死。

潼關失守哭參政述律杰存道詩云：「十月三日天地昏，將軍拒戰死轅門。火飛華岳三關破，血浸秦川萬馬奔。望越伍胥徒抉目，戰箕先軫不歸元。北風吹盡英雄淚，倚劍悲歌一愴魂。張翥蛻庵集

贈張直言南歸詩云：「載憂山東盜，兵禍久連結。誰憐酈生辯，竟墮韓侯譎。」注云：「參政述律存道事，與酈食其同。」延賢金臺集

壬午，豫王阿剌忒納失里、〔三五〕同知樞密院事定住引兵復潼關，河南行省平章政事伯家奴以兵守之。丙申，潼關復陷，伯家奴兵潰，豫王復以兵取之，李武、崔德敗走。戊戌，賊陷虢州及陝州。

察罕帖木兒復陝州及虢州，復襲敗賊兵於平陸、安邑。賊西陷陝州，斷殽、函，勢欲趨秦、晉。答失八都魯調察罕帖木兒與李思齊往攻之。察罕帖木兒即鼓行而西，夜拔殽陵，立栅交口。陝爲城，阻山帶河，險且固，賊轉南山粟給食以堅守，攻之猝不可拔。察罕帖木兒乃焚馬矢營中，如炊烟狀以疑賊，而夜提兵援靈寶城。守既備，賊始覺，不敢動，即渡河陷平陸，掠安邑，蹂晉南鄙。察罕帖木兒追襲之，蹙之以鐵騎。賊回扼下陽津，死者甚衆。相持數月，賊勢窮，皆遁潰。元史察罕帖木兒傳

十月乙丑，淮安城陷，江東廉訪使褚不華死之。汝、潁盜發，勢張甚。不華行郡至淮安，〔二六〕極力爲守禦計。賊與青軍攻圍日急，總兵者按不救，城中草木、螺蛤、魚蛙、燕鳥及鞍韂、革箱、鞾皮、敗弓之筋皆盡，而後老稚更相食。城陷，猶據西門力鬥。見執，爲賊所臠。不華守淮安五年，殆數十百戰，人比之張巡云。元史褚不華傳

元鎮南王孛羅普花鎮揚州，招降青軍元帥張明鑑爲濠、泗義兵元帥，俾駐揚州。丙申三月，明鑑等以食盡，謀作亂，逐鎮南王而據其城。鎮南王出走，至淮安，爲趙君用所殺。太祖實録

至正十六年三月，長鎗軍帥大小張鑑叛，據揚州，鎮南王退駐淮安。時憲使褚不華拒寇，趙負城、胡陳寨首鼠兩端，司馬朮真靈保説胡，〔二七〕誘獲趙人畜千百計。既饑，軍民相食，數求救援，平章老張不應。十月，城陷，不華抗敵死，王被執，逾月，不屈，妃某偕赴水死焉。靈保由海趣浙，寄跡老氏。王逢詩序

按：元史諸書皆云寇陷淮安，而不記爲何寇。觀實録及王逢詩序，則其爲趙君用明矣。君用自濠州圍解後，以甲午夏陷盱、泗，以丙申冬陷淮安，以丁酉冬據淮稱王，以己亥奔益都，殺毛貴，復爲續繼祖所殺。則君用之失淮，當即在戌、亥間耳。俟更考之。

十一月，河南陷，河南廉訪副使俺普遁。

劉福通遣將分略河南、山東、河北，大書旗聯云：「虎賁三千，直抵幽燕之地；龍飛九五，重開大宋之天。」遠邇傳聞，元都大震。秘閣元龜政要

十二月，答失八都魯遣使來獻捷。

十一月，攻取夾河劉福通寨。十二月庚申，次高柴店，逼太康三十里。是夜二

鼓，賊五百騎來劫，以有備亟遁。火而追之。比曉，答失八都魯督陣力戰，自寅至巳，四門皆陷。壯士緣城入其郛，斬首數萬，擒僞將軍張敏、孫韓等九人，殺僞丞相王、羅二人。辛酉，太康悉平，遣孛羅帖木兒獻捷。元史答失八都魯傳

龍鳳三年丁酉至正十七年二月壬子，賊李武、崔德犯七盤、藍田，命察罕帖木兒以軍會答兒麻亦兒守陝州、潼關；哈剌不花由潼關抵陝西，會豫王阿剌忒納失里及定住等同進討。

戊辰，知樞密院事脱脱復邳州，調客省使撒兒答温等攻黄河南岸賊，大破之。壬申，劉福通遣其黨毛貴陷膠州，僉樞密院事脱歡死之。

毛貴一賊横行山東，侵犯畿甸，駕幸灤京。賊勢猖獗，無異唐、宋。陶宗儀輟耕録

李武、崔德陷商州，察罕帖木兒與李思齊以兵自陝、虢援陝西。

詔以察罕帖木兒爲陝西左丞，李思齊爲四川右丞。續通鑑

賊尋出襄樊，陷商州，攻武關，遂直趨長安。至灞上，分道掠同、華諸州，三輔震動。豫王及省院官屬皆洶懼，計無所出。行臺治書侍御史王思誠移書求援，察罕帖木兒即領兵入潼關，長驅而前，與賊遇，戰輒勝，殺獲以億萬計。賊餘黨皆潰，散走南山，入興元。元史察罕帖木兒、王思誠傳

三月，詔答失八都魯至京師，帝見之，私謂侍臣曰：「此人死期至矣！」罷還軍。先是，太不花軍士失律，劫掠汴民，臺御史彈之。有旨，卸其軍，褫職爲白衣，聽答失調。至是，復命爲湖廣省左丞相，仍提前軍往征山東毛貴。答失八都魯率本部兵渡河征曹州盛文郁。於是二將皆渡河，相次失守矣。〔二八〕庚申外史

三月，毛貴陷萊州，守臣山東宣慰副使釋嘉訥死之。甲午，毛貴陷益都路，益王買奴遁。自是山東郡邑皆陷。

毛貴得海船由海道長驅，破益都。庚申外史

時同知海南海北道宣慰使司事王英致仕家居，年九十六，益都陷，謂其子弘曰：「吾世受國恩，忍食異姓之粟乎！」水漿不入口者數日，遂卒。毛貴聞之，使具棺衾以殮。舉其屍不動，焚香祝曰：「公子弘請公歸先塋。」祝畢，屍即起。元史王英傳

丁酉，毛貴陷濱州。

四月丁卯，毛貴陷莒州。

毛貴陷益都，般陽等路，〔二九〕而濟南又告急，董摶霄提兵援之。賊衆自南山來攻濟南，望之兩山皆赤。摶霄按兵城中，設伏磵上，合戰，大破之。般陽賊復約泰

安賊黨逾南山來襲，乃列兵城上，默開東門，放兵出賊後，城上兵皆下，合擊之，賊敗走，濟南始寧。有疾其功者，譖於總兵太尉紐的該，令依前詔從卜蘭奚同征益都，摶霄即出濟南城。未幾，命守河間之長蘆。十八年，摶霄以兵北行，曰：「我去，濟南必不可保。」已而，濟南果陷。元史董摶霄傳

五月乙亥，命知樞密院事孛蘭奚進兵討山東。〔三〇〕戊寅，平章政事亦老温帖木兒復武安州等三十餘城。〔三一〕

六月，劉福通犯汴梁，軍分三道：關先生、破頭潘、馮長舅、沙劉二、王士誠寇晉、冀；白不信、大刀敖、李喜喜趨關中；毛貴據山東。其勢大振。

福通分軍爲三支：關先生等入晉、冀，由朔方攻上都；白不信等趨關中；毛貴合田豐趨大都。庚申外史

賊犯汴梁，守臣求援於太不花，至十往返，猶按甲不進。睢、亳、太康俱陷，邊報日急。顧左右大言曰：「無多言，我自有神算也。」日縱兵出掠，繼又渡師河北，聲取曹、濮，遂駐於彰德、衛輝。而曹、濮之賊奔竄晉、冀，大同相繼不守，遂蔓延不可制。朝廷兩遣重臣諭旨，太不花恬不爲意。十八年三月，詔以中書右丞相總兵山東。五月，削官爵安置蓋州，尋被殺。元史太不花傳

七月己丑，鎮守黄河義兵萬户田豐叛，陷濟寧路，分省右丞實理門遁。義兵萬户孟本周攻之，田豐敗走，本周還守濟寧。

義兵黄軍下萬户田豐叛入紅軍，遂破東昌、東平、大名等處。庚申外史

歸德府知府林茂、萬户時公權叛，以城降於賊，歸德府及曹州皆陷。

八月癸丑，劉福通兵陷大名路，遂自曹、濮陷衛輝路。孛羅帖木兒與萬户方脱脱擊之。

九月甲午，澤州陵川縣尹張輔死之。

太不花復大名路并所屬郡縣。

命加紐的該太尉，總山東諸軍守禦東昌，時田豐據濟、濮，率衆來寇，〔三〕擊走之。

閏九月乙丑，潞州陷。丙寅，賊攻冀寧，察罕帖木兒以兵擊走之。

十月戊戌，曹州賊入太行山。

白不信、大刀敖、李喜喜陷興元，遂入鳳翔，察罕帖木兒、李思齊屢擊破之，其黨走入蜀。

白不信攻秦隴，陷之。又攻破鞏昌，以李喜喜守之。不信遂入鳳翔。高岱鴻

獻録

賊出自巴蜀，陷秦隴，據鞏昌，遂窺鳳翔。察罕帖木兒先分兵守鳳翔城，而遣諜者誘賊圍鳳翔。賊果來，圍之數十重。察罕帖木兒自將鐵騎，晝夜馳二百里往赴，比去城里所，分軍張左右翼掩擊之，城中亦鼓譟而出，賊大潰，自相蹂踐，斬數萬級，伏屍百餘里，餘黨皆遁還。關中悉定。元史察罕帖木兒傳

答失八都魯與知樞密院事答里麻失里討曹州賊，官軍潰敗，答里麻失里死之。

九月，答失八都魯取溝城、東明、長垣三縣。〔三三〕十月詔遣知院答里麻失里來援，〔三四〕分兵雷澤、濮州，而答里麻失里爲劉福通所殺，韃韃諸軍皆潰。答失八都魯力不能支，退駐石村。朝廷疑其玩寇，使者促戰相踵。賊覘知之，詐爲答失八都魯通和書，遺諸道路，使者果得之以進。答失八都魯一夕憂憤死。明年正月，詔其子孛羅帖木兒爲河南行省平章政事，總領其父軍馬。答失八都魯傳

答失八都魯既死，其部下察罕帖木兒兵勢甚盛，先爲刑部侍郎，號長鎗侍郎。

庚申外史

十一月壬寅，賊侵壺關，察罕帖木兒大破之。

癸亥，豫王阿剌忒納失里與陝西行省左丞相朵朵、陝西行臺御史中丞伯嘉納

分道攻討關陝。

趙君用及彭大子早住同據淮安，趙僭稱永義王，彭僭稱魯淮王。

義兵千户余寶殺其知樞密院事寶童以叛，降於毛貴，余寶遂據棣州。〔三五〕

龍鳳四年戊戌至正十八年正月丙寅，田豐陷東平路。

丁卯，知樞密院事不蘭奚與毛貴戰於好石橋，敗績，走濟南。

二月己巳，毛貴陷清、滄州，遂據長蘆鎮。

癸酉，毛貴陷濟南路，守將愛的戰死。

時董摶霄駐兵南皮縣之魏家莊，毛貴兵猝至，而營壘未完，因拔劍督兵以戰。賊衆突至摶霄前，捽而問曰：「汝爲誰？」摶霄曰：「我董老爺也。」衆刺殺之，無血，惟見有白氣衝天。其弟昂霄亦死之。元史董摶霄傳

毛貴既陷濟南，立賓興院，選用故官姬宗周等分守諸路，又於萊州立三百六十屯田，每屯相去三十里，造大車百輛，以挽運糧儲，官民田十止收二分，冬則陸運，夏則水運。元史

壬午，田豐復陷濟寧路。甲申，輝州陷。

丙戌，紐的該聞田豐逼近東昌，棄城走。

紐的該以乏糧棄城退屯柏鄉，〔三六〕東昌遂陷。元史紐的該傳

丁亥，察罕帖木兒調兵復涇州、平涼，保鞏昌。

戊子，田豐陷東平路。

庚寅，王士誠自益都犯懷慶路，周全擊敗之。

三月庚子，毛貴陷般陽路。

癸卯，王士誠陷晉寧路，總管杜賽因不花死之。

賊由絳州垣曲縣襲晉寧，城陷，城中死者十二三。晉寧人喬彝，整衣冠，坐井上，令妻子婢輩循次投井，而已隨之。元史忠義傳

甲辰，察罕帖木兒遣賽因赤等復晉寧路。

己酉，劉福通遣兵犯衛輝，孛羅帖木兒擊走之，進克濮州。

庚戌，毛貴陷薊州，詔徵四方兵入衛。

乙卯，毛貴犯漷州，至棗林，〔三七〕樞密副使達國珍戰死，遂略柳林。同知樞密院事劉哈剌不花以兵擊敗之，貴退走，據濟南。

毛貴據山東，由河間趨直沽，漸逼京都，中外大駭。或勸乘輿北巡以避之，或勸遷都關陝。中書左丞相太平以爲不可，起同知劉哈剌不花於彰德，與戰於柳

林，大敗賊衆，京城遂安。元史太平、劉哈剌不花傳

丙辰，冀寧路陷。

丁巳，田豐陷益都路。

辛酉，大同諸縣陷，察罕帖木兒遣關保等往擊之。

是時，關先生、破頭潘等分二道犯晉、冀，一出沁州，一侵絳州。平胡錄

曹、濮賊分道逾太行，焚上黨，掠晉、冀，陷雲中、雁門、代郡，烽火數千里，復大掠，且南還。察罕帖木兒先伏兵南山阻隘，而自勒重兵屯聞喜、絳陽。賊果走南山，縱伏兵横擊之，賊皆棄輜重走山谷，其得南還者無幾。乃分兵屯澤州，塞碗子城；屯上黨，塞吾兒谷；屯并州，塞井陘口，以杜太行諸道。賊屢至，守將數血戰擊却之，河東悉定。元史察罕帖木兒傳

四月壬午，田豐陷廣平路，大略，退保東昌。元帥方脱脱以兵復廣平。

察罕帖木兒、李思齊會宣慰張良弼、郎中郭擇善、宣慰同知拜帖木兒、平章政事定住、總帥汪長生奴，各以所部兵討李喜喜於鞏昌。李喜喜敗入蜀。

五月戊戌，察罕帖木兒遣董克昌等以兵復冀寧。詔察罕帖木兒還兵鎮冀寧。

庚子，賊兵逾太行，察罕帖木兒部將關保擊敗之。

劉福通攻汴梁。壬寅，汴梁守將竹貞棄城遁。福通等遂入城，乃自安豐迎其僞主居之以爲都。

安豐賊劉福通等陷汴梁，造宮闕，易正朔，號召群盜。巴蜀、荆楚、江淮、齊魯、遼海，西至甘肅，所在兵起，勢相聯結。元史察罕帖木兒傳庚申外史記在十七年正月。

乙巳，關保與賊戰於高平，大敗之。

六月庚辰，〔三八〕關先生、破頭潘等陷遼州，虎林赤以兵擊走之。關先生等遂陷冀寧路。察罕帖木兒調虎林赤、關保同守潞州。以察罕帖木兒爲陝西行省平章政事，便宜行事。〔三九〕

秋七月丁酉，湖廣行省參知政事周全據懷慶路以叛，附於劉福通。時察罕帖木兒駐軍洛陽，遣伯帖木兒以兵守盌子城。周全來戰，伯帖木兒爲其所殺。周全遂盡驅懷寧民渡河入汴梁。元史

丁未，不蘭奚以兵復般陽路，已而復陷。

己未，劉福通遣周全引兵攻洛陽。

叛將周全棄覃懷入汴城，合兵攻洛陽。察罕帖木兒下令嚴守備，别以奇兵出宜陽，而自將精騎發新安來援。賊至城下，見堅壁不可犯，退引去。因追至虎牢，

塞成皋諸險而還。元史察罕帖木兒傳

周全攻洛陽，守將登城以大義責全，全愧謝退兵。劉福通殺之。元史、續通鑑「守將」作察罕帖木兒。

八月辛巳，義兵萬户王信以滕州叛，降於毛貴。

九月，關先生攻保定路，不克，遂陷完州，掠大同、興和塞外諸郡。

關先生爲察罕所扼，遂引還，自塞外攻保定，出掠塞外諸郡，統兵而東，軍聲大振。龍鳳事迹

丙午，賊兵攻大同路。壬戌，平定州陷。

十月壬辰，大同路陷，完者帖木兒棄城走。

時孛羅帖木兒統領諸軍攻曹州，參政匡福統苗軍自西門入，孛羅帖木兒自北門入，克復曹州，擒殺僞官武宰相、仇知院，獲印、金牌等物。元史孛羅帖木兒傳

十一月丁未，田豐陷順德路。

十二月癸酉，關先生、破頭潘等陷上都，焚宮闕，留七日，轉略往遼陽，遂至高麗。

關先生、沙劉二、破頭潘等由大同直趨上都，焚毁宮殿，入虎賁司，犯大寧。虎

賫司去上都二百里，世祖皇帝所立三十六屯在焉。先是，大雪，人迹不通。至是，雪晴，暖氣如春。庚申外史

關先生等兵向開平，焚宮闕一盡，元主不復時巡矣。既而欲修之，大興工作，中書省参議陳祖仁諫止之。龍飛紀略

庚辰，察罕帖木兒遣樞密院判官瑣住進兵於遼陽。

大明兵克婺州，設浙東行省於金華府。

先是十月，太祖親領馬步數萬衆，一馬軍兼二步軍，征浙東，懸金牌鎸云：「奉天都統中華。」至是，克婺州，於省門建立二大黄旗，兩傍立二牌，旗上書云：「山河奄有中華地，日月重開大宋天。」牌上書云：「九天日月開黄道，宋國江山復寶圖。」俞本紀事録

龍鳳五年己亥至正十九年正月丙午，〔四〇〕遼陽行省陷，懿州路總管吕震死之。

破頭潘、關先生趨全寧，焚魯王宫府，駐軍遼陽。庚申外史

寇陷上京，廣寧路總管郭嘉躬率義兵出禦。既而遼陽陷，嘉將衆巡邏，去城十五里，遇青號隊伍百餘人，紿言官軍，俄果脱青衣變紅，嘉出馬射賊，分兵夾攻之，死者無筭。頃之，賊至，圍城亘數十里，嘉開西門逐賊，力戰以死。元史忠義傳

二月辛巳，〔四一〕樞密副使朵兒只以賊犯順寧，命張立將精鋭由紫荆關出討，令鵶鶻由北口出迎敵。

甲申，賊楊誠由飛狐、靈丘犯蔚州，據之。

孛羅帖木兒領兵趨豐州、雲内，與關先生戰，關軍奔潰。是月，奉詔鎮大同，爲京師捍蔽。元史孛羅帖木兒傳

四月癸亥，賊陷金、復等州，司徒、知樞密事佛家奴調兵平之。

甲子，毛貴爲趙君用所殺。

先是，徐州芝蔴李故將趙君用、彭早住據淮安，僭稱王。早住死，君用益自專。未幾，奔山東，依宋將毛貴。至是，又殺貴。龍鳳事迹

按：此記早住之死，在同君用據淮之後，可以正正史之誤。

己丑，賊陷寧夏路，遂略靈武等處。

五月，察罕帖木兒大發秦、晉諸軍討汴梁，圍其城。

察罕帖木兒圖復汴梁，五月，以大軍次虎牢。先發遊騎，南道出汴南，略歸、亳、陳、蔡；北道出汴東，戰船浮於河，水陸並下，略曹南，據黄陵渡。乃大發秦兵出函關，過虎牢；晉兵出太行，逾黄河，俱會汴城下，首奪其外城。察罕帖木兒自

將鐵騎，屯杏花營。諸將環城而壘。賊出戰，屢敗，遂嬰城以守。乃夜伏兵城南，旦日，遣苗軍跳梁者，略城而東，賊傾城出追，伏兵邀擊敗之。又令弱卒立柵外城以餌賊。〔四二〕賊出爭之，弱卒佯走，薄城西，因突出鐵騎縱擊，悉擒其衆，賊自是益不敢出。元史察罕帖木兒傳

七月丙辰，毛貴黨續繼祖自遼陽入益都，殺趙君用，遂與其所部自相仇殺。

山東宋守將毛平章被淮安趙平章所殺，將士忽亦殺趙。衆奉其幼子仍爲總兵，以鎮山東之地。時太祖欲知齊魯、燕冀虛實，乃遣何必聚爲毛平章燒飯食，以探中原。小毛平章年幼聰敏，必聚至數日，待之甚厚，以金盒盛玉帶一條謝之。俞本紀事録

八月戊寅，察罕帖木兒督諸將攻破汴梁城，劉福通奉其僞主遁，退據安豐。

八月，諜知汴梁城中計窮，食且盡，察罕帖木兒乃與諸將閻思孝、李克彝、虎林赤、賽因赤、荅忽、脱因不花、吕文、完哲、賀宗哲、安童、張守禮、伯顏、孫翥、姚守德、魏賽因不花、楊履信、關關等議，各分門而攻。至夜，將士鼓勇登城，斬關而入，遂拔之。劉福通奉其僞主從數百騎，出東門遁走。獲僞后及賊妻子數萬、僞官五千、符璽印章寶貨無筭，全居民二十萬。不旬日，河南悉定。獻捷京師，詔告天下。

元史察罕帖木兒傳

十九年，群盗由開平東屯遼陽。冬，詔太平子也先忽都以知樞密院事率師往討。太平以其年少，數請改命，不允。至則遣將拔懿州省治，盗逾遼河東奔。而朝廷讒構日甚，罷爲上都留守。元史太平傳

賀太平當相位，奏用其子也先忽都總兵取遼陽。太平意謂關先生等自晉、冀、西京歷上都，兵常無留行，其破遼陽，必不能守，可以成功。其子至，則關、潘之軍日治戰馬，一無退意。宿留不前，竟潰而歸，昏夜入京，仍陞爲翰林集賢學士。庚申外史

大明兵征衢州。

十二月，大明兵克處州。

是年五月，太祖爲儀同三司、江南等處行中書省左丞相。至是，冬十二月得處州。亳都陞上爲丞相同僉。〔四三〕太祖命分省都事孫炎爲處州總制。龍泉人葉子奇上炎書曰：「愚聞正天下之統者，必新天下之化；興天下之治者，必革天下之弊。設使弊不革則治無由而興，化不新則統亦無從而正矣。洪惟聖宋之重興，實由天厭於元德，命兹宅中於華夏，宜當修德以應天。切謂復聖宋之治，其綱條之大者有

八：正彝倫以清化原，簡英賢以熙庶績，隆廉恥以革貪風，紀孝行以敦禮本，汰冗官以一其權，正刑賞以齊其柄，通錢幣以權輕重，驗産力以均賦役。凡此八者，當革戎夷之弊風，一復我家之舊制，則統不期正而自正，治不期興而自興。太祖、太宗禮樂刑政之綱，華夏文明之教，將復見於今日矣。」又上炎論賦額書曰：「伏遇丞相以雄傑之才，紹開中興之業；總制先生以通議之器，特受丞相之知。聖朝肇造區夏，務存寬仁，立法之初，尤宜致謹。方今征討之秋，非謂軍國之需，全不科取於民，但當一掃危邦之陋風，以出興王之令典，則蒼生幸甚。」葉子奇靜齋文集

龍鳳六年庚子至正二十年正月朔日，太祖於府門親書桃符曰：「六龍時遇千官覲，五虎功成上將封。」俞本紀事録

正月癸卯，大寧路陷。

賊陷大寧，詔也速往討之。賊兵次侯家店，也速遇敵，即前與戰，自昏達曙，散而復合。也速遣别路統兵出賊後，賊腹背受敵，大敗，遂拔大寧，擒賊首湯通、周成等三十五人，磔於都市。元史也速傳

楊誠據蔚州，孛羅帖木兒攻之，追至飛狐縣東關，誠棄軍遁，〔四〕降其潰卒。元史孛羅帖木兒傳

三月戊子，田豐陷保定路。

乙巳，田豐陷冀寧路。

四月庚申，命大司農司都事樂元臣招諭田豐，至其軍，爲豐所殺。

五月，破頭潘、關先生、沙劉二軍入高麗王京。高麗王奔躭羅，其臣納女請降，將士皆以女子配，遂與高麗如姻婭往來。高麗人各藏其馬林中，一夕，傳王令：「除高麗聲音者不殺，其餘並殺之。」沙劉二、關先生皆死，惟破頭潘、裨將左李率輕騎萬人從間道走西京，降孛羅。已而，又降擴廓。庚申外史

七月辛酉，孛羅帖木兒敗賊田豐僞將王士誠於臺州。

八月乙未，永平路陷。

賊雷帖木兒不花、程思忠等陷永平，堅守不可下。也速外集大營，絶其樵採，數與賊戰，獲僞帥二百餘人，擒雷帖木兒不花送京師。程思忠棄城遁去，追至瑞州，賊遂東走金、復州。〔四五〕元史也速傳

九月壬戌，賊陷孟州，又陷趙州，攻真定路。

癸未，賊復犯上都，右丞忙哥帖木兒引兵擊之，敗績。

十一月癸酉，賊犯易州。

十二月辛卯，廣平路陷。

龍鳳七年辛丑至正二十一年正月，亳都陞太祖爲吳國公。

乙丑，河南賊犯杞縣，察罕帖木兒討平之。

二月甲申，同僉樞密院事迭里帖木兒復永平、灤州等處。

三月癸酉，〔四六〕察罕帖木兒調兵討永城縣，又駐兵宿州，擒賊將梁綿住。

五月，李思齊受李武、崔德等降。

劉福通所遣將李武、崔德以西略地無功，福通責其逗遛，叛降於李思齊。高岱鴻猷録

六月丙申，察罕帖木兒總兵討山東。

七月辛亥，察罕帖木兒平東昌，進兵復冠州。

八月，察罕帖木兒討東平，遣使招諭僞丞相田豐。豐降，魯地悉平。進兵濟南，劉珪降，遂圍益都。

察罕帖木兒既定河南，乃以兵分鎮關陝、荊襄、河洛、江淮，而重兵屯太行，營壘旌旗相望數千里。乃日修車船，繕甲兵，務農、訓練士卒，謀大舉以復山東。二十一年，諜知山東群賊自相攻殺，而濟寧田豐降於賊。六月，乃輿疾自陝抵洛，大

會諸將，與議師期。發并州軍出井陘，遼、沁軍出邯鄲，澤、潞軍出磁州，懷、衛軍出白馬，及汴、洛軍，水陸俱下，分道並進。而自率鐵騎，建大將旗鼓，渡孟津，入覃懷，鼓行而東，復冠州、東昌。八月，師至鹽河，遣其子擴廓帖木兒、閻思孝等會關保、虎林赤，將兵由東河造浮橋以濟。賊以二萬餘衆奪之，關保、虎林赤且戰且渡，拔長清，擣東平。東平僞丞相田豐遣崔世英等出戰，大破之，直抵其城下。察罕帖木兒以田豐據山東久，軍民服之，乃遣書諭以逆順之理。豐降，東平平，令豐爲前鋒，從大軍東討。棣州俞保降，〔四七〕東平王士誠、東昌楊誠等皆降，遂復東平、濟寧，魯地悉定。時大軍猶未渡，群賊皆聚於濟南，而出兵齊河、禹城以相抗。乃分遣奇兵取間道出賊後，南略泰安，逼益都，北狥濟陽、章丘，中循瀕海郡邑。自將大軍渡河，與賊將戰於分齊，〔四八〕大敗之，進逼濟南城，而齊河、禹城俱來降，南道諸將亦報捷。再敗益都兵於好石橋，東至海濱，郡邑聞風送款。攻圍濟南三月，城乃下，遂移兵圍益都，環城列營凡數十，大治攻具，百道並進，賊悉力拒守。復掘重塹，築長圍，遏南洋河以灌城中。仍分守要害，收輯流亡，郡邑户口再歸職方，號令焕然矣。

元史順帝紀、察罕帖木兒傳

山東自毛貴死，其將爲復仇殺趙君用，國内遂大亂。花馬王田豐、掃地王王士誠互相攻殺。察罕乘之，破其冠州、東昌、濟南諸郡，進圍益都，田豐來降。豐時提兵在穆陵關，使人來言：「總兵如不信我心，且不與總兵相見，當爲平沿海諸城，然後相見未晚也。」察罕喜，即以朝命授豐爲山東行省平章，且重犒其所部。已而沿海登、萊、沂、密等處皆降附，田豐遂與察罕相見益都城西。庚申外史

八月己卯，大明遣使至汴梁，與元將察罕帖木兒通好。

時察罕帖木兒用兵山東，招降東平田豐、樂安俞寶等，其勢頗盛。太祖嘗曰，河南李察罕帖木兒兵威甚振，先遣楊憲往彼通好，及是，察罕帖木兒下山東，又遣汪河往彼結援。不意未幾田豐、王士誠刺殺察罕帖木兒，太祖遣千户王時等賫銀三千兩往方谷真，附海船到大都體探元朝及李察罕、李思齊等軍馬事情。谷真差吴都事同去。既回，帶到馬十四。劉辰國初事迹　實録載在癸卯三月，但云令谷真市馬。

太祖以都事汪河及錢楨往察罕軍中結援，河至軍中，議論稱旨。龍飛紀略

龍鳳八年壬寅至正二十二年二月，僞平章左李遣楊榮祖至大同，降於孛羅帖木兒。

六月戊寅，元中書平章察罕帖木兒遣使來通好。

時察罕遣使致書於太祖，太祖謂左右曰：「予觀察罕書，辭媚而婉，是欲啗我，

我豈可以甘言誘哉！况徒以書來，而不返我使者，其情僞可見。〔四九〕予方有事之秋，未暇與較，姑置不答。」太祖實録

壬寅十二月，元遣户部尚書張昶航海至慶元，欲通好於我。方國珍遣檢校燕敬來告，上不之答。敬還，國珍懼，乃送昶於福建平章燕只不花所。時右丞王溥在建昌，聞之，遣人報上，上命溥招之來，且命符璽郎劉紹先候之於廣信。溥招昶，果至，遂偕紹先赴建康。昶見上，問其所以來，昶俛首無一言。上不欲窮詰，命中書館之，時召問以事，知其才可用，遂留之。太祖實録

太祖聞李察罕帖木兒下山東，江南震動，遣使通好。時陳友諒據上江，雙刀趙扼安慶，張士誠據平江，故有北方之好。元朝遣户部尚書張昶、郎中馬合謀、奏差張璉齎龍衣、御酒、八寶頂帽、榮禄大夫江西等處行中書省平章政事宣命詔書，昶等航海至方國珍處及一年，國珍兩遣人來告，太祖不答。國珍遂令昶等往福建平章燕只不花；遣人往建昌，〔五〇〕告平章王溥。溥欣然遣儒士饒某到京，奏昶等在鉛山界首等候。太祖命符璽郎劉宗啓於廣信迎之。昶等果至，宗啓伴至衢州，械昶等到京城外，裸其體，入城，至省前，太祖賜各人衣冠。入見，不拜。太祖怒曰：「元朝不達世變，尚敢遣人煽惑我民！」將出斬之。昶無一言，馬合謀抗對不遜，太

祖命壯士縛之。至暮，留昶一人，以死囚代之，與馬合謀、張璉出聚寶門誅之。以三人首發與福建界首示衆。監刑官都事韓留亦誅之。數日後，謂劉基、宋濂曰：「元朝送一大賢人與我，爾等可與議論。」及出，乃昶也。除行中書省都事，不久，陞參政。自是政多合上意，賞賜甚多，權勢震動。李文忠克杭州，執平章長壽、丑的等官，皆給與脚力，送至境上，任其還鄉。昶心懷舊主，以國事陰通。獲其書，太祖令馮國勝、楊憲鞫之，處以極刑。謂李善長曰：「被他侮弄我這幾年。」碎其骨，投之於水。劉辰國初事迹

張昶潛以書通元朝，泄江南兵機，至安武州獲之，昶凌遲死。俞本紀事録

李察罕下山東，天下震動。太祖亦遣使通好。元遣户部尚書張昶、郎中馬合謀以江西行省平章授太祖。太祖聞察罕死，不受。馬合謀不屈死。月山叢談　俞本紀事録作都事馬木舌。

按：察罕破汴梁，下山東，海内震動。我太祖遣使通好，察罕亦致書相答。已而，有張昶、馬合謀至，察罕爲之也。太祖曰，察罕書辭，欲以甘言餡我。所謂「甘言餡我」者，即榮禄、平章之命也。元使以航海來，淹留逾年，而察罕被刺之問亦至矣。野史所謂太祖聞察罕死不受命者，是也。太祖聞察罕死，嘆曰：「天

下無人矣！」又曰：「元朝不達世變，尚敢遣人煽惑我民。」察罕之死關係豈不重哉！劉辰國初事迹大書其事，無所隱避；國史雖多微詞，亦不盡没其實，參互之，可以考見。劉辰又云：「太祖以孤軍獨守，别無趨向，成敗常聽其自然。在後滅陳擒張，信知天命有歸。即位後，始圖中原。」然吾以爲察罕一死，天意灼然歸我明矣。嗚呼！帝王之興，豈不有天命哉！聖祖極推重察罕，即位後幸汴梁，特遣使往祭，其意可知。厥後洪武九年，宋濂奉敕撰方國珍神道碑，歷數一時群雄，皆直書其名，而於察罕則云：「齊國李忠襄王察罕，保釐河、洛。」其嚴重之如此，非本於聖祖之意，當時史臣，寧敢輕獎亡國之臣，以干聖祖之怒耶？或曰聖祖祭忠襄王文，頗多譏評之語，恐亦非聖祖之初意也。

戊子，田豐及王士誠刺殺察罕帖木兒，遂走入益都城，衆乃推察罕帖木兒子擴廓帖木兒爲總兵官，復圍益都。詔以擴廓帖木兒爲中書平章政事，兼知河南山東行樞密院事，一應軍馬，並聽節制。

時山東俱平，獨益都孤城猶未下。六月，田豐、王士誠陰結賊，復圖叛。豐之降也，察罕帖木兒推誠待之不疑，數獨入其帳中。及豐既謀變，乃請行觀營壘。衆以爲不可往，曰：「吾推心待人，安得人人而防之？」左右請以力士從，又不許。乃從輕騎十有一人行，至王信營，又至豐營，遂爲王士誠所刺。訃聞，帝震悼，朝廷公卿及四方之人，不問男女老幼，無不慟哭者。先是，有白氣如索，長五百餘丈，起危宿，掃太微垣。太史奏山東當大水。帝曰：「不然，山東當失一良將。」即馳詔戒察罕帖木兒勿輕舉，未至而已及於難。追封忠襄王，謚獻武。及葬，追封潁川王，〔五二〕改謚忠襄。元史察罕帖木兒傳

察罕方調兵攻圍益都，俾田豐軍塞益都南門爲營。圍數月，田豐頻往察罕營議事，見其待朝廷使者甚簡慢，又所設施多用術數，乃忿曰：「我以山東全地降汝，誠以汝爲元朝中興人物也。今若此，乃漢室之曹操耳。使汝爲曹操，我豈不能自爲之耶！」於是，與王士誠私謀曰：「十五日，察罕必巡兵圍，我預椎牛、釀酒，邀一切幕官、大小部帥酒行，汝選驍勇者侍立，兩人夾一人，以擊鼓爲令，自察罕以下皆殺之。」謀既定，察罕於十四昳時，從馬騎二人來田豐營。士誠勇而躁，見察罕輕身出，意謂得間，帶刀入侍。豐目之使退，士誠誤以爲嗾己也，轉身自察罕後揮刀中其肩。田豐知其不可止，遂擊鼓三，城中開門納之，田豐軍遂擁察罕入城。城中欲推察罕爲主，以拒朝廷。田豐不可。已而察罕死。察罕入城之夕，諸將惶惑，軍中頗有異謀。同僉白瑣住乃察罕舊人，倡言曰：「總兵奉命討逆，總兵雖死，朝命不

可中止，况今總制官王保保爲總兵養子，朝廷又賜其名曰擴廓，若立以爲主，總兵雖死猶不死也。」於是，率先下拜，衆亦皆拜，人心始定。帝聞察罕死，哭之慟。孛羅帖木兒在西京聞之，〔五二〕亦哭曰：「察罕若在，我省用多少氣力。」中原婦人皆爲嗟嘆流涕。庚申外史

七月聞河南李平章凶問詩云：「六月妖星角白芒，幾夜徘徊天市側。尋聞盜殺李上公，窮旅孤臣淚沾臆。當時寬猛制萑澤，安得受降翻受敵。上公忠名垂竹帛，書生奚爲費禕恤。〔五三〕東南風動旗黃色，蒲稍天馬長依北。」王逢梧溪集

太祖聞察罕帖木兒爲田豐所害，嘆曰：「天下無人矣！」天潢玉牒

己亥，益都兵出戰，擴廓帖木兒生擒六百餘人，斬首八百餘級。

九月癸卯，劉福通以兵援田豐，至火星埠，擴廓帖木兒遣關保邀擊，大破之。

十一月乙巳，擴廓帖木兒復益都，田豐等伏誅。

擴廓帖木兒既總兵柄，身率士卒，誓必復仇，人心亦思自奮。圍城益急，賊悉力拒守，乃以壯士穴地通道而入，遂克之。執其渠魁陳猱頭等二百餘人獻闕下，而取田豐、王士誠之心以祭其父，餘黨皆就誅。即遣關保以兵取莒州，于是，山東悉平。元史順帝紀、察罕帖木兒傳

十二月，元將擴廓帖木兒遣尹煥章來獻馬。先是，察罕駐兵汴梁，太祖嘗遣使通好。既而察罕亦以書來聘。太祖以前所遣使不返，不之答。至是，察罕死，擴廓帖木兒乃遣煥章送我使者自海道還，因以馬來獻。太祖實録

龍鳳九年癸卯至正二十三年，太祖即吴王位於金陵。

正月乙巳，大寧陷。〔五四〕

關先生餘黨復自高麗還，寇上都，孛羅帖木兒擊降之。

丙寅，大明遣中書省都事汪河送尹煥章歸汴，以書報擴廓帖木兒。書略曰：「閣下先王奮起中原，英勇智謀，過於群雄，聞而未識。是以前歲遣人直抵大梁，實欲縱觀，非敢納交也。不意先王捐館，閣下意氣相期，遣送使者，涉海而來，深有推結之意。自今以往，信使繼踵，商賈不絶，無有彼此，是所願也。」太祖實録

二月癸酉，張士誠將吕珍攻劉福通等於安豐，入其城，殺福通等。先是，韓林兒建都亳州。答失八都魯圍亳州，林兒遁於安豐。劉福通陷汴梁，乃自安豐迎其主居之以爲都。察罕破汴梁，福通奉其主遁歸，兵勢日蹙，以安豐來

附。至是，爲珍所殺。劉辰國初事迹

三月辛丑，太祖率右丞徐達、參政常遇春等擊安豐，克之。

時呂珍殺劉福通而據其城，聞大軍至，極力拒守。廬州左君弼出兵來助珍，遇春擊破之，珍與君弼皆遁走。太祖乃還，命達移師圍廬州，七月乃還。太祖實録

癸卯春，張士誠圍安豐，福通請救，太祖親援之。先遣常遇春至安豐，士誠遂解圍。福通奉林兒棄安豐遁於滁州居之，士誠兵復入安豐守之。丙午三月，太祖取安豐。先是安豐被圍請援，太祖救之。太史劉基諫曰：「不宜輕出，假使救出來，當發付何處？」不聽。徑過廬州，平章左君弼不出迎。及安豐兵解，回攻廬州，三月不克。後太祖謂劉基曰：「我不當爲安豐之行。使陳友諒乘我之出，直擣金陵，我進無所成，退無所歸。友諒不攻建康，而圍南昌，此計之下者也。」劉辰國初事迹

太祖至安豐擊呂珍，破之，珍棄城走。太祖遂以宋主韓林兒還金陵。諸將議於中書省設御座奉林兒，劉基曰：「彼牧豎耳，奉之何爲！」密陳天命所在，太祖意悟。會陳友諒來入寇，遂議征討，不果奉。高岱鴻猷録

安豐被張氏圍困，城中人相食，有屍埋於地而腐者，亦掘而食之，或以井底泥爲丸，用人油炸而食之者。小明王在城中號泣，安陽奕劉太保等饑餓無措，遣人求

救，太祖親率大兵援之，大敗張氏。軍士每名各賚白米二斗，積於東門外，以救城中饑者。邀請小明王及母、妹并臣劉太保率領五奕官軍棄城，悉詣廬州營中。太祖設鑾駕傘扇，迎駐滁州，創造宮殿居之，易其左右宦侍，待之甚厚。俞本紀事録

是年三月十四日，小明王內降制書，〔五五〕贈我太祖三代：曾祖考九四公資德大夫、江西等處行中書省右丞、上護軍、司空、吴國公，曾祖妣侯氏吴國夫人；祖考初一公光禄大夫、江南等處行中書省平章政事、上柱國、司徒、吴國公，祖妣王氏吴國夫人；考五四公開府儀同三司、上柱國、録軍國重事、中書右丞相、太尉、吴國公，妣陳氏吴國夫人。龍鳳事迹

據實録，劉福通爲吕珍所殺。國初事迹則云，福通奉林兒遁於滁州。庚申外史則云：丙午冬，與小明王俱沉於瓜洲。二説未知孰信。史乘考誤以劉辰所記爲非，然洪武實録多舛誤，又諱言龍鳳事，吾亦未敢以爲信也。又按：誠意伯行狀載，不奉小明王事在庚子年。以時勢考之，恐未必然。高岱記於癸卯安豐遁退之後，與國初事迹「不當輕救」之言相合。所謂陳友諒入寇者，非庚子龍灣之役，而癸卯南昌之役也，似爲近之。第云：太祖奉林兒還金陵，丙午殂於金陵，則承小説家之謬耳。

龍鳳十年甲辰至正二十四年，小明王在滁州。

春正月丙寅，李善長、徐達等奉太祖爲吴王。

時群臣以太祖功德日隆，屢表勸進，太祖不許，群臣固請不已，乃即吴王位。太祖實録

是歲二月，授陶安黄州府知府。十二月，授安鄱陽府知府。其劄付俱稱龍鳳十年皇帝聖旨，吴王令旨。陶學士文集

龍鳳十一年乙巳至正二十五年，小明王在滁州。

龍鳳十二年丙午至正二十六年，小明王在滁州。

是年，太祖平僞周，先有榜諭曰：「皇帝聖旨，吴王令旨，總兵官准中書省咨，敬奉令旨。」「敬此，除敬遵外，咨請施行，准此，合行備出榜文曉諭，敬奉令旨事意施行。」龍鳳十二年五月二十一日本州判官許仕傑賫到。」祝允明九朝野記

十二月，宋主小明王韓林兒殂。

丙午歲，廖永忠沉韓林兒於瓜埠。太祖惡永忠之不義，後賜死。通鑑博論

先是，小明王駐安豐，爲張士誠攻圍，乘黑風暴雨而出，居於滁州。至是，朱鎮撫具舟楫迎歸建康，小明王與劉太保至瓜洲渡，遇風浪掀舟没，劉太保、小明王俱

亡。庚申外史

龍鳳十二年冬十二月，宋主殂。丁未，我太祖稱吴元年，至正之二十七年也。陸深平胡録

按：史乘考誤載國初事迹云：「丙午三月，太祖取林兒安置。」今據國初事迹云：「丙午三月，太祖取安豐。」無「安置」之語，諸本皆然，此考誤之誤也。

丁未至正二十七年，乃小明王龍鳳之十三年，改爲吴元年。

小明王既亡，是時群臣皆上言：「一代之興，必有一代之制作，今新城既建，宫闕制度亦宜早定。」太祖以國之所重，莫先廟社，遂定議以丁未爲吴元年，命有司營建廟社，立宫室。太祖實録

高岱論曰：韓林兒在宋，未足方義帝、更始，其赤眉之盆子乎？我聖祖之開創，于宋無毫髮藉，以和陽一命，奉之終身。至安豐之圍，尺書告急，即親將赴援，不從劉基之諫，不惜陳寇之侵，卒以脱林兒於虎口。林兒不死不改元，下令猶以皇帝聖旨先之，恐漢高之於義帝、光武之於更始未必能若是也。嗚呼！明之德其可謂至德也已矣。

李文鳳論曰：秦氏暴虐，陳勝、吴廣斬竿揭木以爲天下先。雖尋就覆亡，後之

議者猶曰秦民之湯、武也。胡元非我族類，重以庚申不君，民不聊生。韓氏父子、君臣起義，號召天下，天下雲合響應。群雄並争，不謀而同。然當是時，據河南，蕩山東，躪趙、魏，躒上都，入遼東，略關西，下江南，大抵盡宋之將帥，不謂之中國之湯、武不可也。天命有德，真人龍興，定鼎建業，處漢、吳二强寇之間，東西掃蕩，從容指揮。元之不能以匹馬、隻輪臨江左者，以有宋爲捍蔽也。韓氏君臣非特有功於中國，其亦大有功於我明也乎！草澤崛起，不無憑依鬼怪與夫暴戾糾紛之氣象。然建國十有餘年，其間所以能自立，要必有可紀者，惜載籍泯泯，莫究萬一。得則爲王，失則爲虜。悲夫！

校勘記

〔一〕欒城：原本訛「欒」爲「灤」，明史卷一二二韓林兒傳載：「韓林兒，欒城人。」據改。

〔二〕永年縣：原本訛「年」爲「平」，據元史卷四二順帝五、明史卷一二二韓林兒傳改。

〔三〕潁州：原本訛作「潁川」，據庚申外史改。

〔四〕河：原本訛作「江」，據庚申外史改。

〔五〕布王三：原本舛作「布三王」，據庚申外史、明史卷一二二韓林兒傳改。下同。

〔六〕貧極江南：原本訛「貧」爲「勢」，據草木子改。

〔七〕三將沉湎酒色：原本訛「三」爲「二」，據庚申外史改。

〔八〕汴梁路同知黄頭守項城縣：原本脱「守」，據王逢死節詩後序補。

〔九〕潁州：原訛作「潁川」，據王逢死節詩後序改。

〔一〇〕朝廷省吏：原本脱「省」，據庚申外史補。

〔一一〕淮南：原本訛「淮」爲「江」，據庚申外史改。

〔一二〕建康：原本訛「康」爲「業」，據庚申外史改。

〔一三〕福禄護圖：原本訛「圖」爲「國」，據王逢詩序改。

〔一四〕南陽：原本訛「南」爲「襄」，據庚申外史改。

〔一五〕弘吉剌氏：原本舛作「弘剌吉氏」，據元史卷一四一太不花傳改。

〔一六〕阿吉剌：原本舛作「阿剌吉」，據庚申外史改。

〔一七〕三十餘萬：原本訛「三」爲「二」，據庚申外史改。

〔一八〕糧運：原本舛作「運糧」，據庚申外史改。

〔一九〕鄭鈞許三州：原本訛「鈞」爲「均」。按元史卷五九地理志，汴梁路屬有鄭、鈞、許等州，而均州則屬襄陽路。蒙史改「均」爲「鈞」，並注云：「鈞，舊誤作均，按均與鄭、許二州地不相接。」從改。

〔二〇〕己未：原本訛作「乙未」，元史卷四四順帝七至正十五年二月條載：「己未，劉福通自碭山夾河迎韓林兒至，立爲帝……。」據改。

〔二一〕韓林兒：玄覽堂叢書本、國朝典故本皇明本紀皆作「寒林」，紀録彙編本皇明本紀作「韓林」，適園叢書本國初群雄事略「林」下有「兒」字，「造言之苗裔也」作「造言宋苗裔也。」從補、改。

〔二二〕聞召諭造言門弟子孰先後之：原本脱「子」，據皇明本紀補。

〔二三〕雒陽：原本訛「雒」爲「雄」，據庚申外史改。

〔二四〕由汴以南陷鄧許嵩洛：原本訛「洛」爲「雄」，據元史卷一四一察罕帖木兒傳改。

〔二五〕阿剌忒納失里：原本脱「阿剌」，讀音不全。據元史卷四四順帝七補。按，「阿剌忒納」係源於梵語之蒙古讀音，意爲「寶」。下同。

〔二六〕行郡：原本訛「郡」爲「部」，據元史卷一九四褚不華傳改。

〔二七〕司馬朮真靈保：原本訛「朮」爲「木」，據王逢梧溪集改。

〔二八〕按，庚申外史無「相次失守矣」。

〔二九〕益都：原本脱「益」，據元史卷一八八董摶霄傳補。

〔三〇〕孛蘭奚：原本訛「蘭」爲「羅」，元史四五順帝八至正十七年五月條載：「乙亥，命知樞密院事孛蘭奚進兵討山東。」據改。

〔三一〕亦老温帖木兒：原本訛「老」爲「克」，元史卷四五順帝八至正十七年五月條載：「戊寅，平章政事亦老温帖木兒復武安州等三十餘城。」據改。

〔三二〕時田豐據濟濮率衆來寇：原本脱「時」、「據濟、濮」，意不全。元史卷四五順帝八至正十七年九月條載：「是月，……時田豐據濟、濮，率衆來寇，擊走之。」適園本同，據補。

〔三三〕取濬城東明長垣三縣：元無「濬城縣」。按元史卷五八地理志，濮州觀城縣元初與東明、長垣兩縣同屬開州。蒙史改「濬」爲「觀」，疑是。元史（標點本）已校。

〔三四〕答里麻失里：原本訛作「答失八都魯」，據元史卷一四二答失八都魯傳改。「答里麻失里」，梵語名，意爲「法吉祥」。

〔三五〕棣州：原本脱「棣」，元史卷四五順帝八載：「是歲，……義兵千户余寶殺其知樞密院事寶童以叛，降於毛貴。余寶遂據棣州。」據補。

〔三六〕柏鄉：原本訛「柏」爲「北」，據元史卷一三九紐的該傳改。

〔三七〕棗林：原本訛「林」爲「州」。元史卷四五順帝八至正十八年三月條載：「乙卯，毛貴犯漷州，至棗林。」據改。

〔三八〕六月庚辰：原本脱「六月」，訛「辰」爲「申」，繫於五月乙巳末。元史卷四五順帝八至正十八年六月條載：「庚辰，關先生、破頭潘等陷遼州……。」據補、改。

〔三九〕此條錯簡。元史卷四五順帝八至正十八年六月條載：「六月戊辰朔，太不花伏誅。察罕帖木兒調虎林赤、關保同守潞州。拜察罕帖木兒陝西行省平章政事，便宜行事。庚辰，關先生、破頭潘等陷潞州，虎林赤以兵擊走之。關先生等遂陷冀寧路。」

〔四〇〕己亥：原本訛「亥」爲「未」，顯誤。按，龍鳳四年爲「戊戌」，龍鳳六年爲「庚子」，此年當爲「己亥」，從改。

〔四一〕二月辛巳：原本訛「二」爲「三」。元史卷四五順帝八至正十九年二月條載：「辛巳，樞密副使朵兒只以賊犯順寧……」據改。

〔四二〕餌賊：原本訛「餌」爲「弭」，據元史卷一四一察罕帖木兒傳改。

〔四三〕亳都陞上爲丞相同僉：原本脱「上」，據適園本補。

〔四四〕誠棄軍遁：原本訛「誠」爲「賊」，據元史卷二〇七孛羅帖木兒傳改。

〔四五〕賊遂東走金復州：原本脱「金」，據元史卷一四二也速傳補。

〔四六〕三月癸酉：原本脱「三月」，元史卷四六順帝九至正二十一年三月條載：「癸酉，察罕帖木兒調兵討永城縣……。」據補。

〔四七〕棣州：原本脱「棣」，據元史卷四六順帝九補。

〔四八〕分齊：原本訛「齊」爲「濟」，據元史卷一四一察罕帖木兒傳改。

〔四九〕其情僞可見：原本訛「僞」爲「爲」，據太祖洪武實録卷一一改。

〔五〇〕建昌：原本訛「建」爲「福」，據國初事迹改。

〔五一〕追封潁川王：原本脱「王」，據元史卷一四一察罕帖木兒傳補。

〔五二〕孛羅帖木兒：原本脱「兒」，名不全，據庚申外史補。

〔五三〕費褘：原本訛「褘」爲「緯」，據王逢梧溪集改。

〔五四〕大寧陷：原本訛「大」爲「天」。元史卷四六順帝九至正二十三年正月條載：「乙巳，大寧陷。」據改。

〔五五〕小明王：原本脱「王」，據龍鳳事迹補。

國初群雄事略　卷之二

滁陽王

王名子興，姓郭氏，濠州定遠縣人，其先曹州人也。至正壬辰二月起兵，乙未三月卒於和陽。洪武元年追封滁陽王。至正十二年壬辰二月乙亥，定遠人郭子興及孫德崖、俞某、魯某、潘某等起兵，自稱元帥，攻拔濠州，據其城守之。

初，王父少好術數，常從異人遊，得其書。年長未娶，南遊定遠，邑人神其術，叩之必驗。邑中富翁家有瞽女，王父過其門，翁以女命求卜。曰：「此貴人也！」翁曰：「此女瞽，未配。」王父曰：「翁能不鄙我乎，則妻之。」翁曰：「諾。」既娶，不數年，家日贍，生子三、女一，王中子也。始生，父卜之喜，謂人曰：「是兒異日非常，必大吾家。」既長，兄弟皆善殖産。元末，民間有造言者，王誤信之甚篤，遂散家財，陰結賓客。至正壬辰，汝、潁兵起，王識天下當變，乃召所結賓客子弟，拔濠梁據之。滁陽王廟

碑　洪武十七年，承直郎、太常司丞臣張來儀奉敕撰

先是至正十一年辛卯五月，潁州妖人劉福通作亂，陷潁州。八月，蕭縣芝蔴李及彭大、趙君用攻陷徐州，及十二年正月，定遠縣富民郭姓者聚衆燒香，稱亳州制節元帥，十一日起定遠，二月二十六日克濠州，三月初二日克曹縣。俞本皇明紀事録

閏三月甲戌，大明太祖高皇帝起義入濠州。

時皇上潛居民間，爲訛言所逼，懼禍將及，遂挺身入濠梁。抵其城，爲門者所執，將欲加害。人以告王，王親馳活之，撫之麾下。間召與語，異之，取爲親兵。廟碑

壬辰，二月二十七日，陷濠州而拒守之，哨掠四鄉，焚燒廬舍。不兩月，越境犯他邑，所過亦然。胡帥徹里不花率騎三千營城南三十里，逡巡不進，四掠良民，以絳繫首，稱爲亂民以獻功。於是，良民受害，呼親唤舊，相繼入城，合勢共守。予當是時尚潛草野，托身緇流。於是，禱於伽藍，容予倡義，遂決入濠城。以壬辰閏三月初一日至城門，門者不由分訴，執而欲斬之。良久得釋，被收爲步卒。入伍幾兩月，除爲親兵，終歲如之。紀夢高皇帝御製文集

閏三月一日晨旦，太祖抵濠城，守者縛而欲斬之。有人報於首雄，良久得免，收入步伍。幾月，拔長九夫。首雄，滁陽王郭子興也。既長九夫，王常召與言論，久

之，王知太祖非可久屈，收爲家人，親待同子弟。皇明本紀

太祖贅於郭元帥義女馬氏。

皇上居元帥府數月，王謂曰：「汝單居，當爲汝婚。」王暮歸，與夫人飲食，語及斯事，次夫人忽惋惜謂王曰：「方今兵亂，正當收召豪傑，是子舉止異常，若不撫於家，反使爲他人之親，是失智也。」王悟，遂以女妻之。孝慈皇后是也。廟碑

初，宿州閔子鄉人馬公，素剛直，重然諾，愛人喜施，避仇定遠，與子興爲刎頸交。馬公有季女，甚愛之，嘗言術者謂此女當大貴。及遇亂，謀還宿州起兵應子興，以女託子興，曰：「幸公善撫視。」子興與其妻張氏撫之如己子。已而，馬公死，上時未有室，子興與張氏謀曰：「昔馬公與吾相善，以女託我，然視衆人中未有當吾意者。」因言上度量豁達，有智略，可妻之。張氏曰：「吾意亦如此。」子興意遂決，乃以女妻上。即孝慈高皇后。太祖實録

按：滁陽王夫人張氏，次夫人亦張氏。張來儀作廟碑，嘗言初勸滁陽館高帝於貳室者，次夫人也。滁陽被械，携二子從高帝奔告魯淮者，亦次夫人也。厥後女爲帝妃，生三王、二公主。人知滁陽能識真主於魚服之中，不知皆其次夫人啓之也。且倉卒之中，能奔告魯淮以免其夫，斯可謂賢明婦人矣！實録但云子興夫人

張氏，遂殁次夫人之賢，余故表而出之，據此滁陽夫人生三子，皆與帝不協，而次夫人獨能知帝，又以其女相託，則當時周旋側陋，次夫人之功多矣。滁陽事，實高帝手藁以授來儀，宜其不殁次夫人之德也。

太祖領兵攻五河。二月初六日，復取定遠縣，攻南宿、大店、固鎮。十六日至濠州，元帥賈魯兵圍之，[一]至九月退。

按：元史十二年八月，賈魯從脱脱平徐州。九月，脱脱班師，命魯追餘黨，分兵攻濠州。次年五月卒於軍中。魯誓師曰：「吾頓兵於濠七月矣！」則俞本所記賈魯圍濠自二月至九月者誤也。或別將之師，非賈魯耳。

元帥郭子興與諸將有隙。

王爲人勇悍善戰，時軍帥四人名位皆在王上。王素剛直，不屈人下，每遇事，四人瞋目語難，而王剖决通敏，數以非語侵之，衆故含忿。廟碑

王志氣雄暴，列諸雄之上。其雄有四：俞、魯、孫、潘，出於農，其性粗直，謀智和同，獨與王異。王少出外而多居内，每視事，四雄者每待王，久不至，則四人專主之。三五日乃一會，會則四雄瞠目視王，四雄言有不當，王出言相侵，四雄亦姑忍之。王久乃覺，謂上曰：「諸人若是奈何？」上曰：「不過會簡而至是耳。」王曰：「然。」明日

出與會，三日後復如初。彼此防疑不相安矣。皇明本紀

按：碑云四人名位在王上。而本紀則云王列諸雄之上。當以廟碑爲是。九月，脱脱平徐州，彭大、趙君用率芝蔴李餘黨奔濠州。脱脱命賈魯追擊之。未幾，客軍首帥彭、趙以兵來駐濠，二姓皆僭稱王，王等遂爲所制。廟碑遇徐州亂雄敗，其殘雄趨濠梁，合勢共守。時殘雄勢本受制，不料俞、孫、潘、郭反屈節以事之。未旬月，來人各受制。〔二〕後因彭、趙僭稱王號，勢在魯淮，趙稱名而已。皇明本紀

是年九月，元兵復徐州，徐帥彭早住、趙君用率餘衆奔濠，〔三〕德崖等納之。二人本以窮蹙來奔，德崖等四人與子興反屈己下之，事皆禀命，遂爲所制。早住頗有智數，攬權專決，均用但唯唯而已。太祖實録

按：實録癸巳夏五月後書云：「彭、趙二帥既據濠州，挾德崖等爲己用。是冬，早住自稱魯淮王，均用稱永義王。」所謂「是冬」者，癸巳之冬也。滁陽王廟碑及皇明本紀記二姓僭稱，是在壬辰奔濠之時，與實録異。以高帝紀夢考之，則云：「明年，元將賈魯死，城圍解。予歸鄉里，收殘民數百獻之，上官以我爲鎮撫。當年冬，彭、趙僭稱，部下多凌辱人。」所謂「當年冬」者，亦癸巳之冬也。以時勢言之，二

姓雖草草僭王，亦當在元兵解圍之後，而不在自徐奔濠之日。或當以實録爲正耳。又按：元史順帝紀：「辛卯八月，蕭縣李二及老彭、趙君用攻陷徐州。」「老彭」者，早住之父彭大也。芝蔴李既敗，則彭大當與君用俱奔濠。實録不書彭大而書早住，又書於甲午六月上取滁陽之後，云：「未逾月，彭、趙遣人邀上守盱、泗，上辭弗往。未幾，二人自相吞併，早住亦亡，惟君用專兵柄」云。又按：順帝紀於丁酉年書「趙君用及彭大之子早住同據淮安，趙僭稱永義王，彭僭稱魯淮王。」則丁酉歲早住尚在。以理度之，癸巳之夏與君用吞併而亡者，乃彭大，非早住也。實録於早住既亡之後，記上使人説君用及賂其左右，以解子興。而廟碑與天潢玉牒俱云：「彭、趙東屯泗州，挾王以往，遣人賂彭、趙，得縱歸。」則又早住不死之明證也。二姓僭稱之事，在壬辰、癸巳間者，諸書載之甚確。而順帝紀又載於丁酉歲者，蓋彭大既亡之後，早住與君用同陷盱、泗，同據淮安，君用仍僭稱永義，而早住襲其父之舊，仍稱魯淮，故元史又從而記之也。元史稱彭大之子早住，其意甚明，修太祖實録者，殆未及考耳。己亥歲，君用殺毛貴，旋爲續繼祖所殺，獨早住不知其所終。而丙午歲梅思祖以淮安降，上諭之曰：「汝等多故趙君用部曲，往往皆授重名，繼歸張氏，復食其禄。」則數年之内，君用輩披猖淮、泗間，略可想見。惜紀載闕如，無從援據耳。姑書此，以訂實録之誤。

趙君用謀殺子興，太祖救之。

王既爲彭、趙所制，一日，衆挾趙勢拘王於獄，將害之。皇上自軍馳歸。或曰：「勿往。」曰：「再生父母有難，可不赴乎！」遂入王家。明日，彭帥聞，遣人釋王以歸。廟碑

滁陽王奉魯淮而輕趙，俞、魯、孫、潘恃趙威，於市衢擒王。上出淮北，聞王被擒，急趨歸。友人止之曰：「爾主被擒，亦欲擒爾，且勿歸。」上曰：「再生之恩，有難不入，何丈夫之爲也！」即入，見其家止存婦女，諸子弟皆匿。上曰：「舍人安在？」諸婦人佯言不知。上曰：「我家人也，釋疑從我謀。」詢知舍人所在，乃以實告。上曰：「主君厚彭薄趙，禍必自趙，欲脱此難，非彭不可。」明旦，以次夫人携二子往告彭。彭怒曰：「孰敢如是？」乃呼左右點兵搜彊。上亦返舍，去長服，被堅執鋭，與諸人同圍孫氏宅，〔四〕緣舍上，掀椽揭瓦，諸軍殺其祖父、母，於晦窟中得見滁陽王，鉗足繫頸，肌肉浮傷，令人負歸。皇明本紀

太祖攻懷遠縣及安豐。

十月，太祖破元平章月乞察兒營，克焦山陳章營，攻塔崗，招安壯丁。

十二月，賈魯復圍濠州。

壬辰冬，元將賈魯與月哥察兒圍濠城，城中極力拒守。

至正十三年癸巳，太祖克凱里、蕭縣寨。

四月，攻宋山寨，克含山縣，攻平塘營，克靈壁縣、虹縣。

夏五月壬午，賈魯卒，元兵解圍去。

脱脱平徐州，命魯追餘黨，分攻濠州。魯誓師曰：「吾奉旨統八衛漢軍，頓兵於濠七月矣！必以今巳、午時取城，然後食。」魯麾馬進抵城下，忽頭眩下馬，且戒兵馬勿散，病愈亟，竟卒於軍中。十三年五月壬午也。元史賈魯傳

按：俞本記：五月大敗賈魯，六月海子口搭浮橋攻賈魯於藕塘下營。今攷五月賈魯已卒，此云「攻賈魯於藕塘下營。」或魯之殘兵也。

濠州乏糧。

上謁友人，得鹽數引，乃泛舟以鹽易於懷遠，將糧數十石，以給王家。皇明本紀

六月丙申，以太祖爲鎮撫。

夏，上還故里，收元卒七百獻王，王就令將之。廟碑

時濠州自元兵退，軍士多死傷。上乃歸鄉里募兵得七百餘人以還。子興喜，以

上爲鎮撫。太祖實録

當時予雖在微卒，嘗觀帥首之作爲，度之既久，甚非良謀。明年春，元將賈魯死，城圍解，予歸鄉里收殘民獻之於上官，授我爲鎮撫。紀夢

七月，再克定遠縣。〔五〕

至正十四年甲午五月，陞太祖爲總管，克全椒縣。

六月，降元義兵三千人。

夏，上染末疾未瘥。王聞元義兵欲歸，將説之，左右無可使，特過寢門，示意趦趄，因請扶疾往，卒説降之，得其精卒三千。廟碑

彭、趙二雄以力禦衆，部下皆凌辱人。上以七百人讓他人統之，惟拔徐達等二十四人南略定遠，中途染疾而歸，半月乃醒。瘥方三日，滁陽王扶笻過門，嘖嘖有聲。上卧聞之，問傍人曰：「王適扶笻而過，聲意恨惋，胡爲若是？」答曰：「遠方有兵，聲言欲降，猶豫未決。王知友人在其中，令人往説，奈何家無可行者，故惋恨耳。」上乃扶病詣王寢室。王曰：「汝來何爲？」曰：「聞他方有欲歸者，未定行人，〔六〕欲扶病往視。」王曰：「汝病方瘥，未可行。」上知王意，決行不辭，王許之。遂入定遠，以計縛其帥首，收壯士三千人。七日後，東破元將老張營，得精兵二萬。練未及旬，率而南入

滁陽。皇明本紀

當年冬，彭、趙僭稱，部下者多凌辱人。予識彼非道，棄數百人，內率二十四名鋭者，南游定遠。忽有義旅來歸者三千，練率之。〔七〕六月，取潢澗山，破義兵營，得軍二萬餘，入滁陽，葺城以守之。紀夢

朕居擾攘之間，遂入行伍，爲人調用者三年。俄而，匹馬單戈，日行百里，有兵三千，效順於我。于是乎帥而南征。御製閱江樓記

太祖招安城口張寨。

是時，郭元帥之兵雖據定遠縣，前有義丁城口張寨不能進，後有元兵不能退。乃集將士問曰：「城口張寨深爲吾患，爾等能招降，即領寨兵。」上請往，郭曰：「汝未能。」次日又問，上請往，云：「令必來。」郭曰：「往需何物？用幾人？」上曰：「唯執旗單騎耳。」次日，單騎至門，寨主領馬步兵百餘出，問曰：「汝爲誰？來此云何？」上曰：「郭元帥部下朱總管有密報。」即邀入寨。上詭曰：「今夜達兵劫寨，奉元帥命來報，須謹備。」張曰：「汝何由知？」上曰：「哨獲達軍知之。」因以天道人事説之，張喜。是夜，達軍果來劫寨，已有備，人馬擄獲大半。張曰：「郭元帥好人也，其何以報？非汝，幾敗我事，偕汝往見之。」上曰：「不宜遲。元帥見汝當重賞，必令汝守此

寨。」張即具本寨兵馬、錢糧數目，隨上至。元帥大勞之，授以名爵，令上賫榜安本寨軍民。遂令其精鋭從元帥攻河州新塘，克三汊河、陽泉保住達魯花赤營，克徐倉官寨。俞本紀事録

克泗州、盱眙。

己酉，盱眙縣陷。庚戌，陷徐州，官軍潰。

賊陷盱眙，又陷泗州，官軍皆潰。命刑部尚書阿魯于海寧州等處募兵，討泗州賊。續通鑑

按：元史載，盱眙之陷，不指名爲何兵，而繫於張士誠寇揚州之下。平吴録諸書皆云：士誠攻揚州，尋陷盱眙及泗州。是時，士誠方起高郵，〔八〕攻揚州，其兵豈能遽及盱、泗？今攷俞本紀事録，其爲濠兵無疑也。洪武實録於甲午七月克滁陽之下書曰：「未逾月，彭早住、趙君用遣人邀上將兵守盱、泗。」滁陽廟碑亦云：「彭、趙東屯泗州。」則知陷盱、泗者，彭、趙之兵也。是時，濠兵以彭、趙爲主，彭、趙攻盱、泗，而上攻滁，雖分兵爲兩，其實皆濠兵也。記事者亦無從分別言之耳。

十三日，克梁縣，至大橋廟。

七月初二日，克張堡、驢牌駱二寨，克把頭寨。

攻元知院老張於横澗山，降其民兵男女七萬，〔九〕得精壯二萬，南略滁陽。太祖實録

十八日，克滁州。

八月，克六合縣。

彭早住、趙君用執子興，太祖救歸滁州。

既而，彭、趙東屯泗州，因挾王以往。皇上方駐和陽，知衆不可共事，獨堅守以待。復遣人賂彭、趙左右，賂行，王得縱歸滁陽。時王兵共四萬，其麾下僅萬人，皇上所部三萬有奇。廟碑

克滁陽未逾月，永義、魯淮二王遣人促兵以駐盱、泗。上知其非人，弗從。未幾，二王自相吞併，善戰者多死於盱，魯淮亦亡，惟存永義而已。彼時滁陽王尚受制于盱眙，幾爲所吞，而卒幸免。上遣一介去説永義，從滁陽王南行。初王首倡義時兵八百人，後上亦以七百屬部下，其招誘者不過萬餘，上之兵衆已三萬有奇。逾兩月，王爲讒所惑，掣近行掌文案者數人，李善長終不棄去。是後四方征討總兵之事，不令上與。皇明本紀

彭早住、趙君用遣人邀上將兵守盱、泗。上以二人麤暴淺謀，不可與共事，辭弗往。未幾，二人自相吞併，戰士多死，早住亦亡，惟君用專兵柄，子興勢益孤。上遣人

説君用曰：「公昔窘於元兵，奔濠城，郭公開門延納，既不見疑，又屈己以事公。郭公之德於公爲大，公乃不思報，反聽左右之言，欲先圖之，是自剪其羽翼，失豪傑心。又况人心難以逆料，郭公雖或可圖，其部屬猶衆，萬一事有不然，公亦豈能獨安。」時君用聞上入滁州，兵勢甚盛，心頗恐。上又使人賂其左右以解之，子興乃得免。遂將其所部萬人至滁州。居再閲月，子興惑于讒，意頗疑上，悉奪左右用事者，凡兵事皆不得與。既而，元兵圍滁，有任某者，譖上每戰不力，子興頗信之。比出城接戰，任未十步即被矢走還，上獨前奮擊，徐還。子興乃愧嘆。凡軍中有所得，上輒分給群下，他將有所獲，輒以獻子興，子興以故不説。孝慈皇后知其意，後將士有獻者，悉以遺子興妻張氏，張氏喜，后又和順以事之，由是疑釁漸釋。太祖實録

十月，脱脱攻高郵，圍六合，太祖救之。

元將脱脱攻高郵，分兵圍六合，子興命上將兵往救。元兵欲攻滁，上設伏敗之，復謀款其師，由是滁城得完。太祖實録

脱脱圍六合，被圍者請救，來使乃上之友也。中夜來叩門，上即起，隔門與語，謂之曰：「姑少待，我告王闔門而進。」王與六合之雄有隙，聞求救，喑嗚奮怒，不肯許。上因助來使共説之，至日昃，王意少解。諸將畏脱脱，以珓不吉爲詞。王乃召上曰：

「汝亦白神。」上曰：「六合受圍，勢同一家，脣亡則齒寒。若命我總兵，神可弗白。」於是決出師東之六合，與脱脱戰，微失利歸。皇明本紀

按：元史「十一月脱脱兵至高郵，連戰皆捷，分遣兵平六合，賊勢大蹙。」成化間，史館續修綱目，亦因仍書之。蓋不知是時我太祖在六合與耿再成守瓦梁壘等處，失於考證而不知避諱也。

子興欲稱王，不果。

時子興名稱尚微，且無意遠略，欲據滁自王。上察知其意，因説曰：「滁，山城也，舟楫不通，商賈不集，無形勝可據，不足居也。」子興默然，事遂止。太祖實録

至正十五年乙未正月，克和州李扒頭寨。

先是，至正十二年，李扒頭據無爲州，雙刀趙據含山，聚衆結水寨，俱稱彭祖家。至是，正月一十一日圍和州，攻李扒頭寨，克之。

克太山同知及韓把頭寨并鷄籠山，攻彭祖水寨、含山縣。

太祖統兵入和陽，與元兵戰三月，而元兵解去。

正月戊寅，上率師取和州。時上數諫王，爲人所譖，初少被責辱，上終不以爲意。王性聰明，納諫如流，俄又中讒，輒復嗔恚，因是致疾。兵士乏糧，謀議所向，遣人召

至再三，終不能會。復遣人至，定計出軍，上許之，謀曰：「三千人衣青衣，垂髻左衽，佯爲彼兵。令萬人衣絳衣，兵先至，敗走。至暮，青衣兵抵城下破之。」會敗兵先歸報，王驚恐，責上失計，俄城南報元使來招，王驚恐益甚。上命以三門兵合滁陽王至南門，〔一〇〕然後令來者膝行以見王，待諭之。〔一一〕衆欲殺使者，上曰：「不如縱歸，示以大言，彼不知我虛實，必不敢加我。」明旦，元兵遁去，王命上往收敗軍，及總守和陽，遂南趨和陽。皇明本紀

三月，郭元帥子興卒。

王命皇上守和陽，既而信流言，親至和陽視師。值王讎人亦在其中，聞王至，移軍異處。皇上禮送行者，俄爲所阨。王聞驚懼得疾，尋卒。廟碑

辛巳，元兵十萬攻和陽，上以萬人守，連兵三月，元兵數敗，解去。未幾，彼衆皆走渡江。時濠梁舊雄俞、魯、孫、潘亦乏糧，其部下皆就食和陽，孫德崖軍遂入城假居焉。滁陽王信讒，聞軍中多取婦女、財物，意欲歸罪於上，左右讒者欲因而致上於死地。不旬日，王果至。上往視之，王怒，久而不言。久而謂上曰：「誰？」上答曰：「某。」王曰：「其罪何逃！」上曰：「兒女之罪，又何逃耶？家中事緩急皆可理，外事當速謀。」王問：「何事？」曰：「曩與俞、魯、孫、潘有隙，長者受制，某等圍舍，逾牆殺

彼祖父母，脱長者之患。今讎人在斯，彼衆我寡，甚爲慮之。」明日五鼓，德崖遣人謂上曰：「彼翁至矣，我將他往。」上大驚，急報王以備之。上復謂德崖曰：「兩軍合城，今一軍盡起，公當留後，令軍先行。」德崖許諾。上出城送友人，去城十五里，聞城内兩軍相鬥，上策騎急歸，彼軍大呼追逐，抽刃以隘道。上單騎入彼軍中，德崖之弟繫上頸，欲加害，友人張姓者力止之，往入城，見滁陽王繫孫之頸，共案而飲。歸謂諸人曰：「如衆所爲，幾傷兩命，今各生存，事不難矣。」諸人怒猶未解。張留上同寢，抱上首達旦。明日，復羈晦窟中。又明日，乃行。徐達等奉王命以數人至，於是得歸。王亦釋孫。王聞上被擒，驚憂成疾，後終不復起，卒於和陽。皇明本紀

子興爲人勇悍善戰，而性悻直不能容物，故卒以憤恨而終。太祖實録

四月，衆奉子興長子郭天叙爲都元帥，張天祐次之，太祖又次之。

郭元帥卒，張天祐賫杜遵道檄推子興之子爲都元帥，天祐爲右副元帥，上爲左副元帥。上曰：「大丈夫寧能受制於人耶？」遂不受。太祖實録

太祖轉戰和陽，會滁陽王卒，遂併其兵，納其次室之女。天潢玉牒

子興既卒，孫德崖欲統其軍，子興之子聞之，懼不能辨，乃以書邀上代辯之。太祖實録

克裕溪中丞蠻子海崖水寨。〔三〕

六月，太祖率諸將渡江取太平，諸將奉太祖爲大元帥。

六月初二日，上親領將士萬餘，乘風斗快船渡江，無船者以葦荻作筏而濟。江東士民值太平日久，無不股栗待命，遂克采石及太平府蕪湖縣。是時三帥雖共府置事，運籌決策皆自上裁。將士樂戰，軍民傾向，權歸於上矣。俞本紀事録

七月克溧水。壬辰，命元帥張天祐率諸軍及陳埜先部曲攻集慶路，弗克而還。

八月，克溧陽。

九月，復攻集慶路，陳埜先叛，郭元帥、張天祐戰敗死之。

是月戊戌，仍命郭元帥、張天祐率所部軍攻集慶。己亥，天祐等至方山，攻破左答失納識里營，走之。陳埜先遂叛，與元福壽合兵來拒，戰於秦淮水上。我師失利，天祐、郭元帥皆戰死。太祖實録

元義兵元帥陳埜先領兵攻太平府，士卒登城，上親率死士拒之，城中危急。是時，上娶孫伯英妹爲次妃，妃言於上曰：「府中金銀若干，何不盡給將士，使之奮身禦敵，倘有不虞，積金何益？」次日，敵再至，上盡置金銀於城上，分給將士，遂大敗敵兵，生擒埜先。上親釋其縛，坐與語，埜先許以全軍歸附。上與結爲昆弟，宰烏牛、白

馬以祀天地，歃血爲誓，約共攻建康府。即令還營整兵以待並進。十月，郭、張二元帥督兵由官塘經同山進攻建康之東門，陳埜先自板橋直抵建康攻南門，自寅至午，城中堅守。埜先邀郭元帥飲，殺之，擒張元帥獻於福壽，亦殺之。埜先會元兵夾攻，大軍遂潰，部下總管趙繼祖躍馬遁，埜先單騎追逐，雁門孟萬户刺殺之。俞本紀事録

至正乙未夏五月，〔一三〕今江南等處行御史大夫西夏永平公由淮南行省中書平章特膺是命。六月，淮西寇渡江，攻陷太平，縱兵四劫，潛趨集慶攻南門。公晝夜拒守，相率引去。秋七月，復至，又敗之。九月，寇大至，圍城四面，凡七日，公身先士卒，且戰且守，而鋒大衄。先是，淮西義兵元帥陳埜先率其徒渡江，屯集慶城南之板橋，行臺命與官軍俱征太平。已而，我師失利，埜先陷，寇質其妻子，使爲先鋒，務必取集慶。埜先素服公威信，輸密款，願擒首賊以自效。衆疑其詐，公獨采聽之無惑。下令俾官軍與埜先表裏合攻，遂生擒僞元帥郭、張二人及其餘僞官甚衆，殺死者無筭，因乘勝逐北，鼓行趣太平，而埜先爲鄉兵誤殺，舉軍痛惜之。陳基撰西夏永平公勳德詩序

十一月，太祖爲都元帥。

郭、張二帥既没，上獨任元帥府事。太祖實録

至正十六年丙申二月二十五日，攻克三山中丞水寨。

三月初三日，太祖親統大軍克板橋營，擒陳埜先姪陳勝。初十日，太祖親克建康。

亳都陞太祖爲江南行省平章，以故元帥郭天叙弟天爵爲右丞。〔一四〕

至正十七年丁酉，遣將進攻浙東。

至正十八年戊戌七月，右丞郭天爵謀叛，誅之。

滁陽王夫人張氏生三子：長戰歿，次爲降人所陷，即郭元帥也，幼與群小陰謀伏罪。次夫人張氏生女一，爲上妃，生蜀王、豫王、如意王，女二。廟碑

至正十九年己亥四月，太祖親征浙東。

至正二十年庚子五月，徐達、常遇春克安慶。閏五月，陳友諒陷太平，侵建康，我師奮擊，大敗之。

至正二十一年辛丑，亳都陞太祖爲吴國公。

至正二十二年壬寅，張士誠寇諸全，敗還。江西降將祝宗、康泰叛，徐達討平之，南昌復定。

至正二十三年癸卯，陳友諒圍南昌。太祖自將救之，友諒敗死。

至正二十四年甲辰正月，諸將奉太祖即吴王位。

至正二十五年乙巳正月，克贛州，江西平。

至正二十六年丙午十二月，宋主韓林兒殂，議以明年爲吴元年，立宗廟社稷。丁未，吴元年，克姑蘇，執張士誠以歸，命徐達北伐中原。

戊申正月乙亥，太祖即皇帝位於金陵，定有天下之號曰大明，建元洪武。追封故元帥郭子興爲滁陽王。

洪武元年，天下既一，剖符行封，追念更生之恩，實業所始，乃封滁陽王，配張氏封夫人，建廟滁陽，命有司歲時率滁人祭之。廟碑

洪武三年二月癸未，封故元帥郭子興爲滁陽王，妻張氏爲滁陽王夫人，立廟滁州，仍繪其三子從祀，凡生卒之日及節序，皆命有司致祭。太祖實録

遣使致祭滁陽王。

洪武八年四月，上幸中都，次滁州，遣官祭滁陽王廟，曰：「曩者群雄鼎沸之時，民不堪命，王乃奮臂定遠，拔濠城而守之。朕方從軍，幾被他人所害，惟王能活我，致有今日，盡平天下，家國已成，再生之恩終世難忘。今日督工鳳陽，道經環滁，塋祠在斯，遣官致祭。尚饗！」御製文集

皇帝制諭滁陽千百户王傑等：自古豪傑之士，有大功於天地人神者，生雖不獲

其福，死必血食廟祀焉，所謂死而不亡，名傳永世者也！惟滁陽王，定遠之民，當元運將終，群雄並起，王亦乘時倡義旅，克濠城，拒守二載。時朕從事，恩禮甚厚。歲癸巳，王行兵盱眙。甲午，移駐環滁。乙未，南巡和陽，嬰疾而薨。先是，命朕率兵鎮禦和陽，及王薨，王子不能馭諸豪英兵，且乏食，朕率衆渡江，十有三年，帝業乃成。朕追念舊恩，特封滁陽王，立廟於州，歲時奉祀。太祖實録

定滁陽王歲祀禮。

洪武十五年秋，召守滁陽千百户等免徵田租者二十員名，永供時祀，其宥氏首率而祀之，故兹制諭。

一，祭祀日期用四孟日。一，祭物用羊一羫、猪一口。一，奉祀人員官一十七户，看廟人宥奶子等三户。洪武十五年欽定滁陽王廟歲祀册

敕撰滁陽王碑文勒石於廟。

洪武十六年十一月七日，皇上親藁滁陽王事實，召太常司丞臣張來儀諭之曰：「王之恩德，注在朕心。今滁有廟祀而碑刻未具，甚闕典也。汝其據此爲文於石。」臣伏聞自古帝王之興，雖受命於天，未始不因乎人，蓋必有所佑助維持而後成。惟我皇上，奮布衣，提一劍而起，外無尺土一民之助，而王能脱危難，識潛微，納於貳室，授以

兵柄，慨然不少吝惜，遂肇大業，可謂有知人鑒矣！及今大統既定，四海一家，推本尋源，實由於王。爰建顯號，俾永永血食。蓋非王無以開萬世之業，非皇上無以永王之名。臣謹即是爲銘。洪武十七年三月承直郎、太常司丞張來儀奉敕撰，中書舍人胡廷鉉奉敕書并篆額。

校勘記

〔一〕元帥：原本訛「帥」爲「師」，據適園本改。

〔二〕來人各受制：原本脱「來」，據皇明本紀補。

〔三〕徐帥：原本訛「帥」爲「州」，據太祖洪武實録卷一改。

〔四〕圍孫氏宅：原本脱「宅」，據皇明本紀補。

〔五〕定遠縣：原本脱「遠」，據適園本補。

〔六〕未定行人：原本訛「行」爲「何」，據皇明本紀改。

〔七〕練率之：原本舛爲「率練之」，據紀夢改。

〔八〕高郵：原本訛「高」爲「南」，據平吴録改。

〔九〕降其民兵男女七萬：原本訛「降」爲「除」，據太祖洪武實録卷一改。

〔一〇〕合滁陽王至南門：原本脱「王至」，意不明，從皇明本紀補。

〔一〕膝行以見王待諭之：原本訛作「膝行以見上代王諭之」，意不確，據皇明本紀補改。

〔二〕蠻子海崖水寨：原本脱「子」，名不全，據太祖洪武實録卷二補。

〔三〕夏五月：原本脱「月」，據西夏永平公勛德詩序補。

〔四〕天爵：原本訛「爵」爲「祐」，據下文改。

國初群雄事略　卷之三

天完徐壽輝

壽輝，一名貞一，姓徐氏，蘄州羅田縣人。至正十一年八月起兵於蘄，十月僭稱皇帝，國號天完，改元治平，在位十年，爲陳友諒所弑。

至正十一年辛卯治平元年八月，蘄州羅田縣人徐貞一，名壽輝，與黃州麻城人鄒普勝等以妖術陰謀聚衆，遂舉兵爲亂，以紅巾爲號。

初，徐貞一本湖南人，姿狀龐厚，無他長，生平以販布爲業，往來蘄、黃間。是時，瀏陽有彭和尚，能爲偈頌，勸人念彌勒佛，遇夜，燃火炬、名香，念偈拜禮，愚民信之，其徒遂衆。將爲亂，思得其主。一日，貞一於鹽塘水中浴，〔一〕衆見其身有光，皆驚異，遂立爲帝，反於蘄春〔二〕，東南遂大亂。湖廣、江西、浙江三省城池多陷没，開蓮臺於蘄春。然資性寬縱，權在臣下，徒存空名爾。草木子

壽輝即貞一，體貌魁岸，木强無他能，以燒香聚衆起。初，袁州慈化寺僧彭瑩玉

以妖術惑衆，其徒周子旺因聚衆欲作亂，事覺，元江西行省發兵捕誅子旺等。瑩玉走至淮西，匿民家，捕不獲。既而麻城人鄒普勝復以其術鼓妖言，謂：「彌勒佛下生，當爲世主。」遂起兵爲亂。以壽輝相貌異，衆乃推以爲主，舉紅巾爲號。太祖實録徐貞一本傳

至正辛卯，中原盜起，壽輝行山中，獲鑒鐵十斤。麻城鐵工鄒普勝居耦壽輝，夜夢有黄龍蟠其鐵碪。明日，壽輝携鐵過之，令製鑊鉏，蹲坐鐵碪上。普勝心異之，告之曰：「今天下尚須鑊鉏活耶？當煉一劍贈君耳。」于是兩人深相結，陰謀舉大事。會彭和尚妖黨作亂，普勝乃與衆共推壽輝爲主，舉兵，以紅巾爲號，借聖人堂於多雲山中。〔三〕溪水日再潮，溪傍有巨石狀類艤舟，壽輝命鑿一穴，樹桅其上，祝之曰：「天助壽輝，當揚帆出溪口。」石爲行十餘丈，壽輝遂決意反。湖廣總志

彭祖師惑荆、襄民，徐貞一據蘄州稱帝，徵饒郡民，率衆掠江淛。俞本紀事録

九月，徐壽輝陷蘄水路及黄州路。

徐壽輝僞將倪文俊擊敗元威順王寬徹普化於金剛臺。

壽輝起蘄、黄，威順王寬徹普化與其子别帖木兒、答帖木兒引兵至金剛臺，壽輝部將倪文俊敗之，執别帖木兒。威順王，世祖之孫，賜金印，鎮武昌。元史威順王傳

沔陽盜倪文俊，號蠻子，世以漁業，居黃州黃陂。其生之夕，母夢有白虎入室。及徐僭號，倪爲僞相，用多槳船，疾如風，晝夜兼行湖江，出人不意，故多克捷，所至殺害，擄威順王諸子，妻其妃子。庚申帝特降詔招撫，然亂端已成，俱無所及，王諸子皆爲所殺，荆、岳、潭、鄂、黃、蘄、澧、六、常德、寶慶、江、處、洪、吉等州，〔四〕皆爲所據。然驕恣不撫其下，後竟爲其下所殺。〔五〕先一夕，母復夢白虎死，遂遇戮。戮之二日前，有大星落蠻子舟前，蠻子曰：「又有大官人當死吾手！」不知其身當之也。其弟倪文郁同亂，後封長沙王，鎮岳州。蠻子誅，文郁亦見殺。獨季弟倪七不從亂，亦不及禍，今尚居漢川縣，耕稼爲業，富於牛田。草木子

是時蘄州總管李孝先分守蘄州縣，死之，贈河南參政，謚義愍。王逢詩序

十月，徐壽輝據蘄水爲都，國號天完，僭稱皇帝，改元治平，以鄒普勝爲太師。

攻陷饒州，又陷信州。

時魏中立以陝西行臺御史中丞遷守饒州，以義兵擊賊，被執，以紅巾被其身，中立叱之，鬚髯盡張，執歸蘄水，大罵不已，遂被害。信州總管于大本，〔六〕值賊首項甲破東門而入，執大本至蘄水，爲俘獻，僞主釋其縛，畀僞印一紐，大本投印於地，指僞主痛詈之，亦遇害。元史忠義傳

至正十二年壬辰治平二年正月丙辰，徐壽輝遣僞將丁普郎、徐明遠陷漢陽。丁巳，陷興國府。己未，徐壽輝遣鄒普勝陷武昌，威順王寬徹普化、湖廣行省平章政事和尚棄城走。

詔追奪寬徹普化印，而誅和尚。元史寬徹普化傳

正月，孟海馬陷襄陽，徐真逸陷湖廣，其將曾元帥陷安陸、江陵。庚申外史

辛酉，徐壽輝僞將曾法興陷安陸府，知府丑閭戰不勝，死之。

蘄賊曾法興犯安陸，丑閭敗賊前隊，乘勝追賊，而賊自他門入，亟還，朝服坐公堂。賊脅以白刃，丑閭疾叱之，賊以刀斫右脅，斷而死。元史忠義傳

辛未，徐壽輝兵陷沔陽府。

蘄黄賊逼境，推官俞述祖領民兵守緑水洪。城陷，被執。械至僞主徐壽輝所，述祖罵不輟，壽輝怒，支解之。元史忠義傳

壬申，中興路陷，山南宣慰司同知月古輪失出戰，衆潰，宣慰使錦州不花、山南廉訪使卜禮月敦皆遁走。

寇犯中興，山南廉訪使卜禮月敦以兵與抗，射賊多死。明日，擁衆來襲東門，力戰被執，不屈而死。又明日，賊復來攻中興，判官上都統兵出擊之。既而東門失守，

上都倉皇反鬥，被執，大罵，賊刳其腹而死。元史忠義傳

按：順帝本紀：「廉訪卜禮月敦遁。」而忠義傳云：「被執死。」當以忠義傳爲正。

二月乙酉，徐壽輝兵陷江州，總管李黼死之，遂陷南康路。

初，盜陷蘄、黃，造船北岸，鋭意南攻。九江雖下流，實東西襟喉之地。黼上攻守之策於江西行省，請兵屯江北，以扼賊衝。不報。及渡江，陷武昌，舳艫蔽江而下，江西大震。乘勝破瑞昌，右丞孛羅帖木兒方軍於江，聞之遁。遊兵至境，倉卒無號，墨士卒面，統之出戰，賊大敗，殺獲二萬餘。〔七〕黼曰：「賊不利於陸，必以舟薄我。」乃以長木數千，冒鐵錐於杪，暗植沿岸水中，逆刺賊舟，謂之「七星樁」。賊舟揚帆順流而下，舟遇樁不得動，黼發火翎箭射之，焚溺無算。時西自荆湖，東際淮甸，守臣往往棄城遁，黼守孤城，提孱旅，中外援絶。二月甲申，賊將薄城，分省平章政事禿堅不花自北門遁。賊攻入東門，與之巷戰，知力不敵，揮劍叱曰：「殺我！無殺百姓！」賊自巷背來，刺黼墜馬，與從子秉昭俱罵賊而死。元史忠義傳

丙戌，徐壽輝兵陷岳州。

徐壽輝僞將歐普祥陷袁州。

普祥，黄州黄岡人，歲辛卯，從徐壽輝以燒香起兵，爲元帥，人稱爲歐道人。壬辰二月，引兵掠江西諸郡縣，攻陷袁州，焚室廬掠人民以去，遣别將守之。既而分宜縣人彭繼凱與元帥别速堅起義兵復袁州，普祥怒。九月，復往攻之，不克，乃攻陷分宜、新喻等縣，括其丁壯，團結營寨。癸巳二月，復攻袁州，元帥别速堅與萬户寶同等堅守。〔八〕城中民困食盡，死者相枕藉。十二月，城陷，普祥遂據之，分兵陷吉安、福瑞之上高等縣。與元兵屢戰屢勝，壽輝累加普祥左丞、大司徒、袁國公。普祥性殘暴，所過，室廬皆焚蕩浮掠無遺。〔九〕庚子歲，陳友諒弑壽輝，徵兵於普祥，普祥不聽其節制。壬寅，王師取江西，普祥令其子文廣納款歸附，上厚賜之，命普祥仍以本部軍馬守袁州。甲辰六月丁巳卒。太祖實録歐普祥本傳

至正十二年，歐道人據袁州。俞本紀事録

三月丁未，徐壽輝僞將許甲攻衡州，洞官黄安撫敗之。僞將陶九陷瑞州，總管禹蘇福、萬户張岳敗之。甲子，僞將項普略陷饒州路，〔一〇〕遂陷徽州、信州。

壬辰正月，湖廣陷，秃堅不花由江州遁還。二月，普顔不花將兵往江州，至石頭渡，遇賊，戰敗，江西行省平章政事即懷省印遁走。普顔不花還，與章伯顔定城守之計。後數日，道童始自南昌民家來歸。三月，賊衆來圍城，凡兩月，民無離志，因奮

擊，敗賊，走之。元史道童傳

饒志：彭翼達、項普略破吉安路。彭翼達即彭和尚，一名妖彭。平胡録〔一〕

閏三月乙酉，徐壽輝僞將陳普文陷吉安路，鄉民羅明遠起義兵復之。

閏月十三日，蘄、黄紅巾自江州直抵廬陵，攻破吉安，鄉民羅明遠復之。平胡録

已而，陳普文反兵復陷其城。太祖實録

丁酉，湖廣行省參知政事鐵傑以湖南兵復岳州。

四月乙卯，鐵傑及萬户陶夢楨復武昌、漢陽，〔二〕尋再陷。

辛未，荆門知州聶炳復荆門州。

炳知荆門州纔半歲，淮、漢賊起，荆門不守。炳出募土兵，得衆七萬，復荆門。又與四川行省平章咬住復江陵，其功居多。元史忠義傳

五月己卯，〔三〕咬住復中興路。

野峻台升四川行省參政，與平章咬住討賊。賊方據巴東縣，攻拔之，平歸、峽等州，〔四〕進拔枝江、松滋兩縣，乘勝趨江陵，據清水門，與賊戰三時頃，咬住軍止百步外不救，賊飛鎗刺之，遂死。元史忠義傳

七月庚辰，饒、徽賊犯昱嶺關，陷杭州路。

賊攻昱嶺關，鎮撫桂完澤再戰關下，皆勝。尋與其妻弟全德皆被執，〔一五〕反縛於樹，臨以白刃。完澤呼德曰：「全舅，男子漢即死，不可聽賊。」因大駡。賊怒，剖二人之腹而死。元史忠義傳

賊犯餘杭，江浙行省參知政事樊執敬調兵出戰，皆不利，賊至，執敬遽上馬率衆出，中途與賊遇，射死七人。賊塡咽街巷縱火，衆潰，執敬奮刀斫賊，中槍而墮，從僕田也先馳救之，亦中槍死。元史忠義傳

壬辰秋，蘄、黄徐壽輝賊黨攻破昱嶺關，徑抵餘杭縣。七月初十日，入杭州城，僞帥項、蔡、楊、蘇，一屯明慶寺，一屯北關門妙行寺，稱「彌勒佛出世」以惑衆。浙省參政樊時中執敬死於天水橋，寶哥與妻同溺于西湖。其賊不殺不淫，招民投附者注姓名於簿，籍府庫金銀，悉輦以去。至二十六日，浙西廉訪使自紹興率鹽場竈丁過江，同羅木營官軍剋復城池，賊遂潰散。三平章定定逃往嘉興，郎中脱脱過江南，越數日，携省印來會，權署省事，至是，亦回。四平章教化自湖州統軍歸，舉火焚城，殘傷殆盡。附賊充僞職者范縣尹等，明正典刑，里豪施尊禮、顧八爲迎敵官軍，剮於市，家産悉没縣官，明慶、妙行亦然。省都事以下，坐失守城池，罷黜不叙；省官復任如故。朝廷法度既隳，刑賞失宜，欲天下太平，不可復得矣！輟耕録

董摶霄率兵攻杭州，遂復徽州。

摶霄從江浙平章教化移軍援江南，遂渡江至湖州德清縣，而賊已陷杭州。摶霄曰：「賊皆野人，見杭城子女玉帛，必縱慾，不暇爲備，宜急攻之。今若退保湖州，賊乘勢直趨京口，則江南不可爲矣。」拔劍誓諸將，遂進兵杭城。賊迎敵至鹽橋，凡七戰。追殺至清河坊，賊奔接待寺，塞其門而焚之，遂復杭州。徽、饒賊復自昱嶺關寇於潛。摶霄以臨安、新溪爲入杭要路，分兵守之，而進兵叫口及虎檻，遇賊，大破之，遂復於潛。既又復昌化縣及昱嶺關，降賊將潘大淵二千人。〔一六〕賊復攻獨松、百丈、幽嶺三關，摶霄乃先以兵守多溪，扼三關要路，而分三軍出三關，會兵擣賊巢，遂乘勝復安吉，克廣德。有蘄賊與饒、池諸賊復陷徽州，賊中有道士能作十二里霧。摶霄以兵擊之，已而妖霧開豁，諸伏兵皆起，襲賊後，斬首數萬級，獲道士，焚其妖書而斬之。遂平徽州。元史董摶霄傳

七月，紅巾陷錢塘。九月，陷吴興、延陵。十月，陷江陰州。州大姓許晉，字德昭，與其子如璋聚無賴惡少，資以飲食。賊四散抄掠，誘使深入，殪而埋之。戰於城北之祥符寺，父子皆死。輟耕録

徐壽輝僞將王善、康壽四、江二蠻等陷福安、寧德等縣。趙普勝、周驢等據池陽、

太平諸州郡。

賊自邵武間道偪福寧，知州王伯顏與監州阿撒都剌分扼險阻。賊帥王善俄擁衆直壓州西門，伯顏麾下惟白梃市兒數百人。賊以長鎗舂馬，馬仆，見執。善説伯顏降，爲我尹此州。伯顏嚼舌出血，噀善面，唾駡之，挺頸受刃。頭斷，涌白液如乳。明年州有僧林德誠起兵討賊，望空呼曰：「王州尹宜率陰兵助我。」賊方祀神，覩紅衣軍來，以爲僞帥康將軍，亟往迎之，無有也，四面皆青衣官軍。賊大敗，斬其酋江二蠻，福寧遂平。元史忠義傳

八月，安陸賊將俞君正復陷荆門州，知州聶炳死之。賊將党仲達復陷岳州。

俞君正合兵來攻荆門，炳率孤軍晝夜血戰，城陷，被執，極口駡不絶。賊以刀抉其齒盡，乃斷左臂而支解之。未幾，賊陷潛江縣，達魯花赤明安達爾擒其將劉萬户，進營蘆洑，賊衆奄至，其家殲焉。元史忠義傳

襄陽路達魯花赤孛羅帖木兒率義兵進次潛江縣，〔一七〕梟賊將劉萬户、許堂主等。賊大至，與戰抵暮，咬住等軍各當一面，不能救。孛羅帖木兒被重創，見執，駡賊遇害，一家死者二十有八人。元史忠義傳

九月乙亥，俞君正復陷中興路，咬住領兵與戰於樓臺，敗績，奔松滋，〔一八〕本路判

官上都死之。

癸未，中興義士范忠偕荆門僧李智，率義兵復中興路，俞君正敗走。

江西平章星吉與賊戰於湖口，死之。

星吉至江東，詔令守江州。時江州已陷，賊據池陽，號百萬。吉募兵得三千人，泝江而上。四月，復池州，又復銅陵，敗賊於白馬灣，追及於白湄，擒其僞相周驢，奪船六百艘，死者蔽江，江水爲赤。〔一九〕乃命諸將分道討賊，復貴池、石埭、建德諸縣。時賊久圍安慶，焚營解去。進復湖口縣，克江州，命王惟恭栅小孤山，而自駐番陽口，綴江湖要衝以圖恢復。時湖廣已陷，江西被圍，淮、浙亦多故，〔二〇〕轉戰六月餘，〔二一〕兵食俱竭。九月二十日，賊取蘆葦編爲大筏，杜上下流，縱火夾攻，我軍殊死戰，且盡，星吉從子伯不花將親兵數千人亦死。賊射星吉，中目，仆舟中。賊素聞其名，舁置密室中。至旦少蘇，餽以食，星吉斥之，不復食，凡九日，忽自力起，北面再拜而絶。九月二十九日也。元史星吉傳、宋濂星吉公神道碑

江浙行省平章卜顔帖木兒救安慶，賊解圍去。

徐壽輝兵侵江東、西，詔江浙行省平章政事卜顔帖木兒討之。時星吉、蠻子海牙皆駐太平，宿留不進。〔二二〕卜顔帖木兒乃與俱前，復銅陵、池州，〔二三〕遂遣將分討，而自

駐池口，以防遏上流。江州再陷，星吉死之。蠻子海牙與威順王軍俱潰而東。安慶被圍益急，卜顏帖木兒即大發帑藏以周之，潰軍皆大集，安慶之圍遂解。元史卜顏帖木兒傳

冬十一月，賊悉衆寇安慶，水陸並進，上萬户蒙古丑廝連破之，輕舟往追，中流矢卒，是月二十九日也。先是丑廝鎮江陰，時海内無事，州人王逢謂曰：「太歲在辰，侯當保障一方，戰勝，後恐不利。」已而果然。梧溪集

按：星吉之死，元史續編、平胡録載在十一月。今以星吉神道碑正之。

冬，徽州陷，常萬户張珍引兵伏横林，連敗之，乘勝深入，常悉平。

至正十三年癸巳治平三年三月，卜顏帖木兒復江州。

三月，賊衆十萬攻池州，卜顏帖木兒命諸將分番與戰，大敗之，乘勝率舟師以進。五月，與戰於望江，又戰小孤山及彭澤，又戰龍開河，皆破走之，進復江州。元史卜顏帖木兒傳

五月辛未，江西行省左丞相亦憐真班、江浙行省左丞老老引兵取道自信州，元帥韓邦彦、哈迷取道由徽州、浮梁，同復饒州，蘄、黄等賊望風皆奔潰。

六月，答失八都魯克復安陸府。

七月壬申，湖廣行省參知政事阿魯輝復武昌及漢陽府。江浙行省平章卜顏帖木兒復蘄州。

七月，卜顏帖木兒進兵攻蘄州，擒僞帥魯普泰，遂克其城。進兵道士洑，焚其栅，抵蘭溪口，〔二四〕殲黄連寨賊巢。〔二五〕分兵平兩巴河，於是江路始通。〔二六〕元史卜顏帖木兒傳

十月丁未，廣西元帥甄崇福復道州，誅賊將周伯顏。

十二月，江浙平章卜顏帖木兒等擊徐壽輝於蘄水，敗之，壽輝遁走。

十一月，卜顏帖木兒與蠻子海牙、四川行省參知政事哈臨秃、左丞桑秃失里、〔二七〕西寧王牙罕沙軍合，而湖廣左丞伯顏不花等軍皆會。十二月，分道進攻蘄水縣，拔其僞都，獲僞將相而下四百人，徐壽輝僅以身免。元史卜顏帖木兒傳

星吉大夫以舟師自安慶征湖廣，至湖口，適與蘄、黄紅巾遇，風勢不利，敗績，死之。紅巾遂順江而下，攻安慶，爲義兵所破，大敗南還。既而，蠻子海牙中丞復總水軍義軍南征，破黄連大寨，徐貞逸等遁入黄梅山中及沔陽湖中。官軍盡復武昌等處。未幾，盡抽軍下據廬州，官軍勢退，而賊勢復熾矣。亦憐真班丞相以馬步軍由江東援江西，至龍興，逾月而卒。左丞火爾赤總其兵，攻臨江，復瑞州，進攻袁州，與歐軍相持，數年不決，後卒敗亡。庚申外史

僞將王善陷福州府，巡檢劉濬敗死。濬子健起兵，誅善。江西賊帥王善寇閩，破羅源，分兩道攻福州。連江縣寧善鄉巡檢劉濬拒之辰山。俄聞福州陷，衆多潰去。濬帥其子健進兵，遇賊於中麻，鏖戰三時頃，濬中箭墮馬，健下馬掖之，俱被擒。濬戟手大駡，賊斫其手指盡，次兩腕與足。濬駡彌厲，遂割其喉舌而死。健亦以死拒賊，善義之，舍健使瘞父屍。健歸，請兵於帥府，弗聽。盡散家貲，結死士百人，詐爲工商流丐，入賊中。夜半，發火大譟，賊驚擾，自相屠戮，健手斬殺其父者張破四，并擒善及寇首陳伯祥來獻，磔之。元史忠義傳、龍飛紀略

至正十四年甲午治平四年三月，江西左丞相亦憐真班卒。江西自道童政治懈弛，亦憐真班至，風采一新，盗賊謀歸款。至是卒，所部爲之喪氣。元史續編

十二月，詔威順王寬徹普化還鎮湖廣。寬徹普化率領王子及本部怯薛丹，屢討賊立功。十四年，詔復鎮武昌，還其金印。元史威順王傳

至正十五年乙未治平五年正月丁丑，徐壽輝僞將倪文俊復陷沔陽府。寬徹普化命其子報恩奴、接待奴、佛家奴同湖廣元帥阿思南，以大船四十餘隻，

水陸並進，至沔陽攻徐壽輝僞將倪文俊，且載妃妾以行。兵至漢川縣鷄鳴汊，水淺，船擱不能行，文俊以火筏盡焚其船。接待奴、佛家奴皆遇害，而報恩奴自死，妃妾皆陷，寬徹普化走陝西。元史威順王傳

三月癸巳，徐壽輝兵陷襄陽路。

五月庚戌，倪文俊自沔陽陷中興路，元帥朵兒只班死之。

七月壬寅，倪文俊復陷武昌、漢陽等路。

九月己亥，倪文俊圍岳州路。

蘄、黄賊陷宣州，嘉議大夫、禮部尚書致仕汪澤民死之。

十一月庚戌，賊陷饒州路。

至正十六年丙申治平六年正月，倪文俊建僞都於漢陽，迎徐壽輝居之。

三月壬午，徐壽輝復寇襄陽。

丙申，倪文俊陷常德路，總兵官俺都剌遁。

五月丙申，倪文俊陷澧州路。

六月，卜顔帖木兒復池州，以軍守之，尋卒。

是年十一月，卜顔帖木兒卒。元史卜顔帖木兒傳

八月庚申，倪文俊陷衡州路，元帥甄崇福戰死。

十二月，〔二八〕倪文俊陷岳州路，殺威順王子歹帖木兒。湖廣參知政事也先帖木兒與左江義兵萬户鄧祖勝合兵復衡州。〔二九〕

至正十七年丁酉治平七年二月，倪文俊陷峽州，〔三〇〕破轆轤關。明玉珍進陷川蜀諸郡，因據守之。

五月丙申，大明將常遇春克青陽縣，〔三一〕趙普勝敗走。

遇春遣興國翼分院院判趙忠、元帥王敬祖等攻池州之青陽縣。蘄州徐壽輝將趙普勝出兵來距，敬祖以數十騎衝其陣，陣亂，衆兵乘勢疾擊，遂破之，克其縣。趙普勝者，本巢湖水軍元帥，初與與俞通海等皆來降，中道叛去，降於壽輝。爲人驍勇，善用雙刀，人號爲雙刀趙云。太祖實録

至正十二年，雙刀趙據含山，聚衆結水寨，稱彭祖家。十五年正月，克彭祖水寨、含山縣。十六年六月，院判趙子忠攻池州青山，〔三二〕不克，守賊乃雙刀趙。十七年，郎中段興守銅陵，雙刀趙聞興威名，不敢侵。十一月，院判趙子忠并帳前黑先鋒攻青不克俱陷。〔三三〕俞本紀事録

九月，倪文俊謀殺其主徐壽輝不果，自漢陽奔黄州，壽輝僞將陳友諒襲殺之，友

諒遂自稱平章。

十二月，明玉珍據成都。

玉珍爲文俊守蜀，文俊死，玉珍遂自據之，蜀中郡縣皆附。平胡録、元史續編

陳友諒寇安慶，守將余闕拒却之。

十五年，拜闕江淮行省參知政事，仍守安慶。池州趙普勝帥衆攻城，連戰三日敗去。未幾，又至，相距二旬始退，懷寧縣達魯花赤伯家奴戰死。十七年，趙普勝同青軍兩道攻城，拒戰一月餘，竟敗而走。秋，拜淮南行省左丞。〔三四〕安慶倚小孤山爲藩蔽，命義兵元帥胡伯顔統水軍戍焉。〔三五〕十月，沔陽陳友諒自上游直擣小孤山，伯顔與戰四日夜不勝，急趨安慶。賊追至山口鎮，明日癸亥，遂薄城下。〔三六〕闕遣兵扼於觀音橋。俄饒州祝寇攻西門，闕斬却之。乙巳，賊乘東門，紅旗登城，闕簡死士力擊，〔三七〕賊復敗去。戊申，賊并軍攻東西二門，又却之。元史余闕傳

至正十八年戊戌治平八年正月丙午，陳友諒陷安慶路守將余闕死之。

賊樹柵起飛樓，〔三八〕金鼓震地，晝夜不得息。癸卯，賊益生兵攻東門。丙午，普勝軍東門，友諒軍西門，祝寇軍南門，四面蟻集。西門勢尤急，闕自當之，徒步提戈爲士卒先，孤軍血戰，斬首無算，而闕亦被十餘創。日中城陷，城中火起，闕引刀自剄，墮

清水塘中。妻及子女皆赴井死。元史余闕傳

闕三上宰相書，不達，援兵亦不至，故城陷而死。庚申外史

友諒義闕之死，求其屍，殮葬於西門之外。陳氏事迹

四月甲申，陳友諒陷龍興路，省臣道童、火你赤棄城遁。〔三九〕

陳友諒復攻江西城，火你赤素與道童不相能，且貪忍不得將士心，見城且陷，遂夜遁去。道童亦棄城退保撫州路。賊追者至，遂爲所害。元史道童傳

吳當字伯尚，〔四〇〕澄之孫也。陳友諒陷江西諸郡，火你赤棄城遁，當乃戴黃冠，着道士服，杜門不出。友諒遣人辟之，當卧床不食，以死自誓，乃舁床載之舟，送江州，拘留一年，終不爲屈。遂隱居廬陵吉水之谷坪。〔四一〕逾年，以疾卒。元史吳當傳

是歲，陳友諒陷江西龍興，司徒道童、左丞火你赤、總管安謙棄城從西門走撫州。〔四二〕賊陷瑞州，〔四三〕守臣臨江同知、給事中死之，〔四四〕至臨江，守臣定住降之，陷吉安，宣差尚書總管海尚書死之，陷撫州，達魯花赤完者帖木兒被獲，義不屈節，死之。庚申外史

甲午，陳友諒遣王奉國陷瑞州路。己巳，徐壽輝平章陳友諒遣其將趙普勝自樅陽寇池州，陷之，樞密分院院判趙忠被執。

五月壬寅，陳友諒遣康泰、趙琮、〔四五〕鄧克明等以兵寇邵武路。庚戌，陳友諒陷吉安路。辛酉，陷撫州路。

六月癸酉，大明中翼右副元帥謝再興、元帥趙德勝、總管劉貞率兵略石埭縣，與陳友諒兵遇，戰敗之，擒其將錢清、孟友德、張遵道等及部卒四百餘人。

八月庚辰，陳友諒兵陷建昌路。

九月乙丑，陳友諒陷贛州路，江西行省參知政事全普庵撒里及總管哈海赤死之。江西下流諸郡皆爲友諒所據，遣其將幸文才率兵圍贛，登城拒戰凡四月，義兵萬户馬合某沙欲舉城降，普庵撒里不從，遂自刭。城陷之日，哈海赤謂賊曰：「與汝戰者我也，毋殺贛民，當速殺我。」遂見殺。元史忠義傳

十月戊子，元帥羅友賢復取建德縣。

時陳友諒將趙普勝既陷池州，又攻建德縣，陷之。友賢退軍祁門，收集精鋭，復出與戰，敗普勝於葛公嶺，斬其萬户汪彦章，普勝遁去，友賢遂復取建德。太祖實録

十一月，陳友諒陷汀州路。

至正十九月己亥治平九年正月甲午，陳友諒兵陷信州路，守臣廉訪副使伯顔不花的斤力戰死之。

十八年，友諒遣王奉國寇信州，號二十萬。明年正月，伯顏不花的斤自衢引兵援焉。遇奉國城東，力戰，破走之。二月，友諒弟友德營於城東，繞城植木柵，攻我益急。日夜與賊鏖戰，糧竭矢盡，而氣不少衰。軍民食草苗、茶紙，既盡，括靴底煮食之，又盡，掘鼠羅雀，及殺老弱以食。六月，奉國親來攻城，穴地百所，或魚貫梯城而上。城陷，伯顏不花的斤力戰不勝，遂自刎。元史忠義傳

三月癸巳，陳友諒遣兵由信州略衢州，復遣兵陷襄陽路。丁巳，陳友諒將趙普勝寇寧國之太平縣，總制胡惟賢命萬户程允同、〔四六〕義士汪秉叔率鄉兵五千擊敗之。普勝復寇陵陽、石埭等縣。大明僉院張德勝與戰於栅江口，復破走之。

四月癸酉，大明兵復池州。

初，趙普勝既陷池州，遣别將守之，而自據樅陽水寨，數往來侵掠境上。元帥徐達遣院判俞通海等往擊，敗之，俘其將趙牛兒等。普勝棄舟陸走。又擒其部將洪鈞等，并獲艨艟數百艘，遂復池州。太祖實録

五月，趙普勝破石埭、太平二縣，段興、王卿力戰死。

六月，大明僉院俞通海率兵攻趙普勝，不克而還。

諸將患之，上曰：「普勝雖勇而寡謀，友諒挾主以令衆，上下之間，心懷疑貳，用

計以離之，一夫之力耳。」時，普勝有門客頗通術數，常爲普勝畫策，普勝尊爲謀主。乃使人陽與客交，而陰間之。又致書與客，故誤達普勝，普勝果疑客，客懼不能安，遂來歸。於是厚待客，客喜過望，傾吐其實，盡得普勝平日所爲。乃重以金幣資客，潛往説友諒所親以間普勝，普勝不之覺，見友諒使者輒自言其功，悻悻有德色，友諒由是忌之。太祖實録

八月辛酉，倪文俊餘黨陷歸州。

九月癸巳，大明元帥徐達敗趙普勝，克潛山縣。

徐達、張德勝率兵自無爲登陸，夜至浮山寨，擊走趙普勝部將胡總管，敗之於青山，追至潛山界。陳友諒參政郭泰引兵自瀆沙河迎戰，德勝復大破之，斬郭泰，獲馬騾牛畜千餘，軍資無筭，遂克潛山縣，命詹元帥守之。太祖實録

七月，上以姪朱文正同徐達、俞通海等水陸進攻安慶，不克。八月，大軍由潛山回，遂克無爲州。張德勝攻泗州，俞通海青溪口破雙刀趙海船。〔四七〕俞本紀事録

乙未，陳友諒殺其將趙普勝。

初，友諒既忌普勝，又有言普勝欲歸於我者，及是，憤潛山之敗，友諒益欲殺普勝。乃詐以會軍爲期，〔四八〕自至安慶圖之。普勝不虞友諒之圖己，聞其至，具燒羊迎

於雁汊，登舟見友諒，友諒就執殺之，并其軍。初友諒與普勝攻陷安慶，令普勝守之。至是殺普勝，即生釁於我。太祖實録

十月壬申，大明元帥俞廷玉攻安慶，不克，卒於軍。

十一月戊辰，陳友諒兵陷杉關。

十二月，陳友諒以江州爲都，迎僞主徐壽輝居之，自稱漢王。

友諒遣兵略衢州，破杉關，而自引兵至江州，迎壽輝。初，壽輝聞友諒破龍興，欲徙居之，友諒忌其來不利於己，不從。壽輝不得已而止。至是，壽輝復欲往，友諒遣人止之，不聽，引兵發漢陽，十二月至江州。友諒陽出迎，而伏兵於城西門外，壽輝既入，門閉而伏發，盡殺其部屬，惟存壽輝，乃以江州爲都，奉壽輝居之。友諒遂自稱漢王，立王府於城西門外，置官屬。自是，事權一歸於友諒，壽輝但擁虚位而已。太祖實録徐壽輝本傳

至正二十年庚子治平十年正月，陳友諒兵寇池州，徐達擊敗之。

友諒既殺趙普勝，即有窺池州之意。上察知之，乃遣常遇春往池州與徐達共禦之。〔四九〕使謂曰：「友諒兵至，當以五千人守城，遣萬人伏九華山下，俟彼兵臨城，城上揚旗鳴鼓，發伏兵往絶其後，破之必矣。」友諒兵至，其來甚鋭，直造城下。城上揚旗

鳴鼓，伏兵悉起，緣山而出，循江而下，絶其歸路；城中出兵夾擊，大破之，斬首萬餘級，生擒三千餘人。友諒遣使來曰：「此戰非我意，乃巡邊者偶戰耳。」其矜詐如此。太祖實録

閏五月丙辰，陳友諒陷太平。

友諒攻城，三日不得入，乃引巨舟泊城西南，士卒緣舟尾攀堞而登，城陷，守將樞密院判花雲及院判王鼎、知府許瑗俱死之。太祖實録

戊午，陳友諒弑其主徐壽輝於采石。

初，友諒之犯太平，挾壽輝以行。既陷太平，志盈滿，急謀僭竊。乃於采石舟中，先使人詣壽輝前，佯爲白事，陰令壯士持鐵撾自後擊碎其首，弑之。壽輝死，友諒遂以采石五通廟爲行殿，舁殿中神像顛倒置門外，而僭位其中。群下草次行禮於江岸，又值大雨，冠服皆濡濕，略無儀節，識者知其必無成。太祖實録

陳友諒乘勝下江南，〔五〇〕至太平，弑徐真逸於舟中而自立。既而，大敗於金陵，南還後，於江州建都焉。庚申外史

友諒既殺倪文俊，遂率兵攻金陵，謀篡位，乃勒死徐壽輝於采石。是年五月，友諒既弑壽輝，改大義元年，則天啓、天定，豈友諒已不用治平乎。平胡録

按元史順帝紀五月丁亥朔，陳友諒弑其僞主徐壽輝於太平路。實録載在閏五月陷太平之後，似當以實録爲正。

校勘記

〔一〕水中浴：原本訛「中」爲「口」，據草木子改。

〔二〕蘄春：原本訛「春」爲「黄」，據草木子改。下同。

〔三〕借：原本作「駐」，意不明，據適園本改。

〔四〕原本訛「六」爲「陸」、「處」爲「虔」，據草木子改。

〔五〕後竟爲其下所殺：原本脱「其下」，據草木子補。

〔六〕于大本：原本訛「于」爲「於」，據元史卷一九五忠義傳改。

〔七〕殺獲二萬餘：原本訛「二」爲「一」，據元史忠義傳改。

〔八〕寶同：原本訛「寶」爲「實」，據太祖洪武實録卷一四改。

〔九〕室廬皆焚蕩浮掠無遺：原本作「室廬皆焚掠俘斬無遺」，據太祖洪武實録卷一四改。

〔一〇〕僞將項普略陷饒州路：原本脱「陷」，元史卷四二順帝五至正十二年三月條載：「甲子，徐壽輝僞將項普略陷饒州路……」從補。

〔一一〕此條疑是錢氏按語。平胡録按稱：「饒志作彭翼遣（達）、項普略破吉安路。」

〔一二〕陶夢楨：原本訛「楨」爲「禎」，據元史卷四二順帝五改。

〔一三〕五月己卯：原本訛「己」爲「乙」，五月無「乙卯」，元史卷四二順帝五至正十二年五月條載：「己卯，咬住復中興路。」據改。

〔一四〕平歸峽等州：原本訛「峽」爲「陜」，據元史卷一九五忠義傳改。

〔一五〕全德：元史卷一九五忠義傳作「金德」，下文「全舅」作「金舅」。

〔一六〕二千人：原本衍「等」，訛「二」爲「三」，據元史卷一八八董摶霄傳删、改。

〔一七〕孛羅帖木兒：原本訛「孛」爲「索」，據元史一九五忠義傳改，下同。

〔一八〕奔松滋：原本脱「奔」，據元史卷四二順帝五補。

〔一九〕江水爲赤：原本訛「赤」爲「白」，據星吉公神道碑銘改。

〔二〇〕淮浙亦多故：原本訛「多」爲「厄」，據星吉公神道碑銘改。

〔二一〕轉戰六月餘：宋濂宋學士文集卷一八星吉公神道碑銘作「轉戰六百餘所」。

〔二二〕宿留不進：原本訛「留」爲「流」，據元史一四四卜顔帖木兒傳改。

〔二三〕銅陵：原本訛「銅」爲「桐」，據元史卷一四四卜顔帖木兒傳改。

〔二四〕抵蘭溪口：原本訛「蘭」爲「瀾」，據元史卷一四四卜顔帖木兒傳改。

〔二五〕殲黄連寨賊巢：原本訛「連」爲「速」，據元史卷一四四卜顔帖木兒傳改。

〔二六〕江路始通：原本訛「江」爲「河」，據元史卷一四四卜顔帖木兒傳改。

〔二七〕桑禿失里：中華書局標點本元史卷四三校勘記〔五〕引蒙兀兒史記，改「禿」爲「哥」。

〔二八〕十二月：原本訛「二」爲「一」，元史卷四四順帝七至正十六年十二月條載：「十二月，倪文俊陷岳州路……」據改。

〔二九〕左江：原本舛作「江左」，據元史卷四四順帝七改。

〔三〇〕峽州：原本訛「峽」爲「陜」，元史卷四五順帝八至正十七年二月條載：「甲戌，倪文俊陷峽州。」據改。

〔三一〕常遇春：原本脱「春」，據太祖洪武實録卷五補。

〔三二〕青山：適園本作「樅陽」。

〔三三〕攻青不克俱陷：適園本作「攻池州、樅陽，俱克之」。

〔三四〕左丞：原本訛「左」爲「右」，據元史卷一四三余闕傳改。

〔三五〕戍焉：原本訛「戍」爲「據」，據元史卷一四三余闕傳改。

〔三六〕中華書局標點本元史卷一四三校勘記〔一一〕云：按青陽集忠節附録卷一答禄與權死節本末有「十一月壬寅，陳寇率衆萬餘水陸並進，屯于山口鎮，距安慶十五里。癸卯，寇兵至城下」。此處脱「十一月」，又「癸亥」當作「癸卯」。是年十一月辛丑朔，癸卯初三日，下文乙巳、戊申、庚戌日皆在十一月。

〔三七〕闕簡死士力擊：原本訛「力」爲「以」，據元史卷一四三余闕傳改。

〔三八〕賊樹柵起飛樓：原本訛「樹」爲「柱」，據元史卷一四三余闕傳改。

〔三九〕省臣：原本訛「臣」爲「城」，元史道童傳載，時道童、火你赤均爲江西行省平章，「省城」顯爲「省臣」之誤，據改。

〔四〇〕吴當字伯尚：原本訛「字」爲「自」，據元史卷一八七吴當傳改。

〔四一〕谷坪：原本訛「坪」爲「平」，據元史卷一八七吴當傳改

〔四二〕從西門走撫州：原本訛「西」爲「新」，據庚申外史改。

〔四三〕賊陷瑞州：原本脱「賊」，據庚申外史補。

〔四四〕給事中死之：原本脱「中」，據庚申外史補。

〔四五〕趙琮：原本訛「琮」爲「宗」，據元史卷四五順帝八改。

〔四六〕程允同：原本訛「程」爲「陳」，太祖洪武實録卷七己亥三月條載：「丁巳……總制胡惟賢令萬户程允同……」據改。

〔四七〕俞通海：原本脱「海」，據適園本補。「俞通海青溪口」，不通，疑爲「俞通海攻青溪口」。

〔四八〕乃詐以會軍爲期：原本訛「乃」爲「仍」，據太祖洪武實録卷七改。

〔四九〕共禦之：原本訛「共」爲「等」，據太祖洪武實録卷八改。

〔五〇〕江南：原本訛「南」爲「東」，據庚申外史改。

國初群雄事略卷之四

漢陳友諒

友諒，姓陳氏，沔陽玉沙縣人。〔一〕治平十年五月，弑其主徐壽輝而自立，僭稱皇帝，國號漢，改元大義，在位四年。癸卯八月，死於涇江口。子理立，改元德壽，次年，國亡。

至正二十年庚子治平十年大義元年五月丁亥朔，陳友諒弑其僞主徐壽輝於太平路，遂稱皇帝，國號大漢，改元大義。已而回駐於江州。

陳友諒，沔陽人，本姓謝，祖千一，贅於陳，遂從其姓。父普才，黄蓬漁子也。友諒幼岐嶷，比長，膂力過人，優於武藝。嘗爲縣吏，不樂。會徐壽輝與倪文俊兵起，慨然往從之，爲文俊簿書掾，佐文俊陷諸州郡有功，尋用爲領兵，爲元帥。童承叙平漢録

歲乙未，文俊治宫室於漢陽，迎壽輝居之，而專其政柄，友諒心不平。丁酉九月，文俊謀弑壽輝，事覺，懼，奔黄州。友諒因襲殺文俊，并其衆，自稱宣慰使，尋爲平章。

明年，率兵陷安慶、池州，又破龍興、瑞州諸郡。因分遣康泰、趙琮、〔二〕鄧克明攻取邵武，别將取吉安，而自以兵破撫州。八月，破建昌。九月，破贛州。己亥正月，破信州。三月，遣將取襄陽，又出兵寇衢州，遂取杉關。友諒疑其將趙普勝貳於己，殺之。十二月，以江州爲都，奉壽輝居之，遂自稱漢王。庚子閏五月，友諒挾壽輝犯太平，陷之。既得太平，欲僭號，遂殺壽輝。太祖實録陳友諒本傳

壽輝死，友諒遂以采石五通廟爲行殿，仍以鄒普勝爲太師，張必先爲丞相，張定邊爲太尉。太祖實録

庚子歲，僞漢王陳友諒殺其君徐真一，稱帝於采石五聖廟。友諒，原沔陽人，承平爲縣貼書，及從爲盜，弟兄四五人，專兵爲衛。先是，徐雖爲君，權皆在倪蠻子，友諒其所部也。倪爲丞相，頗驕恣，待其下無恩，陳因與其黨襲殺之。其黨復謀殺之，事泄，見殺。於是大權盡歸於陳，封僞漢王，欲舉兵攻臺，〔三〕兵至采石，謀稱帝而後下兵，遂遣其黨殺徐，引兵攻臺，大敗而歸，營江州爲都。草木子

乙未，陳友諒遣羅忠顯陷辰州。

閏五月庚申，陳友諒約兵入寇。

友諒既僭號，乃遣人約張士誠來寇建康。

乙丑，陳友諒引兵東下，大敗於龍灣。

陳氏入寇，上召劉基問計，基奮曰：「先斬主降議及奔鍾山者，乃可破賊爾。」上用基策，乘東風發伏擊之。誠意伯傳

上以康茂才與友諒舊，俾致書速其來。茂才家有老閽，嘗事友諒，令賫書往，友諒得書甚喜，問：「康公安在？」曰：「見守江東橋。」問：「橋何如？」曰：「木橋也。」乃遣還，曰：「歸語康公，吾即至，至則呼老康爲號。」閽者歸，具以告。乃命李善長改築江東橋，又於新河口跨水築虎口城，以兵守之。命馮國勝、常遇春率帳前五翼軍三萬人伏石灰山側，徐達軍南門外，楊璟駐大勝港，張德勝、朱虎帥舟師出龍江關外，上總大軍於盧龍山。戒持幟者曰：「寇至則舉赤幟，舉黃幟則伏兵皆起。」乙丑，友諒引舟師東下，至大勝港，璟整兵禦之。水路狹隘，友諒舟不得並進，遽引退，出大江，徑以舟衝江東橋，見橋皆鐵石，連呼老康不應，即與其弟號五王者，率舟千餘向龍灣，先遣萬人登岸立柵。時暑酷熱，上衣紫茸甲，張蓋督兵，見士卒流汗，命去蓋。衆欲戰，上曰：「天將雨，且就食，當乘雨擊之。」須臾，雨大注，赤幟舉，上下令拔柵，諸軍競前拔柵。友諒麾其軍來争，戰方合，雨止。命發鼓，黃幟舉，馮國勝、常遇春伏兵起，徐達兵亦至，張德勝、朱虎舟師並集，内外合擊，友諒軍披靡不能支，潰兵趨舟，值潮退

膠淺，卒不能動，殺溺死者無算，俘其卒二萬人，其將張志雄、梁鉉、喻國興、劉世衍等皆降。獲巨艦名「混江龍」、「塞斷江」、「撞倒山」、「江海鰲」者百餘艘及戰舸數百。友諒乘别舸脱走。張志雄故趙普勝部將，號長張，怨友諒殺普勝，故龍灣之戰無鬥志，及降，言安慶無守禦，可取。上乃命徐達等將兵追友諒，又命俞元帥將兵取安慶。張德勝追及友諒於慈湖，縱火焚其舟，至采石，與大戰，德勝死之。馮國勝以五翼軍蹙之，友諒與其將張定邊出皂旗軍號黑旋風者迎戰，又敗之。友諒晝夜不得息，遂收餘兵棄太平遁去。俞元帥遂取安慶。太祖實録

友諒遣其弟五王，領大船侵應天府龍江城下，城堅壍深，又刜「蓮花樁」於瀕江二里許以拒艦。〔四〕五王船至，不能近城，移海船於石灰山，攻虎口城；雙刀之兵攻龍灣。友諒以其將長張元帥領兵先導。上調常遇春拒長張於龍灣，〔五〕邵榮拒五王於石灰山，徐達居中應援，數戰不利。上調邵榮兵沿江西截戰，友諒兵前後不能相顧，遂大敗。長張船風急水涌，不能開幫，率衆俱降。上於石頭城山上督戰，天晴，占者曰：「今日午時有雨，敵大敗。」至其時，大雨如注，頃刻復晴。再戰，大破友諒兵，五王僅免，登舟而遁，兵登舟不及，死者不可勝計。其被傷及死横於道者，兵不得行，生擒數萬人，俱赦之，旋作水牢羈之，月餘死者過半。次日，上遣廖永忠、俞通海領海船

泝流襲之，追至三山磯及采石、青沙，連戰皆捷。僉院黑張、同知官音奴陣亡。陳氏兄弟率敗卒夜奔江州。俞本紀事録

戊寅，大明克信州。

友諒寇龍江，上命胡大海出兵擣廣信以牽制之。王愷謂大海曰：「廣信爲友諒門户，彼傾國入寇，必以重兵爲守，非大將統全軍以臨之不可。」大海從之，遂克之。太祖實録

七月乙丑，陳友諒浮梁守將于光等來降。

友諒守浮梁院判于光、左丞俞椿與饒州幸同知有隙，出兵攻之，光等遂遣人來降，命仍守其地。友諒遣其參政侯邦佐攻陷浮梁，光遂輕騎謁上於龍江。太祖實録

九月戊寅，故徐壽輝將袁國公袁州歐普祥、參政劉敬遣人來降。

友諒聞普祥降於我，遣其弟友仁攻之，普祥與部將劉仁、黄彬戰敗其衆，獲友仁，鞭而囚之。〔六〕友諒懼，乃遣其太師鄒普勝與普祥和約，各守其境，普祥乃釋友仁歸。太祖實録

至正二十一年辛丑大義二年正月，大明院判朱亮祖率兵擊陳友諒平章王溥於饒州安仁之石港，不利而退。

五月，陳友諒將李明道寇信州。明道聞胡大海在浙東，懼其來援，遣兵據玉山之草平鎮，以遏我師。元帥夏德潤出兵争之，遂戰死。六月，明道攻信州益急，守將胡德濟閉城固守，大海率兵由靈溪來援，德濟乃出城與明道力戰，大海縱兵夾擊，大破之，擒明道及其宣慰王漢二。漢二，溥之弟也。朱文忠令二人爲書招溥，上命皆仍舊職，用爲鄉導，以取江西。太祖實録

七月壬申，陳友諒知院張定邊陷安慶，守將俞元帥等奔還建康，太祖怒，俱斬之。安慶乃長江上流之要地，雙刀趙普勝據守。太祖累發兵攻之，不利，後調黑先鋒領兵，水陸並進，船至樅陽，普勝於水中暗以鐵索横截，柁着索不行，黑先鋒及將士皆被擒，陸路軍馬亦潰散。陳友諒陷太平，殺其主徐壽輝，自稱皇帝。友諒與普勝同事壽輝，恐其變，誘執普勝往江州，誅之，别留軍馬守安慶，太祖克之，命僉院俞伯仲、都先鋒程八守之。友諒遣兵復破安慶，俞伯仲與程八遁至龍江，知府譚若季亦遁。中途，聞寇退，復回入城，撫安百姓。太祖命各給弓絃一條自縊死。國初事迹

八月甲申，大明將鄧愈克浮梁。

是月，雄峰翼分院元帥王思誠克番陽之利陽鎮，遂會鄧愈兵於三洞源，議取浮

梁，攻之不下。至是，克之，守將侯邦佐棄城走。于光復攻樂安州，擊敗友諒總管蕭明，擒其萬户彭壽等六十餘人，遂克之。太祖實録

癸卯，大明兵取江州路，僞漢陳友諒退都武昌。

時僞漢陳友諒據江州爲都。庚寅，上親率舟師伐陳友諒。先是，李明道至建康，具言：「陳友諒自弑徐壽輝，將士離心，政令不一。驍勇之將如趙普勝者，又忌而殺之，雖有衆不足用也。」及安慶之敗，遂決意伐之。至是，率徐達、常遇春等各將舟師發龍灣。上御龍驤巨艦，建大旗於前，署曰：「吊民伐罪，納順招降。」諸軍乘風溯流而上，友諒江上斥堠望風奔遁。戊戌，至安慶，敵固守不戰，上以陸兵疑之，敵兵動，乃命廖永忠、張志雄以舟師克其水寨，遂克安慶。長驅小孤，友諒守將傅友德及丁普郎迎降。壬寅，師次湖口，遇友諒舟出江偵邏，上命遇春擊之，敵兵退走，乘勝追至江州。友諒親率兵督戰，上分舟師爲兩翼夾擊，大破友諒，獲其舟百餘艘。友諒窮蹙，夜半挈妻子棄城走武昌。癸卯，我師入江州，獲馬二千餘匹，糧數十萬。上遣徐達進兵追之，聞友諒欲出沔陽，戰艦拒戰，達乃屯於漢陽之沌口以遏之。甲辰，遣兵攻南康，克之。丙申，蘄、黄、廣濟降。〔七〕太祖實録

戊申，陳友諒平章吴宏以饒州降，太祖命仍其官，守饒州。

吴宏，餘干州人，仕友諒爲江西行省參政，守餘干。上取江州，遂全城請降。壬寅，上至龍興，宏率衆來見，遂改鄧愈江西參政，命宏代守饒州。下武昌，以功拜中書左丞，後遷親軍指揮。宏涉獵經史，事母至孝，見重於士大夫。開國功臣録

九月辛亥，陳友諒平章建昌王溥降。

陳友諒弑壽輝於太平，以王溥爲宣慰元帥，進攻建昌。翁顯傳

溥以其弟漢二被執，又聞友諒失九江，勢孤不能支，〔八〕溥遂與同知郭敬、總管孟興、元帥孫德壽等遣萬户羅康榮奉書來降，〔九〕上命各復其官，仍守建昌。壬戌，溥復遣檢校劉巨川以南豐州及臨川、金谿等八縣來獻。〔一〇〕後從克武昌，陞資善大夫、中書右丞。洪武元年，兼副詹事，從大將軍平山東、河南、燕、冀、陝西，賜文幣七表裏。三年，論功行賞，陞河南行省平章，食禄而不視事，子孫世襲指揮同知。十一年，定諸臣歲禄之數，溥每歲七百五十石，於江西官田内給與，與李伯昇、潘元明禄同。太祖實録

九月二十二日，攻湖廣，徐達令右丞薛蹂兒領士卒焚漢陽城沿江舟楫。次日攻城，友諒登黄鶴樓袖手觀之，令閉門堅守。達等未備攻具，自寅至午，不克，遂焚城外房屋，大軍遂退。二十三日，達領大軍船隻駐襄、沔，以竹編巨簍，貯磚石於内，填塞

壩口，出水高丈餘，濶十丈，令桑院判領快船三百餘隻哨鄂州，至青灘而回，大船旋駐三江口。十一月，大軍復上江州，大敗五王之兵，殺死被擒者數萬。俞本紀事録

十月戊子，太祖命理問谷繼先攻陳友諒興國路石榴山寨，克之，獲寨首嚴院使及其官屬。

十一月己未，太祖命平章吴宏等率兵取撫州，鄧克明降，復叛，被獲誅之。

鄧克明新淦人，自少無賴，恣横鄉里。紅巾寇陷臨江，克明與其弟志明亦聚衆而起，依賊帥陳普文，據縣之修德、欽風、太平、玉笥四鄉，遂陷撫之樂安、崇仁、宜黄等縣，自稱元帥。陳友諒發兵掠新淦，克明率衆歸之。友諒以克明爲右丞，志明知州事。克明復轉掠永豐、寧都、石城、汀州、寧化等縣，遂陷建昌，破杉關，掠光澤，道順昌，以攻建寧，不克，還兵據撫州。是冬，吴宏等率兵取撫州，宏遣人招之。鄧愈駐兵臨川之平塘，克明欲走新淦，不果，乃僞請降。愈察其詐，潛以兵夜襲破其城，克明乃出降。愈遣志明還新淦，收其故部曲，送克明見上於九江，中途逃歸新淦，仍肆劫掠。壬寅正月，上至龍興城，克明懼不自安，乃詐爲商賈，〔二〕乘小舟至龍興城下，潛使人覘伺可否爲去就。事覺，被執，并獲克明，因送建康。是歲，大都督朱文正遣志明從征贛州，志明乃據麻嶺、沙坑、牛陂爲寨，拒命不行。甲辰八月，常遇春、鄧愈計平之，

執志明送建康，與克明俱伏誅。克明兄弟兇暴殘忍，御衆無紀律，所過荼毒，人以鄧賊稱之。太祖實録

十二月己亥，陳友諒行省丞相胡廷瑞、平章祝宗遣宣使鄭仁傑詣九江約降。友諒洪都守將胡均美使其子納款，請禁止若干事，上初有難色，劉基自後踢所坐胡床，上意悟，許之。均美遂以城降。誠意伯劉基本傳

太祖班師，以右相國徐達總大軍船隻仍駐三江口。

至正二十二年壬寅大義三年正月庚申，大明取江西龍興諸路。時江西諸路皆陳友諒所據。

正月乙卯，上以胡廷瑞來降，遂伐九江，如龍興。辛酉，上至龍興，胡廷瑞、祝宗暨左丞張民瞻、參政廖永堅、樞密同僉康泰、左右司郎中潘有慶等候迎，謁於新城門外，上慰勞之，俾各仍舊官。壬戌，上入城。太祖實録

戊辰，建昌王溥、饒州吴宏各率衆來見，袁州歐普祥遣其子文廣來見，令普祥仍以本部守袁州。

王溥以建昌降，率將士赴京居住，自備軍食，不支官糧。上令溥於聚寶門外南街住，置立牌樓，號其街曰「宰相街」以寵之。後溥爲事毁之。又江西僞丞相胡廷瑞以

南昌降，上入城，拜其母以安之。國初事迹

至正十九年，上遣帳下衛士何必聚往探江西，時袁州守將歐平章年已老，其動靜覘知之。上問：「汝到袁州有何爲記？」答曰：「歐平章門有二石獅，吾斷其尾尖。」後克袁州，果然。俞本紀事録

癸酉，守吉安土軍元帥孫本立、曾萬中與其弟粹中來降。乙亥，陳友諒平章彭時中以龍泉降。

本立，廬陵人，少無賴，不事産業。紅巾亂，起義兵，從元守臣納速兒丁守吉安。〔一二〕萬中兄弟亦聚兵吉水，陳友諒遣其將熊天瑞攻吉安，納速兒丁戰敗遁去，萬中兄弟與本立遂降。天瑞乃併其軍，使其婿徐指揮、吴員外、馬斷事等與本立、萬中同守吉安。本立居徐下，心常不悦。上至龍興，乃詐與徐謀，請假犒師名，往覘兵勢，徐從之。遂與萬中、粹中見上納款。上以本立爲江西行省參政，授以銀印，萬中爲都元帥，粹中爲行軍指揮，俾還守吉安。二月己丑，孫本立等還吉安，秘其納款事。徐指揮稍覺，謀邀本立等飲，就圖之。徐有愛將泄其語於官妓，妓以告本立，本立乃邀徐、吴、馬三人至其家，與其屬皆登樓，劇飲使醉，〔一三〕而潛去其梯，本立手刃殺之。遂遣人來報，上其軍民錢糧之數。太祖實録

彭時中納友諒所授銀印，上命復其職，别以行省印授之。太祖實録

三月癸亥，祝宗、康泰叛，攻陷洪都府。

四月甲午，大明右丞徐達等復取洪都。

祝宗走新淦，依鄧志明，志明函其首來獻。康泰走廣信，追兵獲送建康。上以其爲胡廷瑞之甥，特宥之。太祖實録

癸巳，陳友諒將熊天瑞寇吉安，大明守將孫本立戰敗走永新。天瑞復攻破永新，執本立至贛州殺之。友諒使其知院饒鼎臣守吉安。

天瑞，荆州人。初以樂工乘亂聚兵，從徐壽輝攻掠江、湘間。後以陳友諒命攻陷臨江、吉安，又攻贛州，凡四越月下其城。友諒命加參政，守贛州，兼統吉安、南安、韶州諸州郡。孫本立之降於我也，遣姪士安攻贛之興國縣，爲天瑞子元震所敗，天瑞因攻本立，殺之，復據吉安，遣其第三子劫掠山寨，獲貨財牛羊而歸。乃造戰艦，揚言欲領兵東下，署其幟曰「無敵」。自稱金紫光禄大夫、司徒、平章軍國重事兼侍衛親軍都指揮使。歲癸卯，陳友諒攻江西，檄天瑞以兵來援，天瑞坐觀成敗，不應命。及友諒敗死，乃佯遣其子元震赴援。已而，與彭時中争萬安地，以兵相攻。又欲圖取廣東，乃於南雄造戰艦，遣元震攻掠程鄉、興寧、長樂山寨，遂陷韶州，命部將袁仁仲守

之。〔一四〕壬辰春，戰艦成，率兵數萬進攻廣州，何貞以兵逆於胥江，一鼓而破，意廣東可不戰而下。忽天晝晦，大雨如注，雷震其檣，舟不能進。天瑞仰天祝曰：「廣州非予所有，則天爲霽明，當即日還師。」祝已，天果霽，乃歸贛。是年，以兵攻湖南桂陽山寨，皆俘獲之以歸。王師克臨江，天瑞始懼，遣元震築壘太壺頭爲備禦計。九月，王師至贛，天瑞閉城拒守，常遇春、鄧愈乃浚壕立柵以困之。十月，元震竊出覘兵勢，遇春亦從數騎出，猝與相遇，元震不知其爲遇春也，過之。及遇春還，元震始覺，來襲遇春，遇春遣壯士揮雙刀擊之，元震奮鐵撾以拒，且鬥且却，遇春曰：「壯男子也，舍之。」乙巳正月，天瑞援絶糧盡，遣元震出降，天瑞亦肉袒詣軍門，遇春送之建康。元震本姓田氏，爲天瑞養子，遇春喜其才勇，薦之，授指揮，後復姓田氏。太祖實録熊天瑞本傳

鼎臣慓悍有膽略，所至毒害，人呼爲饒大膽。陳友諒既滅，鼎臣乃守吉安。甲辰八月，常遇春、鄧愈兵次吉安，遇春遣人謂之曰：「吾今往取贛，可出城一言而去。」鼎臣不敢出，遣其幼子出見。遇春命坐而飲之，又贈以衣服遣歸，曰：「歸語而父，將欲何爲？匿而不見，吾往矣，不能爲爾留，可善自爲計。」鼎臣即夜棄城走安福。遇春遂復吉安。鼎臣既走安福，與其黨劉顛等仍肆剽掠，鄧愈自贛還兵討之，久不下。乙巳六月，復命元帥王國寶會參政何文輝、黄彬討之，鼎臣棄城走茶陵，復合浦陽群盗于

南峰山寨，與友諒將劉平章寇掠益甚。十一月，國寶出邀擊，鼎臣中弩死，餘黨皆潰散。太祖實録

五月，陳友諒復侵安慶，大明守將院判趙伯中遁。

九月，大明元帥徐達領兵復平安慶，修城塹，命將士守之，友諒夜遁。

十二月，大明朱文正率兵取吉安，饒鼎臣出走，遂以參政劉齊、陳海同李明道、曾萬中、粹中共守之。

至正二十三年癸卯大義四年四月壬戌，陳友諒復大舉兵圍洪都。

友諒忿其疆土日蹙，乃作大艦來攻。艦高數丈，外飾以丹漆，上下三級，級置走馬棚，下設板房爲蔽，置艣數十其中，上下人語不相聞。艣箱皆裹以鐵，載其家屬、百官，空國而來。洪都城始瞰大江，上既定洪都，命移城去江三十步。友諒巨艦至，不復得近，乃以兵圍城，其氣甚盛。都督朱文正乃與諸將分城拒守。丙寅，陳友諒兵攻洪都之撫州門，其兵各載竹盾如箕狀，以禦矢石，極力來攻，城壞三十餘丈。鄧愈以火銃擊退其兵，隨豎木栅。敵爭栅，朱文正督諸將死戰，且戰且集，通夕城完。太祖實録

友諒親率「高梢子」戰船，兵號六十萬圍南昌，用雲梯等攻具百道進擊。朱文正

城上發砲石、擂木、火箭，無不破之。國初事迹

五月己巳，〔一五〕陳友諒將知院蔣必勝、饒鼎臣等復陷吉安。

李明道與曾萬中兄弟不協，明道因潛約必勝兵至城下，明道舉火爲應，開西門納之。陳海、萬中皆被殺，執參政劉齊、知府朱叔華，曾粹中亡走，經其仇家黄如淵里中。如淵本萬中部曲，怨萬中兄弟虐其家，叛投鼎臣，執粹中送鼎臣，殺之。必勝脅降齊等，齊等不屈。必勝又破臨江，執同知趙天麟，亦不屈，俱送友諒。友諒以三人徇洪都城下，仍以明道同鼎臣等守吉安。太祖實録

甲辰二月，李明道被獲，送武昌伏誅。明道，豐城人。家富於貲，乘亂起兵，附徐壽輝，後附陳友諒。及見獲於胡大海，上命爲行省參政，令與曾萬中等守吉安，復叛附友諒。友諒亡，明道走歸豐城，剪其鬚髯，逃匿武寧山中，有茶客識之，縛送武昌。上數其反覆之罪，戮於鮎魚口沙上。明道有畜犬，爲我軍携至武昌，見明道被戮，嗥鳴不已，啣聚其肉，跑沙瘞之。上義此犬，命衮葬明道。太祖實録李明道本傳

癸酉，陳友諒兵陷無爲州，知州董曾死之。

寇逼其降，曾抗言不屈，遂縛之，沉於江。太祖實録

六月辛亥，陳友諒攻洪都，守將趙德勝死之。

五月丙子，友諒復攻洪都之新城門，薛顯將鋭卒開門突戰，斬其平章劉進昭，擒其副樞趙祥，敵兵乃退。至是六月，友諒圍洪都，久不克，增修攻具，攻水關，欲破栅以入。朱文正使壯士以長槊從栅内刺之，敵奪槊更進，文正乃命煅鐵戟、鐵鈎，穿栅更刺，敵復來奪，手皆灼爛，不得進。友諒又攻官步、士步二門，元帥趙德勝力禦之，中流矢死。洪都被圍既久，内外阻絶，乃遣千户張子明告急於建康，還至湖口，爲友諒兵所獲，僞許友諒誘降，〔一六〕至城下，大呼：「令固守。」友諒怒，殺之。太祖實録

七月癸酉，太祖自將救洪都。

時徐達、常遇春等亦自廬州還，上會師禡纛龍江，舟師凡二十萬俱發。太祖實録

癸未，大明兵次湖口。

友諒圍洪都，至是八十有五日。聞上至，即解圍東出鄱陽以迎我師。上率諸軍由松門入鄱陽。丁亥，遇於康郎山。太祖實録

戊子，上分舟師爲十一屯，命徐達、常遇春、廖永忠突入虜陣，呼聲動天地，矢鋒雨集，砲礮雷鍧，波濤起立，飛火照曜，百里之内，水色盡赤，焚溺死者二三萬人，流屍如蟻，彌望無際。己丑，焚僞平章舟，刈戮二千餘。辛卯，復酣戰，虜將張定邊素號梟猛，上親禦之，將士皆死戰，歷一二時。遇春等左右夾擊，殺士卒無算。張中矢百餘，

退，潛保鞋山，不敢吐氣。我師亦移據湖口，扼彼喉衿，列栅南北江岸，置大筏中流，水陸戒嚴，以候其發。宋濂平江漢頌序

戊子，命徐達等進兵薄戰，達急攻，敗其前軍，獲一巨舟而還。俞通海乘風發火炮，焚寇舟二十餘艘。指揮韓成、元帥宋貴、陳兆先等俱戰死。〔一七〕友諒梟將張定邊奮前欲犯上舟，舟適膠淺，遇春從旁射中定邊，定邊舟始却。通海來援，舟驟進水涌，上舟遂脱。永忠隨以飛舸追定邊，定邊走，身被百餘矢。是日，命徐達還守建康。己丑旦，上親布陣，與友諒戰。敵兵舟艦相連，至晡，東北風起，上命以七舟載荻葦，貯火藥，束草爲人，飾以甲冑，命敢死士操之，乘風縱火，須臾抵敵舟，其水寨舟數百艘悉被燔，〔一八〕烟焰張天，湖水盡赤，友諒弟友仁、友貴及平章陳普略等皆焚死。友仁，即所謂五王也，眇一目，有智數，梟勇善戰，友諒爲之喪氣。普略，即新開陳也。庚寅，上所乘舟白，友諒欲併力來攻，夜令諸船盡白其檣，旦視莫能辨。辛卯，復聯舟大戰，俞通海、廖永忠、張興祖、趙庸等以六舟深入，敵連大艦拒戰，我師望六舟無所見，謂已陷没。有頃，六舟旋繞敵船而出，我師見之，勇氣百倍，合戰，自辰至午，敵兵大敗，旗鼓器仗浮蔽湖面。張定邊欲挾友諒退保鞋山，爲我師所扼，不得出，乃斂舟自守，不敢更戰。太祖實録

按：實録紀戊子之戰，張定邊直犯御舟，中矢百餘而走。平江漢頌之序則繫於辛卯，相去凡四日。實録戊子之戰，上與遇春舟俱膠淺。及閱開平神道碑則繫於壬戌涇江口之戰，〔一九〕相去凡三十有五日。又實録紀辛卯之戰，廖永忠等六舟深入。而鐵冠子傳則云：「己丑，戰湖中之康郎山，常忠武王深入，虜舟數四圍之，僉以爲不可救。」上曰：「勿憂也，亥時當自出。」〔二〇〕如期果出，連戰輒大勝。僞五王陳友仁及將士溺死者無算。辛卯、己丑，相去又三日。三文皆出宋學士手筆，不知何以與國史錯互如此，更相考之。

大明兵泊柴棚。明日，泊左蠡。友諒二金吾將軍率所部來降。

我師移舟泊左蠡，友諒亦移兵出泊渚磯，相持者三日。先是，友諒數戰不利，右金吾將軍欲焚舟登陸，直趨湖南，謀再舉；左金吾將軍請決戰。友諒兵敗，乃曰：「右金吾之言是也。」左金吾懼及禍，遂來降，右金吾亦從之。友諒兵力益衰。上移書告之曰：「曩者公犯池州，吾不以爲嫌，生還俘虜，將與公爲約從之舉，各安一方，以俟天命。公失此計，乃先與我爲讎，我是以破公江州，蹂蘄、黄、漢、沔之地，因舉龍興十一郡，奄爲我有。今又不悔，復起兵端，困於洪都，敗於康山，殺其弟姪，殘其兵將，此逆天理、悖人心之所致也。公乘尾大不掉之舟，頓兵弊甲，與吾相持。以公之狂暴，正當親決一戰，何徐徐隨後，若聽吾指揮者，無乃非丈夫乎？」友諒怒，留使者不遣，建金字旗，周迴巡寨，令獲我戰士皆殺之。上命悉出所俘，視有傷者，賜藥遣還。又令祭其弟姪及將士之戰死者。太祖實録

大明兵出湖口。

我師遂出湖口，命遇春、永忠諸將統舟師橫截湖面，邀其歸路。又令一軍立栅於岸，控湖口者旬有五日，友諒不敢出。上又移書與之曰：「昨兵泊渚磯，嘗遣使齎記事往，不覩使回，公度量何淺淺哉！大丈夫謀天下，有何深讎？江淮英雄，惟存吾與公耳，何乃自相吞併？公之土地，吾已得之，縱力驅殘兵來死城下，不可再得也。設使公僥倖逃還，益宜修德，勿作欺人之寇，却帝名而待真主。不然，喪家滅姓，〔三〕悔之晚矣。」友諒忿恚不能答。上遣裨將攻蘄州及興國，克之。太祖實録

八月，大明兵與僞漢兵大戰於鄱陽湖，陳友諒敗績而死。其子理自立，仍據武昌爲都，改元德壽。

八月，虜食盡，遣舟五百艘掠糧都昌，又爲我大將所獲。壬戌，虜計窮，冒死突出，將上趨九江。上命諸將一時俱合，其大戰如戊子，自辰達酉，督戰益急。友諒中飛矢斃於舟中。癸亥，降其衆五萬，上命釋之，不戮一人。平江漢頌序

壬戌，友諒窮蹙，欲奔還武昌，乃率樓船百餘艘趨南湖嘴，爲我師所遏，遂欲突出湖口，上麾諸將邀擊之。我舟與敵舟聯比順流而下，自辰至酉，力戰不已。至涇江口，涇江之師復擊之。未幾，有降卒來奔，言友諒在別舸，〔二〕中流矢貫睛及顱而死。諸軍聞之，大呼喜躍，敵衆大潰，擒其太子善及平章姚天祥等。明日，友諒平章陳榮、參政魯某、樞密使李才、小舍命、王副樞、賈僉院及指揮以下，悉以其樓船軍馬來降，得士卒五萬餘人。太尉張定邊及楊丞相、韓副樞乘夜以小舟竊載友諒屍及其子理走武昌，追之不及。定邊等至武昌，復立理爲帝。太祖實録

陳友諒與大兵戰鄱陽湖，中箭死。友諒篡徐真逸，僭號大漢，改元天定、大義，至是亡。〔三〕庚申外史

友諒攻龍興久不下，臺兵至，合戰鄱陽，前後相持者八十餘日，大戰者五六，死者六、七萬人。兵既不支，欲退出湖口，爲流矢所中而卒。草木子

先是三月，徐達領大軍攻廬州，老左堅守，不克。圍至七月，陳友諒親率大船進鄱陽湖來侵，徐達棄圍援之。上親領舟師往征，衣甲、鎧仗、旗幟、火炮、火銃、火箭、火蒺藜、大小火鎗、大小將軍筒、大小鐵炮、神機箭及以蘆蓆作圈，圍五尺，長七尺，糊以紙布，絲麻纏之，內貯火藥撚子及諸火器，名曰「没奈何」，用竿挑於頭桅之上，兩船

相幫，燃火線，燒斷懸索，「没奈何」落於敵船舟中，火器俱發，焚毁無救。上敕相國徐達、平章常遇春爲前鋒，平章廖永忠、俞通海爲左、右翼，餘船列幫而進。上以所乘船如征江州之勢，令愈嚴肅，師愈鮮明，舟愈齊整。戒將士曰：「晝則視旗幟，夜則視燈籠，遠則聆信炮，近則聽金鼓。」以翱、翔二船爲左右副，以風斗快船爲前導，大小船隻相繼而進。兵至左蠡，旌旗蔽日，金鼓震天，帆幔遮水，衣甲耀日，遥列數百里。友諒後繼之船，盡被俘獲。江西守將朱文正，鄧、薛二參政，率軍力戰，友諒將士不能近城。聞我援兵至，棄圍赴戰。友諒戰船塗紅爲號，大者容三千人，中者容二千五百人，小者容二千人，其船以灰蔴艌底，艫與兩厢頭尾不艌，或謂友諒曰：「何止艌底？」友諒曰：「此一去船，何須盡艌？」以致友諒戰船皆不及上船之堅。以白、紅分兩軍。陳氏之兵曾經龍江、江州、湖廣三處大敗，善戰者損折，却於湖、潭、荆、襄等處徵田夫市子，三丁抽一爲軍，號曰「蓬合」，且十人無二三慣戰。及船相幫，望見白船水上周旋迅疾，旗幟、帆幔、衣甲、器械，又聞金鼓銃炮之聲，魂魄俱喪，安能操戈執弓哉。友諒惟恃巨艦，未知軍心恇怯。白船往來湖中，仰而射紅船；紅船堅駐，不便轉動。一日攻數次，白船輪次而戰，紅船軍力疲倦。七月二十一日大戰，紅船焚溺二十隻，烟焰障天，咫尺不能辨，聲震山谷，軍浮水面，波浪漂没。白船亦被火裹焚者七隻。紅船將士焚溺者殆六萬人，白船焚溺者七千餘人。餘船相幫，紅船被白船相撞，即爲碎薪。是日，友諒之弟五王溺水而死，將士浮水求救者蔽水面，上遣快船濟之。次日，上設太牢、少牢遣使致祭五王之柩於軍中，友諒亦以禮遣歸。又數日，上遣人賫書詣友諒，約出江決戰，友諒允。紅船欲出湖口，恐白船襲其後，遂讓白船先出。上遂令江西之船堅拒黃泥州及樵市，令諭將士曰：「我船出了湖口，便占上流埠岸，選精鋭馬步兵登岸待戰，風斗快船艤岸排列，海船依次排江中。」次日，遂行。白船盡出，紅船方行。白船正出之時，紅船不敢追襲者何也？大船泊淺，小船兵鋭故也。紅船出到湖口，捧埠俱被白船已占，值西風大作，紅船之勢高距，順流如箭而下，無所措手足。流至涇江口，抛五鐵錨始住。兩軍相望二十餘里。上指謂都督仇景福曰：「那紅船何人的？」景福對曰：「陳氏所乘。」上曰：「我提百萬兵，數千里遠來除暴，荷天以此子付我掌中，此機不可失。」諭達等曰：「平暴定亂，正在今日。」遂令將士各措火器、兵杖、衣甲於所立信地。二十四日，上於所乘每號船頭敕曰：「將士勿動！」捧香爐拜，祝曰：「黎民被難數十年，吾今除暴解紛，實天祐之。克此奸雄，四方寧息，汝等士卒，俱令富貴，今當盡心，以報天意。」即拔劍敕曰：「交鋒之際，擅離信地，不用心者斬！」遂令釘其水門平基，撤其上下木梯，拽搖兩廂懸鈴，兵皆倒身摇櫓，又值西風順水，船下如箭。比至紅船三百步間，箭銃、將軍筒、標叉俱發如雨，紅船將士無所躲避，僅以板牌遮身，或伏匿，或趨走，無出視者，白船竟過矣。上命親軍指揮康茂才率二十八宿令船水搴挽船而上十五里許，順流再下，紅船將士望之如山崩。友諒度不能支，出首箭窓中呼從船，而白船已至，箭銃齊發，友諒左太陽中箭。須臾，陳氏之卒泅水報曰："友諒死矣！"上傳令曰："友諒已中箭死，兵船將士，敢有擅殺一人者斬！"陳氏將士聞之，全船來歸者相繼不絶。友諒屍已爲近侍竊載遁於湖廣矣。其部下省院官及八陣指揮率領海船再戰，俱不勝而降，輜重盡爲俘獲，惟知院蟒張海船不戰而遁，向友諒所謂"一去船"者，今果驗矣。所獲戰船，上下左右箭刺如蝟。上大悦，諭衆曰："友諒中箭而死，將士之功，勝於赤壁走曹操遠矣。稠人難辨射死者，均給重賞，以勞汝等。"次日，上執爐焚香，朝天拜祝曰："異日天下一家，與汝等巴都兒共享富貴，教汝都做大官。"拜畢，上於船樓上設金椅，坐定，保駕都督仇景福率八枝壯士一千三百人稱萬歲，謝恩，遂設大筵，即命班師。後至王宫，以在船一千三百人羅於兩廡下，賜以酒肉，恣其醉飽。次日，每人給以金龍宫段一表裏，冬夏布五匹，銀五兩，麥各五石，銅錢六千文，省、府、衛及千百户、鎮撫等官給賜各有差。

友諒解南昌圍，退出康山，與太祖大戰。太祖頗懼，問劉基："氣色如何？"基曰：「我兵必勝之氣，當力戰。」及友諒中流矢死，太祖謂基曰：「我不當有安豐之行，使友諒乘我之出，京城空虛，順流而下，搗我建康，我進無所成，退無所歸。友諒不攻建康而圍南昌，此計之下者，不亡何待！」乃知天命有所歸也，遂班師。國初事迹

友諒有權術，兵强一時，及弑主稱帝，群下多不服而叛，遂至滅亡。死時年四十四，自稱帝至死，僅四年。友諒之初起也，其父甚恐，曰：「汝一捕魚兒，欲圖大事，吾不願也。何不守汝故業？」友諒曰：「昔有術者觀先世葬地，謂我後當富貴，今正其時。」及稍貴，遣人迎其父，父曰：「汝不聽吾言而起事至此，吾懼不能免。」至是果敗。太祖實録陳友諒本傳

甲子，大明遣兵追陳理於武昌。

九月丁卯，太祖發湖口，還建康。壬午，太祖命李善長、鄧愈留守建康，復率諸將親征陳理於武昌。

十月壬寅，上兵至武昌。〔二四〕

十二月丙申，太祖發武昌還建康。

上率馬步舟師，水陸並進，命遇春等分兵立栅，圍武昌。又於江中聯舟爲長寨，以絶其出入之路，分兵徇漢陽、德安諸郡。上還建康，命遇春總督諸將守營栅，諭之

曰：「彼猶孤豘處牢中，欲出無由，若來衝突，慎勿與戰，久當自下也。」太祖實録

是年十月，湖廣僞姚平章、張知院陰遣人言於擴廓帖木兒，設計擒殺僞漢主陳理及僞夏主明玉珍，不果。元史

至正二十四年甲辰德壽元年正月丙寅，大明李善長、徐達等奉太祖爲吳王。

二月乙未，太祖以諸將圍武昌久不下，復親往視師。

先是，張定邊潛遣卒夜由觀音閣縋城走岳州，告其丞相張必先使入援。必先去城二十里，軍於洪山。上命常遇春率精鋭五千，乘其衆未集，擊之，遂擒必先。必先驍勇善戰，人呼爲潑張，城中倚以爲重。乃縛至城下示之，必先亦呼定邊曰：「吾已至此矣，兄宜自圖。」定邊氣索不能言。武昌城東南有高冠山，下瞰城中，〔二五〕傅友德一鼓奪之，城中益喪氣。後數日，上乃遣友諒舊臣羅復仁入城諭降，復仁至城下號哭，理招之入，復仁相持痛哭，乃諭以上意，理與定邊遂請降。太祖實録

臺兵攻圍武昌，一年不拔，潑張以潭、岳兵赴援，兵敗見執，遂俱降。草木子

二月，友諒將知院潑張領精兵數千援湖廣。上命達率兵數千敗之，俘軍一千餘人。每四人共用麻編頭髮木樁釘於鸚鵡州上。是夜雨雪，迨曉，死者過半，宥潑張而羈之。洪武三年，鄧愈克河州，班師，至渭源，〔二六〕潑張參政心懷叵測，上遣人賫密旨

於愈，即時斬之。俞本紀事録

癸丑，陳理啣璧肉袒，率其太尉張定邊等出降。理至軍門，俯伏戰慄，不敢仰視。上見其幼弱，起挈其手，曰：「吾不爾罪，勿懼也。」命宦者入其宫傳命，慰諭友諒父母。凡府庫儲蓄，令理悉自取之。遣其文武官僚以次出城，妻子資裝，皆俾自隨。友諒兄友才亦降。友才所謂二王者也，友諒命與左丞王忠信守潭州，遣忠信來援武昌，戰敗而降。上授忠信參政，仍守潭州。友才聞其降而復來，率兵拒於益陽之高山，忠信巽詞開諭之，於是友才亦降。與其子大俱送建康。太祖實録

以陳理祖父及所生母并伯、叔、后、妃、嬪、宦載赴應天府。納友諒次姬爲妃。命左丞周德興守其城。俞本紀事録

太祖至建康。丙寅，封陳理爲歸德侯，下令諭告中外。封友諒父普才承恩侯，理歸德侯，友諒弟友富歸仁伯，友直懷恩伯，弟友仁追封康山王，命有司塑像歲祀焉。後普才削除，理徙高麗。平漢録

徙歸德侯陳理於高麗。

洪武五年正月，歸德侯陳理、歸義侯明昇，居常鬱鬱不樂，頗出怨言。上聞之，

曰：「此童兒輩，言語小過，但恐爲小人簪惑，不能全始終，宜處之遠方，則釁隙無自生，可始終全保矣。」於是，徙之高麗，遣元樞密使延安答理護送而往，仍賜高麗國王紗羅文綺四十八匹，俾善待之。太祖實録

高岱論曰：友諒之勇略，雖或未及項羽，而慓性狡悍，出没飄忽，大困而不餒，〔二七〕屢躓而復振。觀其龍江敗歸，還襲安慶；九江之失，疾奔武昌。及徐達召還，不旋踵而有江州之入。是皆敗衄之後，旬日之間，而能陷城摧敵，其能開拓封疆，奄有荆、楚，亦一時之雄也。惜其昧强弱之勢，失先後之著，據形勝之地，不能進取襄、鄧，以窺中原；昧觀釁之法，漫焉輕涉龍江，已取覆敗。及我方有安豐之後，金陵空虚，則又老師洪都而不爲扼擣之計。用兵之道，當如是乎？豈可盡委天命耶！然我聖祖之所以得肯力於友諒者，則以士誠之乏遠圖耳。鄱陽之戰，亟命徐達歸守，友諒既殂，不肯直擣武昌，而還師再舉，皆恐東吴之乘其後也。區區戎簡輩，一老書生，焉足以知聖算哉！〔二八〕

校勘記

〔一〕玉沙縣：原本訛「玉」爲「王」，據元史卷五九地理二、明史卷四四地理五改。

〔二〕趙琮：原本訛「琮」爲「宗」，據太祖洪武實録卷一三改。
〔三〕欲舉兵攻臺：原本訛「攻」爲「收」，據草木子改。
〔四〕瀕江：適園本作「江瀕」。
〔五〕上調常遇春拒長張於龍灣：原本脱「調」，據適園本補。
〔六〕鞭而囚之：原本訛「囚」爲「攻」，據太祖洪武實録卷八改。
〔七〕廣濟：原本訛「濟」爲「信」，據太祖洪武實録卷九改。
〔八〕不能支：原本訛「支」爲「守」，據太祖洪武實録卷九改。
〔九〕原本脱「溥遂與同知郭敬、總管孟興、元」，意不明，據太祖洪武實録卷九補。
〔一〇〕檢校：原本訛「校」爲「較」，據太祖洪武實録卷九改。
〔一一〕乃詐爲商賈：原本訛「乃」爲「仍」，據太祖洪武實録卷一〇改。
〔一二〕納速兒丁：原本脱「丁」，據太祖洪武實録卷一〇補，下同。
〔一三〕劇飲使醉：原本脱「使」，意不明，據太祖洪武實録卷一〇補。
〔一四〕袁仁仲：原本作「元任重」，適園本作「袁仲任」，據太祖洪武實録卷一五改。
〔一五〕己巳：原本訛「已」爲「乙」，據太祖洪武實録卷一二改。
〔一六〕誘降：原本舛作「降誘」，據太祖洪武實録卷一二改。
〔一七〕陳兆先：原本訛「陳」爲「李」，據太祖洪武實録卷一二改。

〔一八〕其水寨舟數百艘悉被燔：原本脱「其」「悉被燔」，意不明，據太祖洪武實録卷一二補。

〔一九〕原本脱「閲」，據適園本補。

〔二〇〕上曰：原本訛「上」爲「中」，據適園本改。

〔二一〕喪家滅姓：原本訛「姓」爲「性」，據太祖洪武實録卷一二改。

〔二二〕友諒：原本訛「友」爲「及」，據太祖洪武實録卷一三改。

〔二三〕庚申外史作「潛號大漢，改元大義，天完至是亡。」是。徵之史籍，陳友諒無建元「天定」之舉。

〔二四〕原本無，據適園本補。

〔二五〕下瞰城中：原本訛「瞰」爲「聯」、「中」爲「下」，據太祖洪武實録卷一四改。

〔二六〕至渭源：原本訛「渭源」爲「謂原」，太祖洪武實録卷一七八洪武十九年七月條載：「吴沉……左遷渭源縣學教諭。」據改。

〔二七〕大困而不餒：原本訛「不」爲「大」，據國榷卷一、適園本改。

〔二八〕焉足以知聖算哉：原本訛「焉」爲「烏」，據國榷卷一、適園本改。

國初群雄事略卷之五

夏明玉珍

玉珍，姓明氏，隨州人。至正二十二年，自稱皇帝，國號大夏，改元天統，在位五年，丙午二月卒，壽三十六。子昇立，改元開熙，在位六年，國亡。

至正十一年辛卯天完治平元年冬，隨州人明玉珍起兵於青山。

蜀有明氏，一曰旻氏，名玉珍，隨州玉沙村人也。家世以農畝爲業，母夢與神通，遂娠而生，有異相，身長八尺，目有重瞳，少負大志，區區田務不屑爲也。性剛直，鄉里有訟，皆往質焉。辛卯，兵起潁、蔡間，因部署諸鄉豪屯青山，修栅治城，以保鄉里，有衆十餘萬人，衆遂推爲屯長。新都楊學可編明氏實録

徐壽輝起蘄水，玉珍與里中父老謀避兵，父老曰：「足下素剛直，能集壯勇，保全鄉里，是所望也。」玉珍於是招集鄉人，得千餘，屯於青山，結栅自固，衆推玉珍爲屯長。明玉珍本傳

重慶號旻眼子，先沔陽人，瞎一目，爲巡司弓兵牌子頭，隨倪蠻子爲盜。草木子

至正十三年癸巳天完治平三年十一月，徐壽輝以明玉珍爲征虜大元帥。

癸巳冬，徐壽輝使人招玉珍曰：「予起兵舉義，期逐胡虜，以靖中夏。若歸，共圖大事；不來，且先誅之。」玉珍懼，且欲保鄉里，不得已從焉。壽輝待以殊禮，授統兵征虜大元帥，仍領所部，益兵俾鎮沔陽。時元將哈林禿爲患洞庭，玉珍與連戰湖中，爲流矢中右目。明氏實録

壽輝攻陷荆、湖州郡，遣人招玉珍曰：「早降，共富貴；不來，舉兵屠之。」玉珍懼，遂降壽輝，俾爲元帥，益兵俾鎮沔陽。與元將哈麻禿連戰湖中，流矢中右目。太祖實録明玉珍本傳平夏録云：「人呼爲旻瞎子。」

按：明氏實録紀壽輝招玉珍在癸巳十一月，但云：「壽輝都漢陽，玉珍歸之。」則誤也。壽輝以壬辰春陷漢陽。癸巳五月，阿魯輝復漢陽。乙未七月，倪文俊復陷之。至丙申冬，壽輝方都漢陽。癸巳十一月，尚在蘄也。玉珍之歸天完，定在辰、巳兩年，其詳不可攷矣。

至正十七年丁酉天完治平七年二月，倪文俊陷峽州，〔一〕破轆轤關。明玉珍又進陷川蜀諸郡，因據守之。

二月甲戌，倪文俊陷峽州。詔以高寶爲四川行省參知政事，將兵取中興，不克。賊遂破轆轤關。是歲，倪文俊陷川蜀諸郡，命僞元帥明玉珍守據之。元史順帝紀

玉珍既鎮沔陽。甲午秋，沔陽水澇連歲，民採芰魚而食。乙未夏，玉珍將兵萬餘，駕斗船五十艘，上夔府哨糧。時夷陵屬天完參政姜珏鎮守，玉珍泝流至巫峽貿糧，皆滿載，蜀人亦不知擾也。丙申冬，玉珍自巫峽將還，先是元四川行省右丞相完者都鎮重慶募兵，辰州人楊漢者，元義兵元帥也，以精兵五千屯西平寨。丁酉春三月，漢以兵至重慶，屯江北，完者都誘漢來謁，席間殺之，欲并其軍。漢將士謀復讎，不克，乃擄船下流，適遇玉珍於巫峽，訴其事，且言：「重慶城中兵備單弱，完者都與左丞相哈麻禿兩不相下，若回船出其不意攻之，取重慶如反掌耳。」玉珍猶豫未決。萬户戴壽曰：「鳥困投林，人困投人，且明公備兵沔陽，爲民也；哨糧於蜀，亦爲民也。不若分船爲二，以其半載糧還沔以濟荒，以其半因漢兵以攻重慶，事濟則據之，不濟則掠其財物以歸，何損也？且此兵之出，窺隴、蜀，據上流，保荆、襄，開糧道，一舉二得，幸勿他慮。」玉珍從之，遂率兵至重慶。時蜀中承平日久，忽斗船大集，遠近騷動，完者都夜遁果州，哈麻禿出戰，被執。父老迎玉珍入城，玉珍禁止侵掠，城中按堵如故。旁近降者，絡繹不絕。遣使獻哈麻禿於壽輝。是歲秋，壽輝以玉珍爲隴蜀

省右丞。明氏實録

丁酉春，倪文俊陷峽州，令玉珍以斗船五千艘掠糧川、峽間。時四川行省右丞完者都、左丞哈麻禿募兵重慶，義兵元帥楊漢聞之，率兵五千自西平寨至重慶，〔二〕屯兵江北，單騎入謁。完者都欲圖其兵，置酒飲漢，酒酣，欲殺之。漢覺，脱身走歸營，將士皆怒，遂放船下峽，投玉珍。玉珍因之襲破重慶。太祖實録明玉珍本傳

按：實録本傳載哨糧事在丁酉春。又云：楊漢走歸。與平夏録、明氏實録互異，俟更考之。

十二月丙戌，徐壽輝將明玉珍據重慶路。

初，倪文俊陷川蜀，命玉珍守禦。文俊死，玉珍遂自據成都。元史續編

是年九月，玉珍訪求儒碩，有陳隱君者，居五峰山中，玉珍以萬户告身招之，不至。明氏事迹

至正十八年戊戌天完治平八年二月，明玉珍遣兵劫烏牛山寨，襲破嘉定城，又親率衆攻克大佛寨。自是蜀中諸郡縣皆下，盡有川蜀之地。

戊戌春，完者都自果州率兵至嘉定，屯於大佛寺（一名凌雲寺），規復重慶。玉珍遣義弟明三領兵禦之。〔三〕明三者，黄陂人也。智勇過人，玉珍寵愛之，妻以弟婦，稱

爲明三（一曰三奴），後復姓名曰萬勝。明三攻嘉定，夜遣軍人陳夜眼緣城劫烏牛山寨，擣嘉定城，皆破之。惟大佛寨未下，相持越半載，玉珍親率兵攻之，旬日，完者都兵内潰，入之。趙資者，行省參政也，與完者都、平章郎革歹同守嘉定，明三陷嘉定，時完者都、郎革歹先遁，惟資守大佛。明三執資妻於江岸以招資，資嘻曰：「癡婦胡不死，汝不見平章婦乎！」平章婦者，郎革歹妻，城陷時赴水死。語畢，以强弩射殺妻，復欲射其子，爲衆擁去，乃止。已而大佛陷，資亦遁。三人者會於龍州，謀興復，爲游兵執至重慶。玉珍欲用之，館之治平寺，使人諭意，三人曰：「國破家亡，祈速死耳！」玉珍猶欲生之，時傳趙參政兵將至，遂同斬於大十字街。蜀人謂之「三忠」。玉珍以禮葬之。平夏録

春二月，完者都自果州來，會蜀省平章郎革歹、參政趙資率兵屯嘉定州，謀取重慶。玉珍遣義弟明三領兵泝流圍攻嘉定，未克，相守半載，玉珍兵駐瀘州。己亥，玉珍親領兵至嘉定圍之，令明三率鋭兵直趨成都。時元行省平章買奴、參政韓叔亨爲青城（一作青巾）賊所執，城中窘迫，惟都事薛元理署省事，守省兵皆新募者，聞明兵至，皆驚潰。明三領兵入省中，虜郎革歹、趙資妻子，順流而歸。郎革歹妻謂舟中人曰：「吾家祖宗三世，受羊皮宣命，吾爲平章夫人，義不受辱。」自投於江。明三以趙資妻

見玉珍，玉珍待之以禮，曰：「執政乃吾中國人，何故反爲胡虜守戰。夫人能招使降，當裂土以贈。」翌日，兩軍會戰，玉珍驅資妻子臨陣，謂資曰：「妾與鎖兒受擒於此，明公甚以禮待，參政念結髮之情，救母子之命。」言既號泣。其子亦大呼。兩軍觀者淚下。資駐馬執弓厲聲曰：「癡婦不死何待！」乃引弓發矢中其胸，殪之。又欲射其子，衆以盾護之，乃免。玉珍揮兵勇進，分左右二翼襲之，元兵大敗，遂生擒完者都、郎革歹、趙資至重慶，戮於大十字街，以禮葬之。明氏實録

按：實録本傳及平夏録不載玉珍遣明三攻成都事，又皆載於戊戌年而不及己亥，皆紀載之闕略也。又按：元史順帝紀：「辛丑五月癸丑，四川明玉珍陷嘉定等路，李思齊遣兵擊敗之。」實録本傳載在戊戌歲，則相去四年矣。玉珍之絶友諒稱隴蜀王在庚子歲，而元史記於壬寅五月。其稱帝改元在壬寅歲，而元史記於癸卯正月。至玉珍之攻陷雲南在癸卯十二月，而元史記於壬寅之三月，其錯互不一如此。蓋元史修於我洪武元、二兩年，隴蜀未入職方之時，而實録則平夏之後，本其載記而存之也。斷當以明氏實録爲正。

至正十九年己亥天完治平九年秋，明玉珍遣使貢於徐壽輝。

時陳友諒矯壽輝命使玉珍會兵建康。平夏録

十二月，陳友諒以江州爲都，迎僞主徐壽輝居之，自稱漢王。至正二十年庚子天完治平十年閏五月戊午，陳友諒弑其主徐壽輝於采石。明玉珍爲徐壽輝立廟，絶陳友諒不與通，遂自稱隴蜀王。

庚子夏，友諒弑壽輝自立，玉珍曰：「陳友諒、倪文俊同在徐朝爲臣子，今弑逆，予當討之。」遂令莫仁壽領兵守夔關，絶不與通。立壽輝廟於城南，春秋奉祀。衆推玉珍爲隴蜀王。平夏録

玉珍攻四川，陷成都，殺戮既盡，退居重慶。陳矯徐命使會兵建康。既而憤陳之弑逆，竟引兵歸，曰：「汝能爲帝，我豈不能帝耶！」據有全蜀之地，絶不與陳通。草木子

二十二年五月辛未，明玉珍據成都自稱隴蜀王，遣僞將楊尚書守重慶，分兵寇龍州、青州，犯興元、鞏昌等路。元史順帝紀

玉珍爲隴蜀王，因下令曰：「胡元運去，中國豪傑並起而逐之。予本鄉農，因亂爲衆所推，殆自爲保，豈爲圖人。邇者，義兵一起，群醜底寧，湖、湘向化。顧兹蜀地，久被青巾之亂，莫有爲之剪除者。予奉天誅罪，豈能自安，已經殄殁凶徒，倖爾坐收全蜀。是乃天意，夫豈人謀。方今圖爲畫一之規，與民共享太平之治。誠恐百姓不

知，以予爲争地殺人之師，非弔民伐罪之舉，予取爾蜀於青巾之手，非取諸元。爾輩亦當復見中華文明之化，不可安於胡元之陋習也。更宜洗心從治，慎勿取惡招尤。」明氏實録

至正二十一年辛丑四月，玉珍以劉禎爲參謀。

戊戌歲，玉珍攻完者都，道出瀘州，宣使劉澤民曰：「此間有劉禎者，字維周，歷官大名路經歷，元進士也。有文章，能政事，避青巾李喜之亂，隱居方山，盍往見焉？」玉珍曰：「可與俱來。」澤民曰：「此可就見，不可坐致也。」明日，遂往見之，與語時事，玉珍喜曰：「吾得一孔明也。」延至舟中，即舟中拜爲理問官，朝夕圖議，預謀政事。至是，擢爲王國參謀。朝夕侍講書史，裁决政務。禎屏人從容説玉珍曰：「今天下大亂，中原無主。西蜀形勝之地，沃野千里，東有瞿塘可以達江左，北有劍門可以窺隴右。自遭青巾之虐，民物凋耗，明公加意撫綏，民幸蘇息，人心歸附，天命可知。且陳友諒弑主自立，明公必不肯聽命也。此時若不稱大號以繫人心，部下將士皆四方之人，或思其鄉土而去，明公尚難以自保全蜀，况欲圖天下乎？」弗聽。明日，禎又言，戴壽、張文炳力贊之。聲息已彰於外，説服者多，玉珍不得已，乃咨謀於衆，其議始定。平夏録、明氏實録

至正二十二年壬寅夏天統元年春三月己酉，玉珍自稱皇帝，即位於重慶，國號大夏，紀元天統，立妻彭氏爲皇后，子昇爲皇太子。

壬寅三月己酉，明玉珍稱帝於重慶。太祖實録

二十三年癸卯正月壬寅朔，四月，明玉珍僭稱皇帝，建國號曰大夏，紀元曰天統。元史順帝紀

壬寅春三月戊辰，祭告天地，即皇帝位，建都重慶，國號大夏，改元天統，詔曰：「天生斯民，必立司牧，夏、商、周之迭運，漢、唐、宋之繼統，其來遠矣。元以北狄汙我中夏，倫理以之晦冥，人物爲之消滅，咸云天數，敢謂人謀。邇者子孫失道，運祚衰微，上天有命，示厭棄之機；豪傑乘時，興驅逐之策。惟我家國，肇跡湖、湘，志欲除暴救民，聊爾建邦啓土。成湯七十里，盛德已振於三巴；曆數八百年，神功終收於一統。上承天命，下順民心，謹以壬寅年三月初二日祭告天地、祖宗及屢代帝王，即皇帝位，國號曰大夏，其以今年爲天統元年。於乎！恭行天罰，革彼左衽之卑汚；昭顯茂功，成我文明之大治。尚賴遠邇豪傑，勿吝嘉謀，庶幾大小臣工，協登偉績。」明氏實録

立郊社，祭以春秋。追帝其四代，立廟，祭以四時。

分蜀地爲八道。

仿周制，設六卿。

即日以戴壽爲冢宰，萬勝爲司馬（即玉珍義弟明三，至是復姓名爲萬勝），張文炳爲司空，向大亨、莫仁壽爲司寇，吴友仁、鄒興爲司徒，劉禎爲宗伯。

置翰林院。

以牟圖南爲承旨，史天章爲學士，太子昇朝夕受學焉。

内設國子監，教公卿子弟。外設提舉司、教授所，教養郡縣生徒。府置官曰刺史，州曰太守，縣曰縣令。

設科舉，策試進士。去釋、老二教，而專奉彌勒。

立進士科，八道鄉試，充貢有司。次年會試，宗伯廷試，分立及第、出身。〔四〕去釋、老，并彌勒佛堂。〔五〕明氏實録

夏，始定賦税，十取其一，〔六〕農無力役之徵。

秋，廷試進士，賜董重璧等八人及第，餘皆出身有差。（董重璧，實録作重璧，明氏實録作董璧）。

置雅樂。

置奉天征虜大將軍府於漢中，以進取陝右。

置奉天征蠻大將軍府於夷陵，以進取友諒。

冬，遣司馬萬勝領兵出漢中，攻剌踏坎，俟普顏達失平章敗走，獲其人馬萬口。

復遣司馬萬勝等率兵攻雲南。（平夏録載在癸卯春，似誤。）

勝兵由界首入，司寇鄒興由建昌入，指揮芝麻李由八番入。勝兵不滿萬，皆以一當十。（明氏實録云：勝兵十一萬。）

至正二十三年癸卯天統二年三月，萬勝兵至雲南，梁王孛羅帖木兒（一名把都）及雲南行省廉訪司官先二日棄城走，退保金馬山（一曰皆走楚威），勝入城據之。

三月初八日，勝兵抵雲南屯兵金馬山，鄒、李皆不至。梁王孛羅、雲南省廉訪司官先二日皆走。勝遣使四方告諭招安，繼日賫宣牌面納降，降者不可枚舉。明氏實録鄒、李兵不至，勝遣使四出招諭，降者日至，即遣侍中楊源表聞，獲其衆以獻。表曰：「聖德孔昭，誕受維新之命，王師所至，宜無不服之邦。大軍既發於三巴，逾月遂平乎六詔。窮祇交賀，遠邇同歡。恭惟皇帝陛下，勇智如湯，文明協舜，既念中華之貴，反爲左衽之流。矧在位之貪殘，致生民之困踣。恭行天罰，遂平定乎多方；禮順人情，〔七〕即進登於五位。忝茲南詔，鄰彼西戎。藩公挾便宜行事之文，專任僉壬，滋其饕餮；守宰無惻怛愛民之意，肆爲虐政，害彼黔黎。下詔勦庭，出師討罪。初臨烏撤，蠻酋納款以供輸；繼次馬隆，敵衆望風而奔潰。遂由驛路，踏入滇池。士民冒雨以争降，官吏叩頭而請罪。一毫不染，萬室皆安。勝等愧以庸才，欽承威命，凡此大勛之集，斷非小器之能，皆聖人大庇之洪休，抑諸將效勞於忠力。深入不毛，臣愧偶同於諸葛；誕敷文命，帝德齊美於有虞。」此鄒興之所撰也。平夏録

四月，萬勝引兵還重慶。

勝兵之入雲南也，鄒興、芝蔴李尚未至。梁王不意勝兵奄及，故棄城遁。及梁王之傅大都率兵出偵敵，獲勝部將姬安禮，問：「勝兵幾何？」曰：「八千。」於是，大都會大理段平章兵擊勝，殺傷者過半，勝以孤軍深入，約兵未至，而戰士多中傷，遂引兵還，所過暴掠爲民患。玉珍不能制。上聞，遺書諭之。太祖實録明玉珍本傳

四月，梁王下王傅官大都領兵來攻城，萬勝領兵回哨援之，勝敗於關灘。時招安元帥姬安禮被執至行邸，問：「兵多寡？」曰：「八千。」於是，大都命集於大理。是役也，勝以孤軍不可深入，士多戰傷，乃留逮水元帥府千户聶瑾率領八千人與大都拒守，〔八〕遂引兵還重慶。明氏實録

二十二年三月甲寅，明玉珍陷雲南省治，屯金馬山，陜西行省參知政事車力帖木兒等擊敗之，擒玉珍弟明二。元史順帝紀

癸卯，明玉珍自楚入蜀，據之，分兵四掠，號曰紅巾。明玉珍自將紅巾三萬攻雲南，梁王及憲司官皆奔威楚，諸將悉亂。總管大理段功謀於員外楊淵海，進兵至呂闢，敗紅巾於闢灘江，殺獲千計。紅巾收合餘衂再戰，復勝，殺段氏驍酋鐵萬户。紅巾屯古田寺，段氏夕潛火其寺，紅巾軍亂，死者什七八。又追至回磴闢，大敗之。紅巾大呼曰：「待明年來復仇！」時功在戰間，得玉珍母寄其子書，云：「爾征南務得之，不得輕還。軍少糧乏，我當添補。」楊淵海效其書跡，易之曰：「中國兵來急，爾宜早歸。」遂募能入紅軍營者，有小卒陳惠願行。玉珍得書，恐國中有變，又新失利，遂急收軍。功追之至七星闢，又勝之而還。梁王深德段功，以女阿襤妻之，爲奏授雲南平章。楊慎滇載記

按：夏兵陷滇省，元史記於壬寅年，又云擒明二，皆誤也。且雲南之役，玉珍不在行，或即明二之譌乎？

九月，表韓氏女爲貞烈。

初，丁酉歲九月，青巾賊入成都，有韓氏女年十七，舉家從軍。夏兵攻剌踏，破之，韓女假爲廝兒被擄，砍草養馬，出入六、七年，人不知其爲女也。至是，征雲南還，路逢其父，贖之，適尹氏。其貞烈如此。

己酉，辟劉湛爲仁壽縣學教授。

時有劉湛者，字信翁，江西人，爲仁壽教官。文章清古，爲後進所宗。丁酉，玉珍入蜀，棄官隱居瀘州。玉珍屢辟不就，卒，弟子葬之小市箱。平夏録、明氏事迹

湛，學行優裕，造就人才，陞爲國子監祭酒。明氏實録

至正二十四年甲辰天統三年，司馬萬勝率兵攻興元，圍城三日，不克而還。

秋，巴州叛，命司寇鄒興攻克之，留兵鎮守。

攻拔巴州尚倉，置軍守之。平夏録　太祖實録明玉珍本傳載在癸卯秋。

至正二十五年乙巳天統四年春，更六卿爲中書省、樞密院。

以戴壽爲左丞相，萬勝爲右丞相，向大亨、張文炳爲知樞密院（平夏録爲都察院）；鄒興爲平章，鎮成都；吴友仁爲平章，鎮保寧；莫仁壽爲平章，仍鎮夔門；鄧元亨爲平章，鎮通州；竇英爲參政，鎮播州（明氏實録云：「鄧元帥爲平章，鎮通江，江竇英爲參政，鎮播州。」）；姜珏爲參政，鎮黔南。太祖實録明玉珍本傳

冬，徐國參政姜珏來朝。令珏守夷陵，就彼屯種置倉，以贍國用。明氏實録

大明太祖高皇帝遣使通聘，〔九〕夏主遣參政江儼答聘。

乙巳九月，夏主明玉珍遣其參政江儼來通好。上遣都事孫養浩往報，遺書曰：

「元政既隳，天下驅兵者蜂起，往往毒痛生靈，未有能奉天道拯民於塗炭者也。徐氏以昏懦見殺，陳友諒竊據荆、襄，肆其强暴，自取顛隕，又何足言。昔者曹操虎踞中原，假漢之名以號令天下，操日夜思併吞吳、蜀，吳、蜀不能合從以拒操，而屢起釁端，自相攻伐，豈不失計之甚哉！今之英雄，據吳、蜀之地者，果欲與中國抗衡，延國祚而保社稷，惟合從爲上謀。足下處西蜀，予居江左，蓋有類昔之吳、蜀矣。方天下之變，中國士馬精强，民庶繁衍者，汴、雒、齊、魯、三晉爲然，今皆在豪傑之手。自彭城以南，嵩、汝之東，兩淮之間，三分人民，予已得其二。足下之兵雖出於潁之東南漢、沔、湘、湖之地，然而陳友諒握其權綱，足下因有所見，以偏師入蜀，度其兵有三分之一，兹既奄有全蜀，乃古今人物，强盛之所，寧不壯哉！然西有李喜喜等兵侵擾殺掠，生民無幾。近者，王保保以鐵騎勁兵，據有齊、魯，根培雒陽，招賢納士，練將養兵，實處中國，其志非小。使其奸雄如操，足下與予豈得高枕無憂乎？當今之勢，予與足下實相表裏，將欲國祚之安，備中原之患，可不以昔之吳、蜀爲鑑耶！使至，辱厚意，故以書往報，惟足下籌之。」乙巳十月己酉，上聞玉珍取雲南失利，諸將暴掠不能制，乃遺以書，曰：「自元失其馭，天下兵起，今十有四年。凡昔之首事者，十亡八九，此皆不思救民，恣行殘忍，自絶於天，以底禍敗也。近聞足下發兵與蠻夷爲敵，兵之所過，郊圻之内，民舍一空。此如割股以啖腹，腹飽而身斃，果何益哉？西蜀沃野千里，劉備據之，以三分天下。苟不善保而使他人有之，誠爲足下之憂。予與足下中心相孚，欣戚相同，故以相告。譬如弈者，當局有不自知，旁觀者能審之矣。若足下旁觀於予，亦幸有以相告，豈不美哉！」太祖實録

吴王始遣都司孫養浩來結好，書曰：「吴王奉書夏國皇帝。間者，得姜珏誥命，觀其文義妥貼。辛卯歲，兵起蔡潁，有陳友諒恃其土地之廣，甲兵之强，一旦迫區區之境，不得已而應之，三年遂決。胡人本處沙塞，今反居中原，是冠履倒置。足下應時而起，居國上流，區區有長江之險，相爲唇齒，協心同力，并復中原。事定之日，各守疆宇，特遣使通好。惟足下圖之。」是年秋，夏遣參議江儼答書曰：「夏主皇帝奉書吴王足下。邇者，夷狄運衰，中原氣盛，天必降生豪傑，驅逐胡虜，以爲生民主，是乃天意之有在也。第以中原人物，解此者少，尚爲彼用，殊爲可恨。足下應運而興，目視赤子之塗炭，想亦不忍也。區區人馬二十萬，北出漢中，東下荆、楚，期盡殘虜，以安黎庶。特遣使奉復通好，不敢後約，惟高明亮之。」明氏實録

冬元威順王、侯普顔達失平章率兵由雲南間行往陝西，夏遣丞相戴壽追襲之，至秦州弗及而還。是月，全蜀星隕如雨。

至正二十六年丙午天統五年春二月，夏主不豫，未幾疾篤，卒。

丙午春，玉珍有疾，召臣下諭之，曰：「中原未平，胡虜未逐，予志不能遂也，此殆天意。今西蜀險塞，予殁後，汝等同心協力，但可自守，慎勿妄窺中原，亦不可與各鄰國搆隙。」言畢遂殞，在位五年，壽三十六，葬江北永昌陵。群臣尊上廟號曰太祖文武至聖皇帝，遺詔太子即位，遣使報訃於吴及各國，兼致遺物。明氏實録

二月，玉珍病重，召其臣僚諭曰：「西蜀險塞，汝等同心協力，以輔嗣子，可以自守。不然，後事非吾所知，汝等勉之。」遂卒，葬於江水之北。自僭號至是五年，壽三十六。子昇嗣立。玉珍爲人頗尚節儉，好文學，蜀人經李喜喜殘暴之餘，賴以粗安。然喜自用，昧於遠略，而嗣子稚弱，政出閨門，國事去矣。太祖實録明玉珍本傳

史官方孝孺贊曰：夏主方有意於據蜀，群臣遭青巾之虐，百無一二。夏主躬行儉約，興文教，辟異端，禁侵掠，薄税斂，一方咸賴小康焉。惜不能謹之於始，私家倍於公室，倉帑空虚，不能展其疆界，歷年雖不永，民至今感嘆焉。然不能以文詞盡其賢也。

夏太子昇即皇帝位，年十歲，尊母彭氏爲皇太后，垂簾同聽政，立妃王氏爲皇后，改元開熙。

詔曰：「皇天眷命，篤生我太祖皇帝，恭行吊伐，創業開基，期盡中原，以登至治。顧大業未就，龍馭上升，舉國臣氏，攀號莫及。予小子哀疚方殷，而臣民以嗣位爲請。謂神器難以久虛，國家不可無主。懇請再三，辭避無術。謹於四月初一日祗告天地、祖宗，即皇帝位。予稚年凉德，忝任君師，惟敬天以勤民，在脩身而法祖。纘承烈緒，任洪業以無疆；誕敷武文，祈天命於有永。尚賴臣工協志，同濟時艱，補缺拾遺，匡予不逮。其以明年爲開熙元年，除舊布新，與民更始。仍遣使詣吴及諸國告即位。」明氏實録

辟鳳山趙善璞爲翰林學士，不就。善璞歸隱於樂殨山中，所著有陶貞集、正誼藁。有自述詩曰：「錦里棲遲處，飄然遠俗囂。地偏車馬少，山近市廛遥。謝事惟求避，居官懶折腰。讀書明至道，忘味學聞韶。對坐花千點，充飢水一瓢。放情隨洒落，得句自推敲。種菊開三徑，横琴訪九皋。唐、虞今在上，許我學由、巢。」明氏實録

吴王遣使來吊祭，又遣使來送葬。

吴王遣使來賀即位。

丞相萬勝與知院張文炳有隙，密遣人殺之。内府舍人明昭等復矯后旨召勝入，

縊殺於崇文樓下，拜劉禎爲右丞相。

萬勝與張文炳有隙，文炳使玉珍義子明昭矯彭氏旨召勝，殺之，使劉禎代爲丞相。勝有開國功，死非其罪，人多不服。平夏録

玉珍居位六年，後爲其弟所殺，其妻復圖殺其弟，立其子爲帝，以其黨戴壽爲冢宰，事皆專之，小昦主擁虚名而已。草木子

楊可學曰：「右丞相萬勝者，德安府黄陂縣人也。壯歲智勇過人，夏主寵愛之，妻以弟婦，故稱爲明三。數歲總兵，信賞必罰，士卒樂從，所向克敵，開國之功良多。夏主賓天，立幼，母后臨朝，小人間謀，張、萬自相屠戮，而非以有罪見誅。不及五載，國遂亡，是自取之也。」

按：平夏録記張、萬相戕之事未詳，草木子尤繆，當以明氏實録爲正。

秋，廷試，進士龐百里等六人及第，餘出身有差。

幼主吟桂花詩賜諸進士，曰：「萬物凋殘我獨芳，花心金粟帶微黄。莫言些小難堪翫，露冷風清大地香。」明氏實録

命丞相戴壽領兵攻烏撒，不克而還。

九月己亥，夏主明昇遣使來聘。

上因與語，使者輒自誇其國險阻富饒，上笑曰：「蜀人不以修德保民爲本，而恃山川之阻，誇其富饒，豈爲國長久之道耶！然自用兵以來，商賈路絶，民疲財匱，乃獨稱富饒，豈自天而降耶！」使者退。因語侍臣曰：「吾平日只要務實，不尚浮僞。嘗遣使四方，戒其謹於言語，勿爲誇大，恐貽笑於人，而蜀使者之繆妄，當以爲戒也。」太祖實録

丙午，〔一〇〕太祖遣參政蔡哲報聘於蜀。

上諭哲曰：「蜀使者多飾浮詞，誇大其國，汝無效此。彼有所問，但以實告之耳。」太祖實録

吴元年丁未開熙元年三月，參政蔡哲歸自蜀。哲還，具言蜀自明玉珍喪後，明昇闇弱，群下擅權。且挾畫史以往，圖其所經山川扼塞以獻。哲字思賢，武昌人，先仕陳友諒爲御史。〔一一〕歲壬寅，來歸，後爲侍御史，坐事免，尋卒。太祖實録

十一月乙亥，夏主明昇遣使者鄧良叟來聘。

上命良叟從大將軍徐達觀所下城邑。太祖實録

保寧鎮守平章吴友仁叛。

友仁移文於郡縣曰：「昔與先王自沔陽而至重慶，共樹奇勛，開邦啓土。今者矯旨殺戮功臣，異日我輩亦如此耶！」遂據城謀叛，遣使與陝西李思齊、張良弼通。幼主數調兵誅，皆敗而還。

洪武元年戊申開熙二年，大明皇帝來告即位，夏遣平章鄒敬奉書往賀。

四月，命丞相戴壽討吴友仁，友仁來歸。

丞相戴壽總兵八萬往征友仁，友仁入城自守，謂壽曰：「不須用兵，可遣參政文彦彬來即降。」是日，遂遣彦彬入城，友仁與彦彬約丞相，可設策將義子明昭等誅之，不然必爲所害。壽回奏，因朝會設計擒明昭等盡誅之。友仁同彦彬至重慶請罪謝恩。明氏實録

吴友仁以萬勝之戮，移檄興兵。昇命戴壽討之。友仁遺書曰：「不誅明昭，國必不安；昭若朝誅，吾當夕至。」壽乃奏誅昭，友仁入朝謝罪。平夏録

十月戊辰，夏主明昇聞大明兵克元都，遣使來賀。

十二月壬辰，太祖遣使以書諭之。

書曰：「朕昔以令先公起事老成，又能通使修好，以安生靈。足下以幼冲之年，處新造之國，朕感念先好，安得不爲足下慮哉。足下舊臣，竭力推誠，奉足下甚至。

然度德量力，審機觀變，在足下自處何如耳！誠能日延群臣，問安靖生靈之道，必有能籌善後之策者，擇而行之，是竇融、錢俶復見於今日也。承平之福，當共享之。足下其圖之。」太祖實録

洪武二年己酉開熙三年七月丙辰，蜀明昇遣使來貢。

初，我師之西出也，不數月關陝悉定，蜀人爲之震恐。戴壽謂昇曰：「大明遣將用兵，所向無敵，以王保保、李思齊之强，尚莫能禦，况吾蜀乎！」吴友仁曰：「蜀地非中原比，設有緩急，據險可守，軍資又充足，其若我何？爲今之計，莫若外假交好以緩敵，内修武事以備禦。」昇從其言，復遣修貢。太祖實録

大明遣使入蜀求大木，昇亦遣使來貢。使還，上賜璽書答之，曰：「朕歷觀古之有蜀者，如公孫述、劉備、李特、王建、孟知祥輩，皆能乘機進取，而善守之道未聞。今足下據此，必圖所以善守可也。朕連年出師，所向皆捷，諸將用命，故能成功。遠勞致禮，益見厚意，因使者還，姑以此復。」平夏録

十月，太祖遣湖廣行省平章楊璟招諭明昇。

璟至蜀諭昇以禍福，使奉國入覲。昇牽於群議不能決。璟還，復以書曉之，昇不能從。（太祖實録書載璟事略中）

十二月戊辰，璟自蜀還，言：「昇闇弱，將佐皆庸材，諭之再四終不悟，不如舉兵取之。」上曰：「兵貴有名，西蜀之地，彼亦安能久據？俟其悔悟來歸，則師可不勞，民亦無害。姑緩之。」太祖實録

洪武三年庚戌開熙四年四月，大明大將軍徐達遣裨將金興旺、張龍由鳳翔入連雲棧，合兵攻興元，興元守將劉思忠、知院金慶祥迎降，達留興旺、龍鎮守。

七月甲辰，明昇遣使以香楠木來獻，詔賜昇與其國相戴壽、知院向大亨及來使文綺紗羅有差。

丙辰，明昇將吴友仁寇興元，守將金興旺擊却之。友仁攻興元，興旺奮擊，友仁退。明日，復來攻，興旺面中流矢，拔矢復戰，斬首數百。城中兵纔三千，友仁兵三萬，興旺斂兵入城，友仁乃圍城決濠填塹，攻益力，興旺嬰城固守。大將軍徐達令傅友德領兵三千徑趨黑龍江，夜襲木槽關，攻斗山砦，下令軍中人持十炬燃於山上。友仁軍見列炬，大驚，乘夜遁去。太祖實録

夏守瞿塘將莫平章以兵犯歸州，欲報興元之役。大明將陳聞出兵南門與戰，大破之，斬首三百，擒八千人，送楊璟斬之。鴻猷録

是年，大明遣使假道攻雲南，戴壽不奉命。秋，再遣蔡參政招諭，兼致禮物，不

從。明、夏竟絶和好。平夏録

大明遣使求木植，丞相戴壽不與。明氏實録

秋，夏丞相劉禎卒。

禎，元進士，精於易數，導夏主修道，盡逐胡元，以安中夏。詔令多所代製，人比之孔明云。明氏實録

洪武四年辛亥開熙五年正月丁亥，太祖遣將伐蜀。

上親祀上下神祇，告伐明昇。命中山侯湯和爲征西將軍，江夏侯周德興爲左副將軍，德慶侯廖永忠爲右副將軍，暨滎陽侯楊璟、都督僉事葉昇率京衛、荆襄舟師，由瞿塘趨重慶；潁川侯傅友德爲征虜前將軍，濟寧侯顧時爲左副將軍，暨都督僉事何文輝等率河南、陝西步騎由秦隴趨成都。上諭和等曰：「今天下大定，惟川蜀未平，朕以明玉珍嘗遣使修好，憫昇稚弱，不忍加兵，遣使數加開諭。昇乃惑於群言，反犯吾興元，不可不討。師行之際，肅士伍，嚴紀律，以懷降附，無肆殺掠。昔王全斌之事可以爲戒。太祖實録

閏三月，楊璟師進次夔州大溪口。

蜀人自謂瞿塘天險，遣平章莫仁壽守之，以鐵索橫斷關口；王師臨境，又遣左丞

相戴壽、平章鄒興、副樞飛天張益兵爲固守計。壽等於鐵索外，北倚羊角山，南倚南城寨，鑿兩崖壁，引纜爲飛橋三，平以木板，置炮石、木竿、鐵銃其上，旁橋兩岸，復置炮，以拒我師。璟遣指揮韋權出赤甲山以逼夔州。李某出白鹽山下逼夔府南岸，攻南城寨。璟與都督僉事王簡出大溪口，進攻瞿塘扼江之衆。璟戰不利，赤甲、白鹽之師亦退還歸州。太祖實録

大明命湯和爲征西將軍，廖永忠副之，攻夔關。戴丞相、向知院峽中設大橋控禦，船至，以木頭撞下輒碎，竟不得上。屢戰不勝，退兵峽外。重慶城中每虚驚，禁不能止。明氏實録

四月丙戌，傅友德攻階州，克之。

友德陛辭，上密語之曰：「蜀人聞吾西伐，必悉其精鋭東守瞿塘，北阻金牛，以拒我師。若出其不意，直擣階、文，門户既隳，心腹自潰。兵貴神速，但患不勇耳。」友德至陜，集諸道兵，颺言出金牛，使人覘知青川杲陽空虚，階、文守備單弱，遂引兵趨陳倉，選精兵五千爲前鋒，攀緣山谷，晝夜兼行，大軍繼之，直抵階州。守將平章丁世貞來拒，友德擊敗之，生擒其將雙刀王等十八人，世貞遁去，遂克階州。太祖實録

己丑，傅友德兵克文州。

兵至文州，距賊三十里，蜀人斷白龍江橋以阻我師。友德督兵修橋以渡，至五里關，丁世貞等復集兵據險，汪興祖中飛石死。友德奮兵急攻，破之，世貞以數騎遁去。癸巳，友德兵渡青川杲陽白水江，蜀人望風驚遁，友德遣人諭降之，遂引兵趨隆州，克之。

癸卯，傅友德兵克綿州。

友德兵徇下江油、彰明二縣，遂趨綿州，別遣藍玉夜襲其壘。守將向大亨軍驚擾達旦，友德麾兵乘之，蜀兵大敗，遂克綿州。大亨走保漢州。五月，兵至漢江，阻水，令軍中造戰艦百餘艘。己卯，將進兵漢州，欲以軍事達湯和，乃以木牌數千，書克階、文、綿州日月，投漢江，順流而下。重慶守者見之，爲之解體。

六月壬午，傅友德拔漢州。

夏人聞王師伐蜀，命丞相戴壽、太尉吴友仁等率衆守瞿塘，以扼三峽之險。及友德破階、文，擣江油，乃與友仁分瞿塘守兵還援漢州，〔三〕以保成都。未至，而友德舟師已逼漢州，向大亨悉兵戰於城下，友德選驍騎擊敗之。既而，壽等兵至，友德親率師迎擊，大破之，遂拔漢州。壽與大亨留鄒平章守夔關，引兵走成都，友仁走古城。友德自將擊之，大敗其衆，友仁自古城遁還保寧。

戊子，廖永忠兵至舊夔府。辛卯，進兵瞿塘關，遂入夔州。

上聞湯和等駐兵大溪口，欲俟水平進師，賜詔促之。永忠聞命，即率所部先進。戊子，兵至舊夔府，平章鄒興、副樞飛天張出兵拒戰，分前後軍出兩翼旁擊，大敗之。遂進兵瞿塘關，山峻水急，蜀人設鐵索飛橋，橫據關口，永忠乃密遣壯士舁小舟逾山度關，以出其上流，衣青莎衣，出崖石草木間，而率精鋭出墨葉渡，分二道攻水陸寨。舁舟出江者，自上流俱發夾擊，大破之。鄒興中火箭死，飛天張、鐵頭張等皆遁去，永忠入夔州。明日，湯和兵亦至，率步騎約會於重慶。

戊戌，僞夏平章丁世貞陷文州，指揮僉事來顯忠死之。傅友德率兵來援，世貞棄城遁去。

僞夏守金州九龍山寨平章俞某詣傅友德降。

己亥，廖永忠率舟師抵重慶，次銅鑼峽，夏主明昇遣使詣永忠軍納款。

明昇與右丞劉仁等大懼，仁勸昇奔成都，昇母彭氏泣曰：「事勢如此，縱往成都，不過延旦夕命，何益？」仁曰：「然則奈何？」彭氏曰：「大軍入蜀，勢如劈竹。今城中兵民雖數萬，皆膽破心悸，若驅之拒守，死傷必多，亦終不免也。不如早降，以免生靈於鋒鏑。」昇遂遣使詣永忠軍，全城納款。永忠以湯和軍未至，辭不受。

癸卯，中山侯湯和至重慶，會德慶侯廖永忠，以兵駐朝天門外。夏主明昇面縛啣璧，與母彭氏及右丞劉仁奉表詣軍門降。湯和受璧，廖永忠解縛，承制撫慰。下令禁侵掠，撫慰戴壽、向大亨等家，令其子弟持書往成都招之。遣指揮高德送昇等并降表於京師。表略曰：「乾坤正一統，知天命之有歸；日月仰大明，撫華夷而無外。萬方丕冒，四海同歡。欽惟皇帝陛下，功軼禹、湯，德侔堯、舜。運乾元不息之妙，寰宇肅清；秉神武不殺之權，生民永賴。收豪傑於紛爭之日，施仁義於塾溺之時。景運維新，皇謨丕顯。故無征而不克，無令而不從。臣昇僻處偏方，懵無學識，既靡竇融先幾之智，又乏錢俶達事之宜，見同井蛙，計窮穴兔。揣罪實由於己，啓釁用匪其人，自揆愚蒙，冒干天討，顧閉門之何益？遂開門以來降。迎拜道旁，竊效子嬰之繫頸；仰瞻天上，敢希孟昶之傾心。謹將軍馬、錢糧、府庫及土地、人民以獻。」

六月二十一日，夏丞相劉仁挾幼主并皇后彭氏賫符璽詣軍門降。

七月庚申，傅友德圍成都。辛酉，夏丞相戴壽等以城降。夏丞相戴壽、知院向大亨等，以象載甲士逆戰，友德命前鋒以弓矢、火器衝之，象中矢却走，壽兵死者甚衆。會湯和遣人報捷，壽等亦得其家書，遂無鬥志，乃籍府庫倉廩，遣其子詣軍門納款。翌日，壽等率其屬降。友德按兵入東門，得士馬三萬。壬戌，分兵徇崇慶，知州尹善清拒戰，擊斬之。成都既平，分兵徇川蜀之未下者，因籍其丁壯，置守要害。

乙丑，〔一三〕明昇等至京師，及其官屬朝見，封爲歸義侯。

上聞大軍下蜀，命中書集六部、太常、翰林、國學定議受降等禮。省部按宋太祖乾德三年蜀主孟昶入宋故事：是日，上御奉天門，宣令昇等於午門外，跪進待罪表。宣表訖，承制官出傳制，昇等皆俯伏。侍儀舍人掖昇起，跪聽宣制釋罪，昇等五拜三呼萬歲，又四拜出，文武百官行賀禮。上曰：「孟昶專治國政，所爲奢縱。昇年幼，事由臣下，宜免其叩頭伏地上表請罪之禮。」是日，昇率官屬朝見，制授昇爲歸義侯，賜冠帶衣服及居第於京師。

八月庚子，江夏侯周德興克保寧，擒吴友仁歸，友仁伏誅。

德興等克保寧，執吴友仁送京師，蜀地悉平。十月，上以友仁寇漢中，起兵端，致明氏失國，命誅之。

十一月，征西將軍湯和等振旅還京。

和等師還，各上所佩印綬并所得蜀金印、冠冕、儀仗，銀印五十八，銅印六百四十，總制府七，元帥府八，宣諭宣撫司二十五，州三十七，縣六十七，官吏將士凡五萬九百九十人，馬騾一萬三千八百餘匹。（已上俱出太祖實録，平夏録、平蜀記俱同。）

洪武五年壬子正月，歸德侯陳理、歸義侯明昇俱徙高麗。

辛亥七月，臺兵攻四川，小昊主同其母俱降，其后、母召入宫。以海舟送小昊主、德壽陳少主往高麗，飄飃然入於海矣。草木子

明昇降封歸義侯，彭氏召入宫。父子凡十一年而亡。後送明昇入高麗，今聞有子孫在。月山叢談

大明封幼主爲歸義侯，〔一四〕彭后爲皇妃，賜甲第以居。以劉仁爲應天府府尹，餘授職有差。前後明氏二主，幼主年十六歲。起至正辛丑，止洪武辛亥，共十一年。明氏實録

史官方孝孺曰：「幼主雖春秋未富，德性純雅，通孝經、論語，爲權臣執國命，不能宰制。所以内相屠僇，自剪其羽翼，遂致國内空虚。天戈一揮，若崩厥角，歸於一統，固其宜也。」

校勘記

〔一〕峽州：原本訛「峽」爲「陜」，據元史卷四五順帝八改，下同。

〔二〕西平寨：原本脱「平」，據太祖洪武實録卷一六補。

〔三〕明三：平夏録訛作「明二」，原本沿其訛。明氏實録（鶴齋叢書本）戊戌春二月條，在「珍調義弟明三」下註云：「明史明玉珍傳：萬勝，黄陂人，有智勇，玉珍寵愛之，使從己姓，呼爲明二，後乃復姓名。明太祖實録、大事記亦作明二。按明二爲元所擒，當以此録作明三爲是。」另據平夏録下文「後復姓名曰萬勝。」明氏實録天統元年壬寅春三月條載：「明三復姓名萬勝爲司馬。」從改，下同。

〔四〕分立及第出身：原本訛「立」爲「五」，據明氏實録改。

〔五〕明氏實録作「去釋、老二教，并彌勒堂」。鶴齋叢書本註云：「明太祖實録作：去釋、老教而專奉彌勒法。」

〔六〕十取其一：原本訛「其」爲「十」，據明氏實録改。

〔七〕禮順人情：原本訛「情」爲「倩」，據平夏録改。

〔八〕逮水：明氏實録（學海類編本）作「逯水」，明氏實録（鶴齋叢書本）作「建水」，適園叢書本從作「建水」。

〔九〕遣使通聘：原本「脱通」，據太祖洪武實録卷一五補。

〔一〇〕丙午：原本訛「午」爲「年」，太祖洪武實録卷一六丙午九月條載：「丙午，遣參政蔡哲報聘於蜀。」據改。

〔一〕先仕：原作訛作「任」，不文，據適園本改。

〔二〕漢州：原本訛「州」爲「川」，據太祖洪武實録卷六六改。

〔三〕乙丑：原本訛「乙」爲「己」，太祖洪武實録卷六七洪武四年秋七月條載：「乙丑，指揮萬德送明昇并降表至京師。」據改。

〔四〕歸義侯：原本訛「義」爲「命」，據明氏實録改。

國初群雄事略卷之六

周張士誠

士誠姓張氏，泰州白駒場人。至正十三年正月起兵，陷泰州。十四年正月據高郵，僭稱誠王，國號大周，改元天祐。十七年降於元，授太尉。二十三年自稱吴王。二十七年九月，大明兵克平江，被執，自縊死，年四十又七。國亡。

至正十三年癸巳五月乙未，泰州白駒場亭民張士誠及其弟士德、士信爲亂，陷泰州及興化縣，遂陷高郵，據之。

士誠，小字九四，泰之白駒場亭民，以操舟運鹽爲業。少有膂力，無賴，販鹽諸富家，富家多淩侮之，或弗酬其直。弓兵邱義者，屢窘辱之，士誠不勝憤。癸巳正月，遂與其弟士義、士德、士信結壯士李伯昇等十八人，殺邱義并所讎富家，焚其廬舍，延燒民居甚衆。自度不可已，乃入旁近場，招集少年謀起兵。行至丁溪，大姓劉子仁集衆拒之，士義中矢死，士誠益憤怒，欲滅子仁，子仁衆潰入海。士誠遂乘勝攻泰州，有衆

萬餘，克興化，結寨於得勝湖。四月，元以萬户告身招之，士誠不受命。五月，攻破高郵，入據之。太祖實録張士誠本傳

泰州地濱海，海上鹽場三十有六，隸兩淮鹽運使司。士誠與弟士義、士德、士信並駕運鹽綱船，兼業私販，初無異志。至正十一年，天下兵起，朱定一、陳贊五、汪宗五作亂江陰，泰州人王克柔者，家富好施，多結游俠，將爲不軌。高郵知府李齊收捕於獄。李華甫與㓎張四素感克柔恩，謀聚衆劫獄。齊以克柔解發揚州，後招安華甫爲泰州判，四爲千夫長。十三年，士誠又與華甫同謀起事。未幾，士誠黨與十有八人共殺華甫，遂併其衆，焚掠村落，驅民爲盜，陷通泰、高郵，自稱誠王，改元天祐，設官分職，把截要衝，南北梗塞。立淮南行中書省於揚州，以扼其勢。既而，亦招安之，立義兵元帥府，以官其黨。然狙詐百出，卒不就降。輟耕録

先是，中原上馬賊剽掠淮、汴間，朝廷不能制。張九四爲鹽場綱司牙儈，以公鹽夾帶私鹽，並緣爲姦利。資性輕財好施，甚得人心。當時鹽丁苦於官役，遂共推爲主作亂。草木子

十三年，張士誠爲亂，陷泰州。河南行省遣高郵知府李齊往招降，被拘。久之，賊黨自相殺，始縱齊來歸。泰州平，賊徒尚蜂聚，士誠鼓變，殺參知政事趙璉，掠官庫

民財，走入得勝湖，俄陷興化縣。行省以左丞偰哲篤偕宗王鎮高郵，使齊出守甓社湖。夏五月乙未，數賊入城，一譟呼，官省憲官皆遁。齊急還救城，賊已閉門拒我，[一]遂連興化接得勝湖，舟艦四塞，[二]蔓延入寶應縣。已而有詔：凡叛逆者赦之。詔至高郵，不得入，賊紿曰：「請李知府來，乃受命。」行省强齊往，至則下齊獄中。士誠本無降意，特遷延爲繕飾計耳。官軍諜知之，乃進攻城，士誠呼齊使跪，齊叱曰：「吾膝如鐵，豈肯爲賊屈！」士誠怒，扼之跪，齊立而詬之，乃拽倒，搥碎其膝而剮之。元史忠義傳

河南兵起，兩淮騷動，乃析河南地，立淮南江北行省於揚州，以趙璉參知政事。會張士誠爲亂，突起海濱，陷泰州、興化，行省遣兵討之，不克。乃命高郵知府李齊往招諭之。士誠因請降，行省授以民職，[三]且乞從征討以自效。遂移璉鎮泰州，璉乃趣士誠治劃船，趨濠、泗。士誠疑憚不肯發，又覘知璉無備，遂復反。夜四鼓，縱火登城，璉力疾捫佩刀上馬，與賊鬥市衢。賊圍璉，邀至其船，璉馳騎奮擊，賊以槊撞璉墜地，欲舁登其舟，璉瞋目大罵，遂死之。元史忠義傳

泰州李二起，行省移納速剌丁捍高郵得勝湖，焚賊船二十餘柁。李二失援，遂降。其黨張士誠殺李二，復爲亂，戕參政趙璉，入據興化，而水陸襲高郵，屯兵東門。

納速剌丁以舟師會諸軍討之。距三垛鎮，發火箭火鏃射之，死者蔽流而下。賊繚船於背，盡力來攻，而阿速衛軍及真、滁萬户府等官皆遁走。納速剌丁與其三子皆死之。元史忠義傳

詔使往高郵，不得達而還，謬稱賊已迎拜，但乞名爵耳。行省不虞其欺，遣本省照磨盛昭入高郵，授所與士誠官。士誠拒不聽，拘諸舟中。既而，官軍逼高郵，士誠授昭以兵，使出拒官軍，昭叱之，大罵不絶口。賊怒，先剜其臂肉，而後磔之。元史忠義傳

癸巳正月，張士誠起自泰州，劉子仁兵潰，其勢始振，從者萬餘人。三月，攻陷泰州，淮南行省告變，元以萬户告身招之，不受。五月，復陷泰州及興化縣，遂據高郵。行省復遣高郵知府李齊諭之降，士誠不從。平吴録

按：實録士誠以癸巳正月起事。此云五月乙未者，紀其陷高郵之月也。攷癸巳正月士誠起事，既陷泰州，行省遣兵討之，不克。乃遣高郵知府李齊諭降。降而復叛，再陷泰州，殺趙璉，遂破興化據高郵，殺李齊及盛昭。平吴録乃於三月書元以萬户告身招之，不聽。又於五月書行省再遣李齊諭之，不聽。則以一事爲二事矣。又，盛昭之死，當在李齊之後，元史忠義傳甚明，平吴録相傳出於吴文定公，

雜據元史、實録，而歲月先後錯互不一，今悉正之。

六月，詔前河西廉訪副使也先不花爲淮西添設宣慰副使，討泰州。詔淮南行省平章政事福壽討興化。

至正十四年甲午周天祐元年春正月甲子，張士誠僭國號大周，自稱誠王，改元天祐。

二月，命湖廣行省平章政事苟兒爲淮南行省平章政事，統兵攻高郵，不克，義兵萬户石普力戰死之。

石普者，徐州人也，以樞密院都事從樞密院官守淮安。時張士誠據高郵，普詣丞相脱脱，面陳破敵之策，且曰：「高郵負重湖之險，騎兵卒莫能前。與普步兵三萬，保取之。高郵既平，濠、泗易破。」丞相壯其言，命權山東義兵萬户府事，招義民萬人以行。〔四〕汝中柏陰沮之，減其軍半，又使聽淮南行省節制。普行次范水寨，日未夕，令軍且具食，夜漏三刻，銜枚趨寶應。其營中更鼓如平時。抵縣，即登城樹幟，賊大驚潰，乘勝拔十餘寨。將抵高郵，分兵三道，普自將攻北門，賊敗，遁入城。普先士卒躡之，縱火焚關門，賊懼，謀棄城走。而援軍望之，按不進。且忌普成功，總兵者遣蒙古千騎，突出普軍前，欲收先入之功。而賊以死扞，蒙古軍即馳回，普止之不可，遂爲賊所蹂踐，相率墮水中。普軍亂，勒餘兵，血戰良久，仗劍大呼，直入賊陳中，從者僅三十人。日西援絶，墮馬，步戰，頭目左脅爲鎗所中，猶手握短鎗斫賊，與從者力戰，皆死之。元史忠義傳

六月辛卯，張士誠寇揚州。丙申，達識帖睦邇以兵討張士誠，敗績，諸軍皆潰。詔江浙行省參知政事佛家閭會達識帖睦邇復進兵討之。

按：元史於此下記「己酉，盱眙縣陷。庚戌，泗州陷，官軍潰」。平吴録諸書皆牽連書之，不知士誠兵力僅能出没高郵、揚州，旋爲脱脱圍困，僅而得免，豈能遽及盱、泗？陷盱、泗者，蓋濠、泗之兵，非高郵也。當時高郵、濠、泗兵勢頗相因依，故石普告脱脱曰：「高郵既平，則濠、泗易破。」脱脱既圍高郵，即分兵西平六合，蓋爲此也。詳在龍鳳事略中。

九月辛酉，詔脱脱以太師、中書右丞相，總制諸王、諸省各翼軍馬，董督總兵、領兵大小官出征高郵。

十一月丁卯，脱脱領大兵至高郵。辛未，戰於高郵城外，大敗賊衆。乙酉，脱脱遣兵平六合縣。

十二月丁酉，詔削脱脱官，安置淮安。以河南行省左丞太不花等統其軍。

詔以脱脱老師費財，已逾三月，坐視寇盗，恬不爲意。削脱脱官爵，安置淮安路。元史

張士誠據高郵，屢招諭之不降。詔脱脱總制諸王、諸省軍討之，黜陟予奪，一切庶政，悉聽便宜行事，省、臺、院、部諸司聽選官屬從行，禀受節制。西域、西番皆發兵來助，旌旗累千里，金鼓震野，出師之盛，未有過之者。十一月至高郵。辛未至乙酉，連戰皆捷。分遣兵平六合，賊勢大蹙。俄有詔，罪其頓師玩寇，命河南行省左丞相太不花、中書平章政事月闊察兒、知樞密院事雪雪代將其兵，削其官爵，安置淮安。元史脱脱傳

元貶脱脱詔略曰：「答剌罕太師、中書右丞相脱脱，往年徂征徐土，僅復一城，不日而旋失。兹者薦總大兵，再期掃蕩，師老財費，已逾三月，徒懷眷戀之思，曾無尺寸之效。坐視寇玩，日減精鋭，虚費國家之錢糧，誑誘朝廷之名爵。皇子愛猷識里答剌俯請大宥，〔五〕可削去兵柄，安置淮安路，其弟御史大夫也先帖木兒安置寧夏路。脱脱以下兵將等各以大義效忠從事。」宣讀畢，脱脱匹馬北歸，將士潰亂，元兵不復振矣。俞本紀事録

脱脱總天下兵圍高郵，日事攻擊，矢石雨注，城中幾不支，日議降附，又恐罪在不

赦。圍者亦指日望成功。忽有詔旨來卸軍，軍中聞之，皆大哭。當詔未開讀時，參議龔伯遂進曰：「丞相出師時，嘗被密旨。今奉密旨，一意進討可也。詔書且勿開，開則大事去矣。」脱脱摇首曰：「不可。」遂受詔。大軍百萬，一時四散。先是，諸大臣子弟從行者，哈麻歷告其家，陰遣人來軍中曰：「詔書且至，不即散者，當族誅。」故散之之遽如此。其散而無所之者，多從紅軍，如鐵甲一軍入襄陽，號鐵甲兵者是也。是時，高郵危困已甚，脱脱分兵定真州，平六合，將攻濠、徐，遠近凛然，國勢漸張。而哈麻奸邪誤國，遂至危亡不救，可勝惜哉！庚申外史

脱脱師號百萬，聲勢甚盛。及抵城下，毛葫盧軍已有登其城者。忌功者曰：「不得總兵官命，如何輒自先登！」乃召還。及再攻之，不下。未幾，下詔貶脱脱，師遂潰叛。草木子

詔未下時，部將董摶霄對脱脱言：「天兵南下，勢如破竹，今老師費財，何面目歸報天子！不若先攻其易。」脱脱從其言，分兵破天長、六合，賊皆潰散，所殺者悉良民。及攻高郵，墮其外城，城中震恐，自分亡在旦夕。忽聞詔解脱脱權，勇氣百倍，出城拒敵，諸衛鐵甲軍抱不平者，盡皆散去，或相聚山林爲盜，高郵不可得而復矣。輟耕録

脱脱兵攻高郵未下，元主以讒解其兵柄。士誠乘隙出兵奮擊，元兵大敗。太祖實録張士

士誠乘間與李伯昇等十八人潰圍突出走海上，其下稍稍赴之。月山叢談

按：實録潘原明本傳云：「士誠與李伯昇、潘原明、吕珍等十八人突圍北走。」考脱脱解兵之日，開門縱擊，元兵已星散矣。士誠何爲又出走海上哉？

至正十五年乙未天祐二年四月，詔翰林待制烏馬兒、集賢待制孫撝招安張士誠，仍賫宣命、印信、牌面，與鎮南王孛羅不花及淮南行省廉訪司等官商議給付之。張士誠據高郵，或謂其有降意，朝廷擇烏馬兒爲使，招諭士誠，而用撝爲輔行。撝家居，不知也。中書借撝集賢待制，給驛，就其家起之。撝强行，抵高郵，士誠不迎詔使。撝等既入城，反覆開諭，士誠拘之他室，或日一饋食，或間日一饋食，欲以降撝，撝唯詆斥而已。乃令其黨捶撝，肆其凌辱，撝不恤也。及士誠徙平江，撝與士誠部將張茂先謀，將撝所授站馬劄子，遣壯士浦四、許成赴鎮南王府，約日進兵復高郵。謀泄，執撝訊問，撝駡不絶口，竟爲所害。後賊中見失節者，輒自相嗤曰：「此豈孫待制耶！」元史忠義傳

按：實録紀撝與烏馬兒招諭在癸巳四月，誤也。平吴録亦誤。

五月，命淮南行省平章政事咬住、淮東廉訪使王也先迭兒撫諭高郵。乙未，淮東

饑，張士誠留兵守高郵，由通州渡江入福山港，陷常熟。

江陰群寇互相吞啖，汪宗三、朱英分黨戕殺。宗三將入城殺英，時英就招安爲判官，州之僚佐無如之何，遂申白江浙行省云：「朱英謀反。」省差元帥觀孫壓境。觀孫利其貨賂，逗遛不進。英因乘間挈家逃去，過江求救於張士誠，仍質妻子借兵復仇。士誠初亦疑惑，弗聽。英盛陳江南土地之廣，錢粮之多，子女玉帛之富。於是遣士德率高郵賊衆擊橫坍，渡鏑山。輟耕録

江陰石牌民朱定者，販鹽無賴，武斷鄉曲。與石橋富民趙氏有隙，集衆相攻擊。定乃降元，授江陰判官，尋復爲盜。元遣江浙參政納麟哈剌討之。定窮蹙，乃遣人導士誠兵由通州渡江入常熟，陷平江。士誠署定爲參政，遣元帥欒瑞爲戍石牌。太祖實録

至正十六年丙申天祐三年正月壬午，張士德兵取常熟州。

高郵兵由通州渡江入福山港，時福山有曹氏，富甲州中，衆肆搶掠，一夕而空。平吴録

二月，高郵張士誠陷平江路，據之。改平江路爲隆平府，遂陷湖州、松江、常州。

江南自兵興以來，官軍死鋒鏑，鄉村農夫，薦罹饑饉，投充壯丁，生不習兵，烏合

瓦解。江浙行省丞相達識帖木兒，有旨得便宜行事，陞漕運萬户脱因爲參政，統領官軍、民義，捍禦境上。平江達魯花赤六十病亡，陞松江府達魯花赤哈散沙爲平江達魯花赤，領兵出戰。除都水庸田使貢師泰爲平江總管，巡守城池。吴江境上止有元帥王與敬。官軍一戰而殺死者過半，殘兵千餘，欲走入城，城中閉門不納，退屯嘉興，旋抵松江。士德衆纔三四千人，長驅而前，直造北門。弓不發矢，劍不接刃。明旦，緣城而上，遂據有平江路，二月壬子朔也。劫掠姦殺，慘不忍言。脱因匿俞家園，自刎不死，游兵殺之。哈散沙在境外聞城破，自溺死。既而，崑山、嘉定、崇明州人相繼來降。維揚蘇昌齡避亂居吴門，士德用爲參謀，稱曰蘇學士。毁承天寺佛像爲王宫，易平江路爲隆平郡，立省、院、六部、百司。凡有寺觀菴院、豪門巨室，將士争奪，分占而居，了無虚日者幾月。輟耕録

兵入婁、齊二門，鎮將脱寅率兵禦之，郡人楊椿力戰而死。脱寅畏賊，避匿於婁門十八營叢篠中，爲亂兵所殺。當是時，吴中全盛，甲仗、錢穀如山，守臣貢師泰輩棄之，相率遁去。士德既入郡城，即承天寺爲府，毁去佛像，據坐大殿，復射三矢於棟上。平吴録

平江缺守，貢師泰以選爲平江路總管。其年冬，甫視事，張士誠自高郵率衆渡江

來攻。明年春，守將斬關遁去，師泰領義兵出戰，力不敵，亦懷印綬棄城遁，匿海濱者久之。元史貢師泰傳

密聞貢平江詭姓張平軒，遁海上。梧溪集

師泰易姓名端木氏，隱居雲間。樂郊私語

至正丙申正月辛亥晦，義軍府參謀楊椿與守齊門，淮兵奄至，衆皆不知所爲，椿獨謂寇不足畏。明日，城且陷，猶躍馬呼其子，若有所指授。追者及之，遂併遇害。鈹交於胸，終無少屈。椿故吴下授徒，累應鄉試，其舉將，固所假館，感知己而强起，區區就小職，乃自振拔如此。張又蔚楊參謀誄

士誠入姑蘇，守將脱寅不能禦，其參謀楊椿獨挺身前向，誓剉其鋒。盜刃其胸，瞋目怒駡而死。明日，其妻覓得其屍於張香橋，亦自經死。椿字子壽，蜀之眉山人，徙居吴中。吴寬家藏集

椿入幕之明日，外兵即附城，椿戎衣率其卒，晝夜獨守一隅。比明，兵奪門入，椿猶持弓矢督戰，遂死城下。其一子，年十六，亦死。徐顯集楊椿傳

淮張入吴，嘉定州倅奉印降，州吏尤鼎臣沮之，爲其將縶，且諭以官，抗不受，杖百，錮於家。梧溪集

達識帖睦邇以苗帥楊完者守嘉興。

淮人陷平江，嘉興爲藩鎮喉舌，有司告援急星火，驛使交道中不絶。塔失帖木兒兵少，策無所出，以完者來守之。完者取道自杭，以兵劫丞相，陞本省參知政事，填募民入粟空名告身予之，即拜添設左丞。輟耕録

楊完者抵嘉興。丙申二月，淮寇夜攻北門，楊自暗中獨乘一騎，突賊陣後奮擊，出其不意，左右繼至，生擒其首，其徒溺死者無算，儒士董性存撰碑述其事。農田餘話

元將王與敬以松江叛附於周。

丞相達識與王與敬攝元帥事守松江，與敬據郡應平江。士德既得松江，仍以與敬統兵鎮守，自引兵還居隆平。秘閣元龜政要

王與敬，淮西人，以軍功得官至元帥。丙申春，淮寇渡江，與敬以所部繫於常熟，兵潰，欲退保姑蘇。參政脱因閉城不納，乃抵嘉興，楊參政完者欲殺之，遂屯兵松江，謀結水寨於澱山諸湖，令上户供給其軍，爲自保之計。楊參政遣裨將鐵木錬思圖之。與敬知其謀，其屬官戴萬户嗾其異圖，乃焚劫松江以叛，時二月十九日也。鐵木及守令以下皆遁。數日，完者裨將蕭諒襲擊之，奪其婦女數百人，與敬敗走，由上海投淮張，僞命爲威虜將軍，偕僞元帥史文炳復陷松江。次年，淮張納款，除同僉書

行樞密院事。初淮寇入姑蘇，丞相命完者以苗獠由嘉、湖，方谷真以海舟由太倉，水陸並進，爲恢復計。值與敬叛，其事遂沮。農田餘話

僞誠王張士誠紅軍破平江，與敬兵敗，徑趨嘉興。又與苗軍參政楊完者不協，乃投松江，名曰守城，實欲戀娼婦董賽兒也。達魯花赤八都帖木兒、知府崔思誠皆與不協，越二日，浙省又命元帥帖古列思提兵鎮守，二帥抗衡不相下。十八日夜，與敬下萬户戴列孫等自西門放火鼓譟而叛，官僚潰散，檢括金帛，自與敬以下人口、輜重皆出西門。二十四日，完者下元帥蕭亮、員成等率苗軍突至，兵不與敵，與敬遂北出通波塘而去，投降士誠。子女玉帛悉爲苗軍所有，民亦持挺相逐，列孫、孔鎮撫等死者過半。苗在松江，一月火不絕，截人耳、鼻，掠婦女，劫貨財，官庾粟四十萬，悉籍爲己有。居民兩遭鋒鏑，死者填街塞巷，水爲不流。四月初十日，士誠下元帥史文炳部兵自湖泖入古塘浦，破澱湖柵，舳艫相啣，旌旗蔽日，苗軍一矢不交，夜遁而去。輟耕録

張士德取常州、湖州。

士德之圍常州也，萬户府知事劉良以援兵至常，命其子毅賫蠟書，浮江間道抵江浙行省求救。毅未及還而城陷，良獨不屈，闔門赴水，死者十餘人。劉辰，良之從子也。秘閣元龜政要

常州豪俠黄貴甫間道歸款，許爲内應，不戰而城破，易爲毘陵郡，分兵入湖州，一鼓而得，易爲吴興郡。輟耕録

四月壬子，張士誠將趙打虎陷湖州。太祖實録

士誠以周仁爲隆平府太守。

仁本鍛工，稍習吏事，性資深刻，與士德同心僇力，躬親細故。輟耕録

周仁，即周鐵星，刺斂臣周伥也。張氏亡國，亡於其弟士信，趣亡於毒斂臣周伥。伥，山陽鐵冶子，以聚斂功至上卿，伏誅日，曰：「錢穀鹽鐵，籍皆在我，汝國欲富，當勿殺我。」王者怒曰：「亡國賊，不知死罪，敢言是耶！速殺之。」吴人快之，或手額謝天曰：「今日天開眼也。」周鐵星，國上卿，談韓、申，爲法經。釘箠杖，爲國刑，千倉萬庫内外盈，十有三賦争科名。周鐵星，鞭算箕斂無時停。開血河，築血城，血戰艦，血軍營，刮民膏，嘲民髓，六郡赤骨填芻靈。齊雲倚天一日傾，鐵星亡國法當烹。尚持六郡金穀數，丐死萬一充虞衡。烏乎！周鐵星，十抽一椎百萬釘，誓刳爾髏作溺罌。鐵星碎地啓瞶天開顙。楊維禎咏史樂府

三月癸巳，張士誠自高郵來隆平，宫於承天寺萬歲閣，改至正丙申爲天祐三年，國號大周，歷曰明時。以李行素爲丞相，弟士德爲平章，蔣輝、潘原明爲左右丞，史文

炳同知樞密院事。

士誠來自高郵，服御器用皆假乘輿，設學士員，開弘文館，以陰陽術人李行素爲丞相，弟士德爲平章，提調各郡軍馬，蔣輝爲右丞，居内省，理庶務，潘原明爲左丞，鎮吴興，史文炳爲樞密院同知，鎮松江。輟耕録

平江承天寺，初蓄大木，將造千佛閣。會浙省災，責有司籍所在木植，寺僧於閣木上皆鑿「萬歲閣」三字，於是有司不敢取。及閣成，其字固在。當承天重修時，悦楚南來住持，或請題梁，悦曰：「當有俗人來塹居。」後張士誠由淮渡浙，據以爲宫，盡撤殿上像，設坐於其中，且以僧原鑿字名其閣。既投降，作太尉，别造府。越四、五年，復爲寺。輟耕録

士誠定郡州縣，正官名，郡稱太守，州稱通守，縣仍曰尹。郡同知稱府丞，知事曰從事，餘則損益之。

至正丙申春，江西等處行中書省平章政事楚國公士德渡江來，念吴民多艱，牧字者多非才，悉選而更張之。自令、丞、簿、尉以及録事、録判，同日命十有一人。各賜衣二襲，馬一匹，粟若干石，肥羜、旨酒有差。而丹陽張君德常爲吴縣丞，三年考績，陟縣尹。又明年，調同知嘉定州事。壬寅秋，調松江府判官。德常，姓張名經。

楊基送張府判詩序

初立鎮海萬户於太倉。

六月甲寅，江浙行省平章政事三旦八、參知政事楊完者以兵守嘉興路，禦張士誠。

士誠南向欲取嘉興。嘉興則有參政楊完者，統領苗獠、猺獞，名曰「答剌罕」，守禦甚堅，屢攻不克。輟耕録

壬申，大明降將陳保二叛降於張士誠，誘執詹、李二將。

保二，常州奔牛壩人。初，聚衆以黄帕首，號「黄包頭」軍。湯和等下鎮江，徇奔牛、吕城，保二以衆降。至是復叛。太祖實録

太祖遣人往揚州招到青軍元帥單居仁、馬某等過江。居仁男單大舍糾同吕城「黄包頭」元帥陳保二，執頭目叛降張士誠。李文忠哨杭州，獲陳保二，太祖殺之。克蘇州，生擒單大舍付居仁自處之。居仁曰：「不忠不孝，當碎其肉。」縛於市曹，凌遲處死。國初事迹

乙亥，大明太祖高皇帝遣儒士楊憲通好於張士誠。書曰：「近聞足下兵由通州，遂有吴郡。昔隗囂據天水以稱雄，今足下據姑蘇以

自王，吾深爲足下喜。吾與足下，東西境也，睦鄰守國，保境息民，古人所貴，吾甚慕焉。自今以後，通使往來，毋惑於交搆之言，以生邊釁。」士誠得書不説，拘留憲不遣。太祖實録

七月，張士誠遣兵陷杭州，江浙行省平章政事左答納失里戰死，丞相達識帖睦邇遁。楊完者及萬户普賢奴擊敗之，復其城。

五月，聲言張兵南下，楊参政以數萬衆屯嘉興。先鋒吕才以七千衆屯王江涇，商旅不行，軍容嚴肅。張兵遂不敢取道嘉禾，〔六〕乃自平望、烏墩直搗武林，達丞相恃楊，漫不爲備，僅以身免。楊聞之跌足，即統苗土、官軍分爲三路：蔣英從大麻、塘栖，董旺從硤石、長安，身率劉震、朱鉞從海鹽、黄灣而進；吕才、吕昇屯守嘉興。張軍知楊分路而來，遂應接不暇，一敗於皋亭山，再敗於謝村，三戰敗於夾城港。水從德清，陸從海鹽遁還。初，楊過海上，余勸其留兵三千，遏其歸路，楊云：「此行，賊且成擒，安得有歸者。」已而，竟得逸去。樂郊私語

七月，淮兵逼杭州，達識帖睦邇即棄城遁於富陽。萬户普賢奴力拒之，而楊完者亦引兵至，敗走張士誠，達識帖睦邇乃還。初，達識帖睦邇以完者爲海北宣慰使都元帥，尋陞江浙行省参政，至是遂陞右丞。苗軍素無紀律，肆爲抄掠，所過蕩然無遺。

達識帖睦邇方倚完者以爲重，故完者驕矜日肆而不可制。元史達識帖睦邇傳

七月，淮張弟士德據杭州，衆號十萬。完者自嘉興赴援力戰，士德幾不免，由他道而遁，省治以安。楊去嘉興日，告諸將曰：「我去賊必來。」比三日，果至，諸帥合擊敗之。農田餘話

八月，士德與王與敬提兵入杭州，大軍斂鋒不敵，丞相退避蕭山，士德軍檢括虜掠。羅木營萬户普賢奴乃慶元路全駒兒之子，年未弱冠，智勇過人，率兵先出，完者都領苗軍繼至，亦挺身巷戰。士德大潰，收拾殘兵，十喪八九。及攻海鹽，又爲乍浦鍾氏所撓，後得馬道驍勇，擒獲苗軍無算。西南接境，賴此無虞，不然，松江非士誠有矣。輟耕録

平江兵入杭，苗將吴大旺敗，〔七〕完者自嘉興來，駐兵城東菜市橋外，未即進兵，民自爲戰勝。草木子、輟耕録同

辛巳，張士誠誘我大明斥候，以舟師來攻鎮江。徐達等禦之，敗其師於龍潭，進攻常州，擒其將張、湯二將軍。

張士誠遣兵來圍鎮江，城中官軍與倉夫出城擊敗之，登船退去。太祖親率戰船繼至，直追至黄石永沙，不及而回。郡人叙太祖功迹，立碑於西城，末寫龍鳳年號。

後太祖命毀之。國初事迹

士誠部將呂同僉率兵侵鎮江。哨至瓜埠，太祖親領舟師追至江陰，大獲士卒、船隻以歸。俞本紀事録

秋，攻常州，擒張士誠梟將。士誠恐怖，致具儀物。太祖命中山王遏之。天潢玉牒

秋七月，姑蘇張士誠以舟師來攻鎮江，上遣兵禦之。癸巳，戰於龍潭，焚其舟，殺溺甚衆。我師遂乘勝進攻常州，徐達等守東鄙。上謂之曰：「士誠起於鹽徒，詐出多端，交必有變。當速出三軍，以攻毘陵。倘有説客，勿令擅言。沮其詐説，困其營壘。」於是，達等益督兵攻圍常州。皇明本紀

張士誠擅稱名號遣使，已據毘陵，旌旗相望。其守者潛遣間諜誘我斥候。王察知，遣使歸告，請勒兵以討。朕許之。王將三萬人，逼近其壘。復遣使歸告，賊勢少窘，益兵可下。朕遣戰將千餘員，甲士三萬，師會，合圍毘陵。士誠自姑蘇，發其弟張九六將數萬衆來援。王出逆戰，不移時，破之。生擒張九六。太祖御製中山武寧王徐達神道碑

達率師圍常州，進薄其壘。且遣使來告，言賊已蹙，請益師。上復遣三萬往。於是達軍於城西北，湯和軍城北，張彪軍城東南。士誠遣其弟九六以數萬衆來援，達

曰：「張九六狡而善鬥，使其勝，勢不可當，當以計取之。」乃去城十八里，設伏以待，仍命總管王均用率鐵騎爲奇兵，達親督師與九六戰，鋒既交，均用鐵騎横衝其陣，陣亂。九六退走，遇伏馬蹶，爲先鋒刁國寶、王虎子所獲，并擒其將張、湯二將軍。九六即士德，梟鷙有謀，士誠陷諸郡，士德力爲多，既被擒，士誠氣沮。上欲留士德以誘致士誠，士德間遺書士誠，俾降元以謀我，乃誅之。太祖實録

太祖命徐達攻常州，於甘露寺下營。士誠弟士德來戰，達調元帥王玉等擊敗士德。士德策馬走，玉令男虎子追之。士德遇坎墜馬，虎子擒之。太祖大喜曰：「張士誠謀主士德，其人智勇，被我擒之，張氏之事可知矣。」遣人往平江和好。士德母痛之，議令士誠歲貢糧十萬石，布一萬匹，永爲盟信。就以廖同僉易士德，太祖不許。士德以爲失身，事無所成，陰寄書與兄，可降元以爲之助，遂不食而死。國初事迹

庚子，張士誠徵元江浙行省左右司員外郎楊乘，乘自經死。

乘，字文載，杭州陷，寓居松江之青龍鎮。七月十八日，淮張遣所署官吴縣丞張經等賫禮幣造請，公請擇日受命，以禮幣致門外，命子卣卓具牲醴告祖廟。迨暮，起行後圃，顧西日晴好，慨然曰：「晚節如是，足矣！」夜分，自經死。輟耕録

乘依故人彰德路同知章德居上海，其卒也，章殯之。梧溪集

士誠居吴，頗好士，元臣郭良弼、董綬皆爲之用。二人皆乘之徒也，故言乘於士誠。平吴録，元史忠義傳同

八月己酉，張士誠元帥江通海來降。

史文炳率師攻嘉興，楊完者擊敗之。

文炳大舉兵攻嘉興東門，悉爲苗軍所殲，文炳僅以身免。輟耕録

八月，張氏以水師數萬攻嘉興，楊完者以大軍四伏，使小舟數十百艘餌之。敵檣艫蔽天，排川而下，追至杉青，東西岸多積葦以待。南風大作，岸上舉火，敵舟焚燎至四十里不止，死者甚衆。遂捨舟登陸，進逼城下，戰於東爪堰，大破之。斬首萬七千級，俘者數千，張士信以伏水遁還。然完者兇肆，掠人貨錢、婦女，部曲驕横，民間謡曰：「死不怨泰州張，生不謝寶慶楊。」樂郊私語

十月戊申，張士誠遣其臣孫居壽奉書來請和。

我師攻城急，士誠遣書卑詞求和，願歲輸米二十萬石，金五百兩，銀三百斤，以充軍用。皇明本紀

士誠兵既敗於常州，又以其弟九六被擒，奉書來曰：「始者竊伏淮東，甘分草野。緣元政日弛，民心思亂，乘時舉兵，起自泰州，遂取高郵，東連海渶，番官將帥，併力見

攻，自取潰散，殺其平章實理門、參政趙伯器，遂成深讎。彼乃遣翰林待制烏馬兒賚詔撫諭，餌以爵賞，卻而不受。今春據姑蘇，若無名號，何以服衆，南面稱孤，勢使然也。伏惟上賢以神武之資，起兵淮右，跨有江東。金陵乃帝王之都，用武之國，可爲左右建立大業之賀。向獲詹、李二將，禮遇未遣；繼蒙遣使通好，愚昧不明，久稽行李。今又蒙遣兵逼我毘陵，晝夜相攻，咎實自貽，〔八〕夫復何說。然省己知過，願與講和，以解困阨。歲輸糧二十萬石，黃金五百兩，白金三百斤，以爲犒軍之資。各守封疆，不勝感恩。」上復書曰：「睦鄰通好，有邦之常。開釁召兵，實由於爾。向者用師京口，靖安疆埸，師至奔牛、呂城，陳保二望風降附，爾乃誘其叛逆，紿執我詹、李二將。暨遣儒生楊憲賚書通好，又復拘留，搆兵啓釁，誰執其咎。我是以遣將帥兵，攻圍常州，生擒張、湯二將，尚以禮待，未忍加誅。爾既知過，能不墮前好，歸我使臣、將校，仍餽糧五十萬石，即當班師。況爾所獲詹、李，乃吾偏裨小校，無益成敗，張、湯二將，爾左右手也。爾宜三思！大丈夫舉事，當赤心相示，浮言誇辭，吾甚厭之。」士誠得書不報。太祖實録

十一月，大明元帥徐達大破士誠兵於常州，擒其驍將張德。

壬午，徐達圍常州久不下，上復益精兵二萬人圍之。士誠守將誘我長興新附義

兵元帥鄭僉院以兵七千叛去。初，我師四面圍常州，及鄭僉院叛，我兵四面去其三，達營於城南，遇春營於城東南三十里外。士誠兵挾鄭僉院攻徐達、湯和壘，達勒兵與戰，常遇春、廖永安、胡大海自其壘來援，内外夾擊，大破之，生擒其將張德，餘軍奔入城。士誠復遣其將吕珍馳入常州，督兵拒守，達復進師圍之，城益困。太祖實録

城守猶堅，朕復益新附三萬，合勢共圍。守者誘我新附帥首，傾營入城，助彼來戰。御製中山王神道碑

七月，破僞吴張士誠水寨。九月，復從忠武王攻毘陵，會清軍叛，〔九〕與士誠合圍魏公於牛塘，王與公大敗其衆，擒其梟將張將軍。宋濂奉敕撰梁國公趙德勝神道碑

是年夏，潘原明將兵過吴江華嚴寺，夜漏下二刻，月中見浮圖上矢影，取弓矢，一發，正中其顛，舉軍皆賀。陳基丙申六月中書左丞潘公射吴江佛寺浮圖詩序

望亭、新城二堡，丙申冬，張氏築。王逢詩云：「憶昔扁舟自西下，二堡相繼無一舍。」梧溪集

丙申春，張氏據有平江，俞俊以賄通松江僞尹鄭焕，署宰華亭，用酷刑朘剥，邑民恨入骨髓。輟耕録

至正十七年丁酉天祐四年二月戊申，大明將耿炳文克長興。

耿炳文、劉成自廣德取長興，士誠將趙打虎以兵三千迎戰，敗之，追至城西門，打虎走湖州。戊申，克長興。擒其守將李福安、答失蠻等，義兵萬户蔣毅率所部降。太祖實録

三月壬午，大明兵克常州。

常州兵雖少而粮足，及叛兵入城，軍多糧少，我師攻益急，吕珍宵遁，遂取之。太祖實録

是月，徐達等取馬馱沙，克之。

三月初四日，達克常州，生擒張、湯二將，檻車送應天府。上以善言撫之，不屈，拘於東錦綉坊數日，斬於市。俞本紀事録

按：實録擒張、湯二將在丙申七月，俞本記在丁酉三月，未知孰是，俟更考之。

五月乙亥，大明將耿炳文敗張士誠兵於長興。

士誠遣左丞潘原明、元帥嚴再興寇長興，屯上新橋，炳文擊敗之，生擒數百人，原明等遁去。太祖實録

己亥，大明兵克泰興。

江淮分樞密院副使張鑑、僉院何文政攻泰興。士誠兵來救，元帥徐大興、張斌擊

敗之，擒其將楊文德等，遂克泰興。太祖實録

大明樞密院判俞通海、趙馘，以舟師略太湖馬迹山，降士誠將鈕津等，遂徑東洞庭山。

六月己未，大明兵取江陰。

長春樞密分院判官趙繼祖、元帥郭天禄、鎮撫吴良取江陰。士誠兵據秦望山，我師攻之，大風雨，夜潰，遂據其山。翌日，攻克，命良守之。先是士誠北有淮海，南有浙西，長興、江陰二邑，皆其要害。長興據太湖口，陸走廣德諸郡；江陰枕大江，扼姑蘇、通州濟渡之處。得長興則士誠步騎不敢出廣德，窺宣、歙；得江陰則士誠舟師不敢泝大江，上金、焦。至是，並爲我有，士誠侵軼路絶。太祖實録

秋七月甲戌朔，丙子，大明兵攻常熟，擒張士誠之弟士德。

夏六月戊辰，取江陰。秋七月丙子，攻常熟。張士德出挑戰，公麾兵而進，士德就縛。士德，士誠之弟也。遂征甘露、望亭、無錫諸寨。宋濂趙德勝神道碑

六月，取江陰州，攻常熟，擒張士誠弟士德以歸。天潢玉牒

明年，復破其兵於宜興湖橋，[一〇]擒其弟張九六，並獲其戰船、馬匹。皇明本紀

七月丁丑，徐達兵徇宜興，取常熟，擊張士誠兵，敗之，獲馬五十匹，船三十艘，降

其兵甚衆。太祖實録

陳基癸卯二月二十日舟中望虞山有感詩云：「一望虞山一悵然，楚公曾此將樓船。間關百戰捐軀地，慷慨孤忠罵寇年。填海欲啣精衛石，〔二〕驅狼願假祖龍鞭。至今父老猶垂淚，花落春城泣杜鵑。」

右陳基敬初夷白集詩也。基，臨海人。至正初，以薦授經筵檢討，謝歸，教授吴中。張士德入吴，網羅一時名士，延至幕下，仕僞吴爲學士。入國朝，預修元史。集中所稱楚公及平章、榮禄公者，皆謂士德也。平章、榮禄者，士德降元所授，曰楚國公者，元追封也。按洪武實録士德以丙申二月據平江，秋七月援毘陵，中山武寧王設伏擒之。我太祖高皇帝御製武寧神道碑亦首載其事。今基舟中望虞山之詩，則以爲楚公身將樓船，百戰捐軀之地，此所謂傳聞異辭矣。基身在士德幕中，是詩作於癸卯二月渡江使淮之日，不當爲無稽之言，而豐碑、國史、簡册昭然，又豈宜有錯誤哉！今年採輯開國功臣事略於宋文憲鑾坡後集，得梁國趙武桓公神道碑云：「丁酉六月戊辰，取江陰。秋七月丙子，攻常熟。張士德出挑戰，公麾兵而進，士德就縛。士德，士誠之弟也。遂征望亭、無錫、甘露諸寨。」以武桓之碑觀之，則基之詩爲有徵矣。文憲身任國史，奉詔撰此碑，必經呈進。士德之就擒，開國之大事也，安得無所援据，而輕以武寧之功狀移於武桓？碑於士德就縛之下，又曰：「士德，士誠之弟也。」其屬辭鄭重，似有意欲疏通證明之者。余因是而詳複考之，則實録之誤，誠不可得而掩矣。實録七月擒張九六，十月士誠以其弟被擒遣孫君壽請和，願歲輸糧二十萬石，黄金五百兩，白金三百斤。劉辰國初事迹以謂士德母痛其子故也。然士誠既已失弟而聳懼，其母又以痛子而請和，士誠之遺書何以了不置喙？高皇帝之復書，則曰：「攻圍常州，生擒張、湯二將，尚以禮待，未忍加誅。爾所獲詹、李乃吾偏裨，無益成敗，張、湯二將爾左右手也。爾宜三思。」我師既擒士德，獲其謀主，又何以匿而不言，但及張、湯二將耶？其誤一也。元史：「丙申七月，士誠兵陷杭州，楊完者擊走之。」陶九成輟耕録紀杭州之役，士德與王與敬偕往。以諸書互考之，士德陷杭在七月，則其敗歸平江，當在八月，安得有常州被擒之事？其誤二也。元史順帝紀及達識帖睦邇傳張士誠爲書請降，達識帖睦邇承制令周伯琦招諭之，詔以士誠爲太尉，士德爲淮南行省平章政事。時士德已爲大明兵所擒，此丁酉八月事也。若士德丙申七月就擒，則去士誠納款已一載餘矣，安得有平章政事之授耶？又按達識帖睦邇傳，元授士德淮南行省平章政事，士信同知行樞密院事，士德尋爲大明兵所擒，復陞士信淮南行省平章政事。曰「尋爲大明兵所擒」，則其事在旬月間矣。元史之書法甚明，其誤三也。士德以好賢下士，創造霸業，如王逢、楊維楨、陳基者，頌慕之詞久而不替，〔三〕不獨如陳基輩流，召致館下者也。假令以二月入吴，七月就縛，其居吴不及半載，又提兵往來三郡，無須臾之暇，士德雖有過人之略，何以能深得士心若此？其誤四也。王逢梧溪集云：今太尉開藩之三月，命部將王左丞晟書使踵海上，招至吴中，以予避地無錫，説晟勸張楚公歸元，擢淮省郡事，予辭不就。他年逢遊崑山，懷舊傷今之詩亦云：「桓桓張楚國，挺生海陵鄙。玄珠操甓社，白馬飲浙水。三年車轍南，北向復同軌。量容甘公説，情厚穆生醴。誓擊祖逖楫，竟折孫策箠。天王詔褒贈，守將躬歲祀。」士誠之歸元，其謀皆出於士德，逢以元之遺老與有謀焉。今丙申之秋，士德已爲俘虜，逢雖欲緩頰，何以自效？其誤五也。元史記：丁酉歲，士誠屢爲楊完者所敗，然後乞降。士德之被擒在七月，而元之招諭在八月，則士德被擒時歸款之事已定矣。實録謂：我欲留士德以誘士誠，士德間遺書士誠，俾降元以謀我，故誅之。國史既誤記士德被擒於前，而又不欲泯其主謀降元之事，故曲爲之辭，非事實也。其誤六也。由此言之，則士德被擒之事斷以趙武桓之碑爲正，而實録之誤爲無疑也。予又攷天潢玉牒云：「丁酉六月，取江陰州，攻常熟，獲張士誠弟士德以歸。」皇明本紀云：「明年，復破其兵於宜興湖橋，擒其弟張九六，並獲其戰船、馬匹。」皆與武桓碑相合。湖橋在虞山西北，通福山港，爲舟師入江要地，故士德被擒於此。基由琴川次福山港，舟中望虞山，至今可想其處。本紀曰宜興傳寫之譌也。又攷實録：「丁酉七月丁丑，徐達兵徇宜興，取常熟，擊張士誠兵，敗之，獲馬五十匹，舟三十艘，降其兵甚衆。」武桓碑紀攻常熟在丙子，實録紀在丁丑，相去僅一日，固知即此一役也。云徐達兵取常熟，而不言武桓者，武桓方以領軍先鋒，聽大將調遣，常熟之兵，亦聽武寧調遣，故没而不書，獨於取常熟下脱士德就縛之事，則以丙申誤記於前故也。然此事所以傳譌者，蓋亦有故。丙申七月既擒張、湯二將軍，十一月又擒其梟將張德，用兵之際，羽書交馳，奏報錯至，流傳既久，即聖祖製碑之日，亦止據一時功狀書之，未及是正耳。平吴録載士德援常州被擒在丁酉三月，尤爲無據。其他紀載紛如，又不足道也。夫史家異同，必取衷於國史，而國史多不足信，至如開國元勛之碑，出自御筆，傳諸琬琰，非他金石之文，所可倫儗，而猶或未免於傳疑。史家之難，豈不信哉！余以萬曆戊午讀夷白集，懷疑胸臆，如有物結轖者。迄今數年，排纘解剥，稍有條理，乃敢次第書之，未知後之君子其以爲何如也？天啓六年七月二十日，虞山老民錢謙益書。

八月，平江張士誠爲書請降於元，元江浙左丞相達識帖睦邇承制令參知政事周伯琦等至平江撫諭之，詔以士誠爲太尉，士德爲淮南行省平章政事。時士德已爲大明兵所擒。

明年，士誠寇嘉興，屢爲完者所敗，乃遣鑾子海牙以書詐降。鑾子海牙嘗爲南行臺御史中丞，以軍結水寨，屯米石，爲大明兵所敗，因走歸士誠，故士誠使之來。而書詞多不遜，完者欲納之，達識帖睦邇不可，曰：「我昔在淮南，嘗招安士誠，知其反覆，其降不可信。」完者固勸，乃許之。士誠始要王爵，達識帖睦邇不許。又請爵爲三公，達識帖睦邇曰：「三公非有司所定，今我雖便宜行事，然不敢專也。」完者又力以爲請，達識帖睦邇雖外爲正詞，然實幸其降，又恐拂完者意，遂授士誠太尉，其弟士德淮南行省平章政事，士信同知行樞密院事，其黨皆授官有差。士德尋爲大明兵所擒，復陞士信淮南行省平章政事。然士誠雖降，而城池、府庫、甲兵、錢穀，皆自據如故。於是，朝廷以招安士誠爲達識帖睦邇功，詔加太尉。元史達識帖睦邇傳

崑山數爲方國珍海軍攻擊，士誠託丁氏往來説合，結爲婚姻，崑山之民，幸遂蘇息。湖之長興與武康、廣德相界，花鎗軍出没之地，雖互有勝負，然亦不勝其苦。所跨三州，皆鄰勍敵可畏者，特集慶一軍最盛。陸路則無錫、宜興、長興，水路則太湖，士馬震耀，舳艫相銜。自後長興陷，常州又陷，士德戰敗被擒，俘致集慶，俾其作書勸士誠歸附，士德以身徇之，終無降意。士誠勢窮力迫，願就丞相招安，使者往返，迄莫

成就。周仁親詣江浙省堂，具陳自願休兵息民之意，議始定，時十七年八月也。朝廷詔赦其罪，後授士誠太尉，開府平江。士誠以下，授爵有差。立江淮分省江浙分樞密院於平江，以設其官屬。輟耕録

士誠納款於元，奉正朔，元不得已，拜爲太尉。士誠雖假元封爵，實不用其命，立參軍府及江浙、淮南二省。太祖實録張士誠本傳

士誠立樞密院，建百司，集兵旅，以腹心之將徐義、徐志堅典親軍，李伯昇制軍事，幕官韓謙、錢輔、黄參軍任謀略，相與僇力，遂南侵江浙至紹興，北逾江淮抵徐州至濟寧之金溝。太祖實録

以幕官韓謙、錢輔及王敬夫、蔡彦文、葉德新三人爲參軍。平吴録

江浙行省丞相承制假周伯琦參知政事，招諭平江。士誠既降，除伯琦同知太常禮儀院事，士誠留之，未行，拜資政大夫、江浙行省左丞。於是伯琦留平江者十餘年。元史周伯琦傳

伯琦被留於吴，士誠爲造第宅於乘魚橋北，厚其廩給。伯琦日與諸文士以文墨流連，因亦忘歸。平吴録

十七年，士誠改隆平府爲平江路。盧熊志

士誠既受封，始遷入府治。平吴録

太尉府妙簡僚屬，淮南周君信夫由行樞密斷事官經歷進辟掾史，十八年八月二日也。信夫嘗以樞府掾從事平章、榮禄公矣。太尉以武濟時，以文經國，不愛玉帛、輿馬，招徠賢俊，聞風而至者相望也。列辟庶僚，乃有忠謹老成如信夫者。陳基送周信夫序

先是丙申，中吴陷，既，無錫亦陷，常州路總管完顏、同知李秉方合宜興分帥嚴蒙古不華率步卒退保陽山，其地阻湖憑險，順逆不常。至是，山氓委心僇力，拒張氏凡十六月，張降浙省，朝廷録功，嚴拜浙省參政，完顏浙憲使，秉方待制翰林。梧溪集

是年冬，張氏築城虎邱，因高據險，役凡月餘，周南、郏經輩有詩記之。虎邱志

上公柱國開藩府，露布朝持拜冕旒。八陣風雲開羽扇，百年江漢見輕裘。鯨吹海雨來京口，雁帶邊聲下石頭。珍重晉公經濟手，中興天子復神州。昨夜文星照南極，今朝客省遇東維。錦囊脱穎千年兔，彤管光摇九尾龜。墨捲風雲隨王氣，恩分雨露出天池。老夫未草平蠻策，先寫新封楚國碑。楊維禎上張太尉詩

辛卯臣魯疏河時，混一形勢先崩離。甬東兒謡盧健健，潁上虻叫韓尸尸。張公鴻鵠志不小，繙然效順開藩維。吴梗十萬上燕、薊，淮鹽千里通徐、邳。珠還明月光

四挹，車啓賢路塵交馳。

祭故平章榮祿張公文曰：「嗚呼！謂天無爲而生公耶，則公之氣量超乎等夷；謂天有爲而生公耶，則公之志業不宜遽止。於斯夫力足以任天下之重，而明足以燭事理之微；奇謀足以坐制千里之敵，而英略足以立決兩陣之機；卑讓足以延攬四方之俊，而威武足以雄驅百勝之師；恩信足以得三軍之死力，而仁勇足以拯萬姓之顛危。而天不假年，痛罹此極。使千尋之木，弗能扶大廈之傾；萬斛之舟，弗克濟蒼生之溺。此天心之所以不可必，而君子之所以長吁而太息。鸞鳳豈不祥於梟獍，麒麟豈不仁於虎狼，蛟龍豈不神於螻蟻，稂莠豈足侔於稻粱。今妖烏得以賊祥禽，醜孽得以辱仁類，蠕動得以制介族之長，惡草得以爲良苗之害，豈天未厭亂而仁者不必壽耶？抑民之無祿而淪胥以死者不必救耶？何公之不幸一至於此！而天之蒼蒼，竟孰尸其咎耶？然公能以貴下賤，而不能屈身以從賊；能以仁伐不仁，而不能臨難以辱國；能厲聲罵賊，而不能與之俱生；能視死如歸，而不能食不義之食。蓋公之生也，民有父母，國有股肱。公之死也，豪傑失倚賴，君子失依憑。獨忠肝義膽，通神明而貫金石；英聲盛烈，掀天地而震雷霆。上可以争光於日月，下可以垂休於汗青。此所謂没而不朽者，在公可以無憾矣！然復讎之義不舉，則終天之恨不平；四郊之寇壘不除，則九泉之精爽不寧。某等之所以尤痛哭流涕而不能自已者，以首見招於館下，繼辱薦於朝廷，義雖均於僚佐，患難忘於死生。既不能漆身吞炭報知於國士，又不能奮椎操匕以效死於賊庭。惟鞠躬盡瘁，恪勤於王事，夙興夜寐，勉强以力行。臨風一奠，蓋上爲軍國慟，而下以哭吾黨之情。陳基撰張士德祭文

王逢遊崑山懷舊傷今詩曰：「丈夫貴善後，事或失謀始。桓桓張楚國，挺生海陵鄙。一門蓄大志，群雄適鋒起。玄珠探甓社，白馬飲浙水。三年車轍南，北向復同軌。量容甘公説，情厚穆生醴。誓擊祖逖楫，竟折孫策箠。天王詔褒贈，守將躬歲祀。翼然東昆邱，蘭撩暎疏綺。青蘩春薦豆，翠柏寒動棨。乾坤宥孤臣，風雨猖五鬼。銅駝使有覺，薦懼卧荊杞。」梧溪集

按：士德之死，不詳其年月，攷逢之詩，則知士德返葬於崑山，而元有楚國公之贈。楊維楨詩所謂「先寫新封楚國碑」者是也。實録載士德被誅，而劉辰國初事迹云「不食而死。」今攷陳基祭文云：「能厲聲駡賊，而不能食不義之食。」則以爲不食而死者，是也。辰又謂「士德之母欲以廖同僉易士德，而太祖不可」則不然，永安被獲在戊戌十月，士德之死久矣。其辨在永安事略中。

校勘記

〔一〕拒我：原本訛「我」爲「戰」，據元史卷一九四忠義傳改。

〔二〕四塞：原本訛作「回寨」，據元史卷一九四忠義傳改。

〔三〕民職：原本訛「民」爲「名」，據元史卷一九四忠義傳改。

〔四〕義民：原本舛作「民義」，據元史卷一九四忠義傳改。

〔五〕俯請大宥：適園本作「俯從大宥」。

〔六〕嘉禾：適園本作「嘉興」。

〔七〕吴大旺敗：原本脱「敗」，據草木子補。

〔八〕咎實自貽：原本訛「貽」爲「造」，據太祖洪武實録卷四改。

〔九〕清軍：梁國公趙德勝神道碑亦作「清軍」，徵之史籍，時無「清軍」，疑爲「青軍」之誤。

〔一〇〕湖橋：原本訛「湖」爲「河」，據皇明本紀改。

〔一一〕填海：原本訛「海」爲「衛」，據夷白齋稿卷一〇改。

〔一二〕頌慕之詞久而不替：原本訛「慕」爲「暮」，據適園本改。

國初群雄事略卷之七

周張士誠

至正十八年戊戌天祐五年正月庚戌，大明僉院廖永安、俞通海攻石碑，張士誠元帥欒瑞降。

先是，十七年六月，俞通海率水軍攻石碑。八月，克望亭、新安。十四日，盡獲朱州判海船。十七日，攻馬馱沙。及十八年四月，通海攻石碑巫門子，獲朱州判餘卒。俞本紀事録

甲寅，士誠兵寇常州，大明守將湯和與戰奮擊，大敗之。士誠以水軍來寇，我師禦之，破其衆於太湖鮎魚口。廖永安又與戰於常熟福山港，大破之。復敗其兵於通州之狼山，獲其戰艦而還。皇明本紀

八月己丑，張士誠兵寇江陰，大明守將吴良擊走之。達識帖睦邇陰約張士誠攻殺楊完者，其部將員成率李福、劉震、黄寶、蔣英等

來降。

徽州、建德皆已陷，完者屢出師不利。士誠素欲圖完者，而完者又强娶平章政事慶童女，達識帖睦邇雖主其婚，亦甚厭之，乃陰與士誠定計除完者。颺言使士誠出兵復建德，完者營在杭城北，不爲備，遂被圍，苗軍悉潰，完者與其弟伯顔皆自殺。其後贈完者潭國忠愍公，伯顔衡國忠烈公。完者既死，士誠兵遂據杭州。元史達識帖睦邇傳

楊完者，字彦英，武岡綏寧之赤水人。爲人陰鷙酷烈，嗜斬殺，持權詐，群無賴嘯聚溪洞，推以爲長。湖廣陶夢禎舉師勤王，遣使招之，由千户累階至元帥。夢禎死，阿魯恢總兵淮西，招入中土，略上江，順流而下，直抵揚州，不復可控制。民起義兵攻殺之，餘黨奔潰，度揚子，宿留廣德、吴興間。淮人陷平江，答失帖木兒招完者守嘉興，累官至左丞。完者兵淫縱，嘉興僅保城，〔一〕城外悉遭兵燹。完者陽尊事丞相，生殺予奪，於己是決，丞相僅得署成案；然完者之威令僅行於嘉興、杭州兩郡而已。築營德勝堰，周圍三四里，子女玉帛皆在焉。用法刻深，任意立威，而鄧子文、金希尹、王彦良之徒，又悉邪佞輕佻，左右交煽。〔二〕時左丞李伯昇、行樞密同知史文炳、行樞密同僉吕珍等，皆先魁淮旅而降順者，丞相以其衆攻殺之。既受圍，遣吏致牲酒於文炳，爲可憐之意曰：「願少須臾毋死，得以底裏上露。」報不可。完者乘譟力

戰，〔三〕敗，盡殺所有婦女，自經以死。獨平章慶童女以先往富陽得免。平章女嘗許嫁親王，完者强委禽焉。至是，未及三月，故數其罪者此居首。文炳解衣裹屍瘗之祭焉。宋興在嘉興閉城自守，亦攻降之。南邨野史曰：「完者寵榮過望，豈有二志？忠君愛民之道，頗亦見諸行事。獨矜己犯分，貪財好色，夷性固然，君子可以略之。兼以所部吏卒，視完者出身等一寒微，威令不信，壞法敗度，遂卒至於如此，亦可哀矣。」輟耕録

完者字伯英，家世播州楊氏。湖湘亂，以苗獠義軍征討，自備糧餉、衣裝，所至多殺掠。轉戰至江東，駐軍廣德。丙申，江浙丞相達識公招守嘉興。丁酉，張氏遣僞隆平知府周仁詣軍門納款，既降，張氏部將史文炳往杭州見完者，相見甚歡。文炳大設宴，盛陳烏銀器皿、嵌金鐵鞍之類，盡以遺楊，自是約爲兄弟。久之，楊謀復建德，文炳以所部從之。及史以麾下兵圍楊北關營中，言是受丞相節制，完者出戰屢挫，乃縊於營中。農田餘話

公諱完者，字世傑，廣西之武岡人。兵興，率苗丁應募，英慓勇悍，所向多克，官至海北道元帥。江浙行省丞相達識公承制拜參知政事。淮張氏稱王中吴，勢卷浙右，公振師復恢省治，保嘉禾。張氏降，江浙省奏拜張太尉、淮南平章行樞密知院，公

加本省左丞。越二年，張發兵掩襲，丞相陰通，竟不之援。公嬰城閉守，斬賜馬享士卒，諭以大義，拒戰十日，遂經死。弟伯顔同死之。幕下員外郎王國賢嘗直言侵丞相，丞相殺之。葉圮輓楊左丞詩序

五府驛代楊左丞留題詩云：「束髮從戎十五年，戰回平地血成川。英雄生世有如此，忠孝報君當慨然。俶擾弄兵俱赤子，中興有道自皇天。猖狂暫假姑蘇息，〔四〕繫頸終難拜馬前。」張光弼集

附：譚鎮撫譚濟，長沙湘潭人也。歲壬辰，湖湘騷動，濟集衆捍城邑。會武岡楊完者元帥率其部東下，遂與俱東。戊戌秋，楊完者爲左丞江浙行省，與張士誠有卻，力戰，自刺死。行樞密院同僉員成立遣濟賫書往歸胡統軍。蘇伯衡撰譚鎮撫傳

十月丁亥，御史大夫拜住哥誘殺邁里古思，部將黄中殺拜住哥，家人以告於張士誠。士誠乃遣其將以兵守紹興。

張氏據有平江，部將左丞吕珍守紹興，參將陳應子、饒介之在張左右。一日，陳賦詩，饒染翰，題一紈扇寄吕云：「後來江左英賢傳，又是淮西保相家。見説錦袍酣戰罷，不驚越女采荷花。」吕俾人讀罷，大怒，曰：「我爲主人守邊疆，萬死鋒鏑間，豈務愛女子而不驚之耶！見則必殺之。」輟耕録

甲戌，大明元帥徐達、邵榮克宜興。廖永安率師擊士誠兵於太湖，乘勝深入，與呂珍戰，爲其所獲。

上遣使謂達曰：「宜興城小而堅，猝未易拔，西通太湖口，張氏餉道所出，若斷其餉道，軍食内乏，城必破矣。」乃分兵絶太湖口，併力攻城，破之。永安復率舟師深入，遂爲所獲。太祖實録

按：平吴録「士誠攻安吉，永安與戰太湖被獲。」誤也。詳見永安事略。

十二月，太祖親征婺州。

聞士誠兵據紹興之諸暨，乃取道蘭溪。太祖實録

至正十九年己亥天祐六年正月戊申，大明平章邵榮破士誠兵於餘杭。戊午，大明兵攻臨安，不克而還。

雄峰翼元帥王遇成、孫茂先攻臨安，右丞李伯昇來援，茂先擊敗之，伯昇斂兵自守，攻之不克。太祖實録

大明將胡大海帥兵取諸暨。

士誠守將莘元帥宵遁，萬户沈勝以衆降。太祖實録

二月甲子，張士誠兵復寇江陰，大明守將吴良擊敗之。

士誠戰艦蔽江而下，其將蘇同僉駐兵君山。良命弟楨出北門與戰，元帥王子名出南門合擊，敗之，生擒陶元帥、裨將宋貫、蔣英以下二百餘人，溺死者甚衆。太祖實録

今年春，宣武將軍、江浙行樞密院判蘇侯克恭承太尉公命，督水軍往征西虜，進兵抵江陰城下，而虜帥黄哈喇把都兒、蔡忠、唐元諒、陳完者不花、石伯顔等率徒屬五百餘人，以十數艘遁城出江中，通言款附。侯不疑，延納之，諭以聖天子之威靈，太尉公之寛仁，尋以見太尉公。公賞以金帛，授之官秩，而優遇焉。其徒屬胥慶曰：「真所謂脱虎口而歸慈母也。」釋克新蘇侯招降詩序

癸酉，大明平章邵榮率兵攻湖州。我師圍之，翌日，城中悉兵出戰，我師不利，還屯臨安。諜知李伯昇欲來攻，設伏以待。山上旗舉，齊擊之，敵衆大敗。伯昇憤，整軍來攻，又敗之。我師亦引還。太祖實録

三月丁巳，張士誠寇建德，大明元帥朱文忠擊敗之。四月，再寇建德，駐兵大浪灘，據分水嶺，文忠皆遣兵破之。陳保二寇宜興，大明守將楊國興擒送寧越伏誅。士誠兵又寇常州，大明守將湯和擊敗之。李伯昇寇婺源，大明守將孫茂先擊敗之。大明元帥胡大海攻紹興，敗士誠兵於蔣家渡及蕭山東門。五月，召還守寧越。

大海攻紹興不克，於三山、斗門、白塔寺連戰皆捷，擒元兵盡戮之。時士誠降卒五千餘人分給帳下，留守婺州，恐生叛意，欲帶回京，恐中途遁去，悉斬於雙溪上。俞本紀事録

大海回守婺，有趙姓三人稱趙宋子孫，請再命大海攻紹興，願爲内應。太祖知其詐，令法司考問，乃張士誠令三人來，將家屬盡誅之。國初事迹

是年，上選衛士三十侍左右，選得十三人，佯稱得罪於上，私降張氏，士誠配以妻，撫之甚厚。不逾月，同行周海首之，俱斬於虎邱山下。吴元年克蘇州，〔五〕擒海歸，凌遲以祭方德成等十三人。俞本紀事録

六月甲子，吕珍圍諸全州，大明元帥胡大海率兵救之。珍堰水以灌城，大海奪堰反灌珍軍，珍於馬上折矢求解兵，大海許之。太祖實録

張士信因元授爲江浙行省平章政事，乃大發浙西諸郡民，築杭城。張氏既歸命本朝，兄弟拜太尉、平章之命，十九年七月，大城武林。起平、松、嘉、湖四路官民，以供畚築，海鹽一州發徒一萬二千，分爲三番，以一月更代，皆裹糧遠役。而督事長吏復藉之酷歛，鞭朴捶楚，死者相望。本年十月迄功，凡費數十百萬。而新城碑記以南仲山甫爲譬，有曰：「有嘉太尉，克綏我民，疇其相之，平章弟昆。」又

曰：「我作我息，我出我入，變呻爲謳，伊誰之力。」豈不有愧詞乎！樂郊私語

嘉興通守繆思恭，當張氏攻嘉興，楊完者命典兵攻寇師，大捷。張氏歸命，大城武林，檄繆統所屬工徒往役。〔六〕士信欲乘此僇辱之，衆皆爲寒心，繆殊不爲意。繆當治西北面數十百丈，以松江路工徒屬之。繆每事作則先人，〔七〕止則後衆，勞來督訓，殊得衆心。視他所築倍堅好。士信亦無奈何。一日，巡工至繆所，日已暮而工猶未輟。士信曰：「日入而息，汝何獨勞民如此！」繆曰：「平章禮絶百司，猶日夕敬共王事，況小民敢偷餘晷？」士信曰：「此人口利如錐，何怪杉青閘畔，烈烈逼人。」繆曰：「今幸太尉革面，國家借此成獎順之典。若念杉青之役，猶恨不力，縱逸平章耳。」士信曰：「別駕好將息，言及杉青，猶使人肉跳不止。」樂郊私語

九月，詔遣兵部尚書伯顏帖木兒、户部尚書曹履亨以御酒、龍衣賜張士誠，徵海運糧。

先是，海漕久不通，朝廷遣使來徵糧，士誠運米十餘萬石達京師。方面之權悉歸張氏，達識帖睦邇徒存虛名而已。元史達識帖睦邇傳

元自中原既亂，江南漕久不通，京師屢苦饑。至是，河南始平，乃遣伯顏帖木兒等來徵漕貢。伯顏等至杭州傳詔，命方國珍具舟以運，而達識總督其事。既而士誠

慮國珍載粟不入京師；國珍又恐士誠掣其舟乘虛襲己，互相猜疑。伯顔往來開諭，糧得入京者僅十一萬石，自是歲以爲常。二十年五月，張士誠海運糧十一萬石至京師。二十一年五月如之。九月，命兵部尚書徹徹不花、侍郎韓祺來徵海運糧。〔八〕二十二年五月，海運糧至京師如前數。〔九〕平吴録、元史

至正戊戌海運後，太尉張士誠知楊鐵崖名，欲見之，先生不往。繼遣其弟來求言，因獻五論及復書，斥其所用之人。其略曰：「閣下乘亂起兵，首倡大順，以獎王室，淮吴之人，萬口一辭，以閣下之所爲，有今日不可及者四：兵不嗜殺，一也；聞善言則拜，二也；儉於自奉，三也；厚給吏禄而奸貪必誅，四也。此東南豪傑望閣下之可與有爲者也。閣下孜孜求治，上下决不使相徇也，直言决不使遺棄也，毁譽决不使亂真也，惟賢人失職，四民失業者尚不少也。吾惟閣下有可畏者又不止是：動民力以摇邦本；用吏術以括田租；銓叙私人不承制；出納國廪不上輸；受降人不疑；任忠臣而復貳也。六者之中，有其一二，可以喪邦，閣下不可以不省也。况爲閣下之將帥者有生之心，無死之志矣；爲閣下之守令者有奉上之道，無恤下之政矣；爲閣下之親族姻黨者無禄養之法，有倖位之權矣；某人有假佞以爲忠者；某人有託詐以爲直者；某人有飾貪虐以爲廉者。閣下信佞爲忠，則臣有靳尚者用矣；信詐爲直，則

臣有趙高者用矣；信貪虐爲廉良，則蹠、蹻者進，隨、夷者退矣。又有某繡使而拜虜乞生，某郡太守望敵而先遁，閣下禮之爲好人，養之爲大老，則死節之人少，賣國之人衆矣。是非一繆，黑白俱紊，天下何自而治乎？及觀閣下左右參議贊密者，未見其砭切政病，規進閣下於遠大之域者，〔一〇〕使閣下有可爲之時，有可乘之勢，而迄無有成之效，其故何也？爲閣下計者少而爲身謀者多，則誤閣下者多矣。身犯六畏，釁闕多端，不有内變，必有外禍，不待智者而後知也。閣下狃於小安而無長慮，此東南豪傑又何望乎！僕既老且病，爵禄不干於閣下，惟以東南切望於閣下，幸采而行之，毋蹈群小誤人之域，則小伯可以爲錢鏐，大伯可以爲晉重耳、齊小白也。否則，麋鹿復上姑蘇臺，始憶東維子之言。於乎！晚矣！」衆惡其切直，目爲狂生。時四境日蹙，朝廷方倚丞相達識公爲保障，而納賄不已，復上書諷之。由是不合，久之，乃徙居松江。檇李貝闕楊鐵崖傳

士誠以厚幣招致楊維楨，維楨勉行至姑蘇，適元以御酒賜士誠，維楨飲酒，遂賦詩曰：「江南歲歲烽烟起，海上年年御酒來。如此烽烟如此酒，老夫懷抱幾時開。」士誠聞之默然，遂不强留，聽之歸。張氏事迹

十二月甲子，大明元帥何時明破士誠兵於分水。

士誠以分水之敗，遣其將陸、夏二元帥、花將軍據分水縣之新城、三溪結寨，以遏我師。時明率兵擊之，斬陸元帥、花將軍以下千餘人，焚其營，分水兵潰去。自是士誠不敢窺嚴、婺。太祖實録

戊辰，太祖命常遇春帥師攻杭州。

遇春攻杭州，戰數不利，元帥劉忙古及掾史商尚質又皆戰死，城不得下。明年三月，乃召還。太祖實録

十二月，邵榮總大軍攻杭州，不克。俞本紀事録

己亥臘月，妖寇犯杭。先是，行省左丞相達識帖木兒公與太尉吴陵張公以兵屬本省平章政事兼同知行樞密事，張公鎮杭，由冬及春，寇百方攻城，不利，乃縱兵四掠，燒民廬，發冢墓。三月辛丑，大戰數合，是夕寇潰，斬首數千級，生擒者以萬計，寇平。陳基精忠廟碑

杭民尚淫奢，己亥十二月，金陵游軍斬關而入，突至城下，城門閉三月餘。越數日，米既盡，糟糠亦與米價等。又數日，糟糠亦盡，乃以油車糠餅搗屑啖之，至有合家共沉於水者。一城之人，饑死者十六七。輟耕録

至正二十年庚子天祐七年正月，士誠將李濟據濠州。

士誠闢地益廣，南自紹興，北至濟寧，上下二千餘里。濠州爲太祖發跡之地，亦遣其將李濟據之。平吳録

時淮藩新復濠、泗、徐、邳等州，王逢寄陳昌道檢校詩云：〔二〕「右轄駁兵甓社湖，須臾草木遂全蘇。登萊海色浮樓艦，蒙羽山光落版圖。」又有送吳藩錢郎中陞參政分鎮淮徐邳三州詩。梧溪集

二月，大明元帥徐達克高郵，尋復失。

三月，大明將俞通海率師征福山劉家港、白茅港，張士信修宋岳鄂王精忠廟。

三月，寇退，吳陵公命即岳鄂王廟故址作新廟，平章公率僚佐致祭廟庭，俾郡守謝節經理其墓田。陳基精忠廟碑

張士信鎮杭，基以本職參佐，岳飛墳蕪穢弗治，基勸士信新其廟，爲文刻石墓上。尤義撰陳基傳

九月，士誠兵侵諸全，大明元帥袁實戰死。士誠遣兵三路寇長興，大明守將耿炳文與戰，大破之。

同僉呂珍、元帥徐義率舟師自太湖入陳瀆港，分兵據下新橋、五里牌、蔣婆橋，三路進兵，以寇長興。耿炳文遣將分禦之，總管湯全、張珙皆戰歿。炳文與元帥劉成合

兵，大破之。太祖實録

至正二十一年辛丑天祐八年八月，大明元帥胡大海率兵攻紹興，總管張英恃勇輕進，至城下，遇伏被執，死之。大海圍城久不下，乃還。

呂珍守紹興，有才略，善戰，嘗以牛革囊兵宵濟，以襲我師。每戰，令戰士及城中人爲歌高噪，以詬胡越公。紹興人王冕不肯附珍，詣我軍獻策攻之，然亦弗克。珍作保越録誇守城之功。既降，乃泯之。今越人有其書。九朝野記

胡大海克諸暨，錢萬户來降，太祖賜衣服令回。後獻策於士誠，離諸暨五十里溪中築一壩，水發即没城，以戰船攻之，可克。謝再興争戰數年，後克紹興，械錢萬户到京誅之。國初事迹

十一月戊午，太祖命常遇春救長興。

先是司徒李伯昇寇長興，衆十餘萬，水陸並進，城中兵僅七千。上在江州命華高、費聚等率三路兵往援。寇兵夜劫營，諸軍皆潰。耿炳文嬰城拒守，元帥劉成戰死。寇圍城結九寨，爲樓車，下瞰城中，運土石填濠湟，放火船燒水關，城中晝夜應敵，凡月餘，内外不相聞。十一月甲戌，遇春兵至長興，伯昇棄營遁，遇春追擊，敗之。

太祖實録

平章邵榮接應長興。俞本紀事録

至正二十二年壬寅天祐九年三月，張士信率兵圍諸全。

初，士誠乘蔣英之亂，遣士信率兵萬餘圍諸全，守將謝再興晝夜鏖戰，二十九日未決，設伏城外，合戰，大敗之。士信憤，益兵來攻，再興告急於朱文忠，文忠遣胡德濟往援，復與史炳謀，颺言徐達、邵榮領大軍至嚴州，剋日進擊，使諜者揭榜於義烏之古樸嶺。士信兵見之，謀夜遁，德濟與再興發壯士夜半出擊，寇兵亂，自相蹂踐及溺死者甚衆。士信驕侈不能撫循將士，軍中常載婦人及樂器自隨，日以樗蒲蹴踘酣宴爲事，諸將往往效之，故至於敗。太祖實録

七月，張士信補刻西湖書院書籍。

西湖書院舊有書庫，十九年九月，士信一新之。二十一年，復命釐補其書版，俾左右司員外郎陳基、錢用壬率其事。明年七月二十三日訖工。陳基西湖書院自叙

西湖書院舊有經史書版，兵後零落，即白平章出官錢補綴成帙。陳基傳

八月，張氏降將謀復叛，誅之。〔一二〕

平章邵榮、參政趙繼祖等部海船於三村港哨巡張氏，〔一三〕謀叛，〔一四〕部下士密告之。上令廖永忠等邀飲擒之，泣數其罪，共宴數日，中秋夜俱斬於聚寶門。俞本紀事録

九月，江浙行中書省左右司員外郎陳基、錢用壬同參平章張士信軍事於淮安。基八月發吴門詩云：「少壯不解武，衰老却從軍。將相比出師，部伍各駿奔。水師郟龍驤，鐵騎紛雲屯。」如臯縣云：「王師重拯亂，主將加惻隱。戒吏翦蒿萊，分曹理鹽筴。眷眷惜瘡痍，遲遲歷阡陌。」吊徐節孝文云：「九月，基與同僚錢用壬同參平章吴陵公軍事於淮陰。冬十月望，戎事甫解嚴，率僚友謁節孝之墓。」陳基傳

按：基與用壬向參佐士信鎮杭，此云參軍事於淮陰，則士信又出鎮淮陰也。趙君用以丁酉冬據淮，己亥七月爲續繼祖所殺，則士誠取淮當在亥、子之間。是年八月之出師，蓋以史椿守淮安與汪同謀應金陵故也。考汪同傳可見。

甲寅，士誠殺淮南行中書省左丞汪同及其左丞史椿。

同，字仲玉，至正壬辰集義兵捍禦鄉井，累官徽州路治中兼元帥。丁酉七月，爲鄧院判所得。庚子六月，領兵征饒境，單騎潛往浙，張太尉以禮召至姑蘇。同見張心不純，乃往淮安，見史左丞，氣義殊洽。史云：「李察罕公忠足任，往一見之可也。」同往見，李恨相見晚。辛丑冬，朝京，拜淮南行省左丞。還見李公，公曰：「張士誠非忠於國家者，中原事定，平江南當自姑蘇始。君與史君宜協力焉。」同還淮安，史適與張有隙，亦委心於李。未幾，李爲田豐所害，史曰：「不幸及此！宜要金陵兵往取姑蘇，

待中原事定，尋爲之計。」乃遣使授書往金陵。史本姑蘇人，張得其書，大怒，出兵高郵，張四平章與史素相得，招與言事。同曰：「往，不可測也。」史曰：「將卒家留姑蘇，必有所顧，一也；中原事如此，後援未可恃，二也；金陵兵未即向太湖，三也。我輩姑待時可也，未必便害我輩。況四平章我嘗救其危急，宜不至此。」八月二十五日，往會於高郵，二十八日登舟，九月二日達姑蘇。士誠即拘同問曰：「我何負於汝而反？」同曰：「我之來，以汝爲元太尉，忠於國家，今汝既叛，我豈從汝反耶？」四平章力營救之，且具酒饌爲別。同曰：「爲語平章，甚荷厚意，吾能死忠，不能無義生也！但我死後，諸公亦不能久於富貴耳。」十二日遇害，臨死不少屈。事聞，追封平陽郡公。趙汸撰汪左丞傳

張九六及部將史椿皆士誠謀主。士德被擒，椿見士誠諸將驕侈，又左丞徐義讒毀椿。椿守淮安，遣使賫書歸太祖，士誠執椿誅之。國初事迹

史椿見士誠不足與有爲，又左丞徐義常譖之，遂遣使請降，太祖遣使報之。往返之間，士誠覺之，乃詐死，而使士信主國事。太祖信之，遣使吊慰，貽書士信，言戮力北方事。及史椿計決，士誠遂發兵猝至淮安，執之以歸。士誠復出視事。月山叢談

是年夏，江浙行省鄉試，揭曉後，士子作四六彈文，省榜同時版行。輟耕録

至正二十三年癸卯天祐十年二月癸酉，張士誠將呂珍攻劉福通等於安豐，入其城。珍入安豐殺福通等。太祖實録

癸卯二月十一日官軍發吴門二十二日狼山觀兵詩云：「官軍夜次狼山口，鐵騎犀船盡虎貔。杼柚萬家供餽餉，旌旗千里亘江湖。膝行擬伏諸侯將，面縛行申兩觀誅。淮海父兄争鼓舞，將軍恐是漢金吾。」陳基集

三月辛丑，太祖率左丞徐達、參政常遇春等救安豐，擊呂珍。呂珍入安豐，攻宋劉福通等，據其城。太祖親援之，珍解圍去，福通奉韓林兒棄安豐退居滁州。士誠兵復入安豐。平吴録

安豐被張氏圍困，小明王在城中，劉太保等遣人求救，上親率大兵援之，大敗張氏軍。俞本紀事録

癸卯春，士誠遣其將呂珍爲前鋒攻安豐，而自以大兵繼之。宋主來徵兵，太祖自將救之，劉基諫不聽。先遣常遇春趨安豐，太祖尋至，士誠解圍去。會僞漢攻南昌，太祖往援。士誠遂乘間略定、濠、泗、汝、潁地，龍鳳主退居滁州。月山叢談

按：安豐之役，呂珍先將兵往，而士信率兵繼之。陳基集中癸卯二月官軍發吴門諸詩皆紀安豐之師。月山叢談以爲士誠親行，誤也。

四月乙丑，大明諸全守將謝再興叛，奔紹興，降於張士誠。

諸暨守將院判謝再興叛歸張氏，參軍李希白、知州欒秉德奔於江浙。俞本紀事録

樞密院判謝再興，乃都督朱文正之妻父。胡大海攻紹興，太祖命守諸暨，離城數十里，張士誠令吕同僉於溪上築一壩，每年水發輒渰城，再興不時遣人偷決之，力戰功多。再興心腹石總管、糜萬户嘗以違禁物往揚州易賣，太祖恐泄國事，執二人殺之，以首懸於再興廳上。太祖自主婚以再興次女嫁右丞徐達，復取再興回京聽宣諭，遣參軍李夢庚往節制軍馬，令再興還聽調遣。再興耻無權勢，出怨言曰：「女嫁不令我知，有同給配。又着我聽人節制。」與知府欒鳳就執夢庚、元帥王玉、陳剛，以諸暨軍馬赴紹興投降。後再興弟謝三、謝五守餘杭，李文忠圍之，文忠諭降，保其不死，指天爲誓。謝五以城降。太祖曰：「謝再興是我親家，反背我降張士誠，情不可恕。」仍將謝五凌遲。國初事迹

五月己巳，〔一五〕張士誠海運鹽糧十三萬石至京師。九月，張士誠自稱吴王，來請命，不報。

遣户部侍郎博羅帖木兒等徵海運，士誠不與。

士誠命其部屬自頌功德，必欲求王爵。達識帖睦邇曰：「我承制居此，徒藉口舌以馭此輩，今張氏復要王爵，朝廷雖微，終不爲其所脅，但我今若逆其意，則目前必受

害，當忍詬以從之耳。」乃爲具文書聞於朝，至再三，不報。士誠遂自立爲吴王，即平江治官闕，立官屬。元史達識帖睦邇傳

士誠母曹氏頗有知數，士誠稱王，進稱太妃，死葬姑蘇南門外。王師伐吴，上預戒將士勿發其墓。太祖實録張士誠本傳

是時，天下謂我太祖爲西吴，士誠爲東吴。然士誠尚奉元正朔，江北諸郡皆詭云爲元恢復，而實自守之。月山叢談

基由杭來吴，參太尉軍事，及太尉自王於吴，群下同聲賀之，而基獨諫止。太尉欲殺之，不果。已而，超授内史，遷學士院學士，階通奉大夫，覃恩二代。凡飛書、走檄、碑銘、傳記，皆出其手。基每以爲憂，而未敢以爲榮也。陳基傳

淮省郎中俞齊賢，字中夫，海陵人，本陰陽家者流。張太尉開藩，俞與有功，達識丞相奏除前職。及太尉稱吴王，累犯顔諫止，不聽，且拔授淮省參政，遂杜門謝病以卒。王逢詩序

俞思齊，泰州人。士誠稱王，聽諛臣之言，不濟貢。思齊獨言曰：「向爲賊，不貢猶可；今爲臣，可乎？」士誠怒，抵案仆地而入。思齊知不可事，即棄官稱疾而隱。楊維禎作骨鯁臣傳。平吴録

魯淵，字道原，淳安人。由進士累遷浙西提學，張太尉稱王，擢博士，令召拜官，並辭還山。王逢詩序陳思，字履信，松人。吴藩府地連十州，守將咸以爲安，思上疏危之，不報。遁居海上。王逢詩序

按：實録九月張士誠稱吴王。本傳云歲甲辰，僭稱吴王。未知孰是，俟更考之。

謝再興率兵犯東陽，大明守將朱文忠擊敗之。

李伯昇率兵犯諸全，已而遁還。

伯昇兵號六十萬犯諸全新城，城堅不可拔，乃引去。太祖實録

至正二十四年甲辰天祐十一年正月，我太祖即吴王位。

二月，太祖滅僞漢，陳理出降。

三月，大明元帥湯和徇黄楊山，擊士誠水軍，敗之。

四月，大明將俞通海、張興祖略劉家港，進逼通州，擒其院判朱瓊、元帥陳勝。

八月乙卯，張士誠自以其弟士信代達識帖睦邇爲江浙行省左丞相。

答蘭帖木兒爲江浙行省右丞，真保爲左右司郎中，二人諂事士誠，多受金帛，數媒孽達識帖睦邇之短。二十四年，士誠乃使王晟等面數其過失，勒其移咨省院，自陳老病願退。又言丞相之任，非士信不可。士信即逼取其諸所掌符印，而自爲江浙行

省左丞相，徙達識帖睦邇居嘉興。事聞，朝廷即就以士信爲江浙行省左丞相。元史達識帖睦邇傳

甲辰八月，張氏國弟四平章士信克安豐還，逼達識丞相以位讓之。其移文略曰：「太尉開府儀同三司、上柱國、江浙行中書省左丞相。照得江浙行省奠臨吴越，控制江淮，乃天下之雄藩，實東南之重鎮。自非碩德元勛，雄威重望，功蓋當世，澤及生民者，疇克居此。吴王張士誠有生英傑，間世雄才。其弟太尉張士信天姿英武，志節忠貞。伏念當職，才非輔弼，年已衰殘，德不足以服人，才不足以勝任，苟不推賢以自代，必至誤國而獲愆。今將原受官爵行中書省、行樞密院、行宣政院三臺銀印各一，便宜行事、賞功罰罪、招降討逆並金牌等付受施行。」農田餘話

士誠僭稱吴王，遣士信遷江浙行省丞相達識帖睦邇於嘉興酖殺之。遂縱肆專命，擅官爵，制度僭擬。士誠諸弟，士德最優，既被擒死，氣日以衰。士信愚妄，不識大體，人頗嗤之。當是時，浙西民物蕃盛，儲積殷富。士誠兄弟驕侈淫泆，懈於政事。又闇於斷制，權爲文吏所竊。然士誠遲重寡言，欲以好士要譽，士有至者，不問賢不肖，輒重贈遺，輿馬、居室，無不充足，士之嗜利者，多往趨之。及士信用事，疏間舊將，奪其兵柄，由是上下猜疑，不肯用命。凡出兵遣將，當出者，或卧不起，邀求官爵、

美田宅，即厚賜之，始起任事。至軍則載妓女歌舞，日命遊談之士，酣宴博奕。及喪師失地而歸，士誠亦不問，或復用爲將。其威權不立如此。宜其敗也。太祖實録張士誠本傳

士信爲丞相，建第宅東城下，號丞相府。居民趨附之者，輒得富貴。平吴録

張氏割據時，諸公自謂化家爲國。以底小康，大起第宅，飾園池，蓄聲伎，購圖畫，民間奇石名木，必見豪奪。國弟張士信後房百餘人，習天魔舞隊，園中採蓮舟楫，以沉檀爲之。諸公宴集，輒費米千石。本皆起於寒微，一時得志，遂至於此。時人有詩云：「書生一夜睡不着，太湖西畔是他邦。」士信在圍城中，於城上玉棚下食金桃飲酒，飛砲射入竅中擊死。農田餘話

士信到江浙省，徙達識帖睦邇於嘉興，自爲丞相。不久，令潘平章守杭州，士信回蘇，用王敬夫、葉德新、蔡彦文三人謀國。太祖聞之，曰：「我諸事無不經心，法不輕恕，尚且人瞞我。張九四終歲不出門，不理政事，豈不着人瞞。」時有市謡十七字曰：「丞相做事業，專用王、蔡、葉，一朝西風起，乾別！」後士信守閶門，正妓飲，中砲死。城破，械張士誠同王、蔡、葉到京，命縊殺之。國初事迹

士誠用事者王、蔡、葉三參軍，皆迂闊書生，不知大計，吴中童謡云：「王、蔡、葉，

作齒頰，一夜西風來，乾厭！」太祖實録本傳

蔡葉行，刺佞倖臣蔡文、葉德也。〔一六〕張氏亡國由太弟，太弟至此，實由二佞。丁未春，二佞伏誅於臺城，風乾其尸於秤刑者一月。「君不見，僞吳兄弟四、六、七，十年强兵富金穀，大兄垂旒不下堂，〔一七〕小弟秉權獨當國。山陰蔡藥師，雲陽葉星卜，朝坐白玉堂，夜宿黃金屋。文不談周、召，武不論頗、牧，機務託腹心，邊籌憑耳目。弄臣什什引膝前，骨骾孤孤納囚牿（參軍俞斗南也）。去年東臺殺普花，今年南垣殺鐵木。鳳陵斵棺取含珠，鯨海刮商劫沉玉。鬻官隨地進妖艷，籠貨無時滿坑谷。西風捲地來，六郡下破竹。朽索不御六馬奔，腐木那知五樓覆。大鉞先罪魁，餘殃盡孥僇。寄謝悠悠佞倖兒，福不盈筐禍連族。何如吳門市，賣藥、賣卜饑死心亦足！」楊鐵崖咏史樂府

達識帖睦邇至嘉興，士信峻其牆垣，錮其門闥，達識帖睦邇日對妻妾飲酒、放歌自若。士誠令有司公牘皆首稱「吳王令旨」。又諷行臺爲請實授於朝，行臺御史大夫普花帖木兒皆不從。至是，既拘達識帖睦邇，即使人至紹興索行臺印章，普花帖木兒封其印，置諸庫，曰：「我頭可斷，印不可與。」又迫之登舟，曰：「我可死，不可辱也！」從容沐浴更衣，與妻子訣，賦詩二章，仰藥而死。後數日，達識帖睦邇聞之，嘆曰：「大夫且死，我不死何爲？」遂命左右以藥酒飲之而死。元史達識帖睦邇傳

十月，張士信率兵侵長興，大明守將耿炳文破之，擒其元帥宋興祖。士信復益兵圍長興。十一月，湯和救長興，與炳文夾擊士信兵，破之。

士誠遣人浚常熟州白茆港。

泰定間，周文英奏記謂：「水勢所趨，宜專治白茆、婁江。」時莫之省也。張士誠閱故牘，得文英書，起兵、民夫十萬，塹白茆爲港，長亘九十里，廣三十六丈，委左丞呂珍督之，民憚其勞。時人采民言歌之，功卒告成，民大便利。三吳水利集

白茆謡曰：「白茆夫，何蚩蚩，耰鋤版插二十萬，盡是吴中一十二郡良家兒。道旁過客問夫事，但言將軍有令開江隄，延袤九十里，息肩弛擔知何時？自從去年秋，迄今猶未歸。層冰鑿鑿墮血指，北風獵獵吹單衣。父母不得見，兒寒妻啼饑。巡烽入夜急，羽檄流星馳。縱勞里正裹糧食，長年苦役家亦隳。費伯帥師速如火，弱者已死壯者羸。白茆夫，良可悲，豈無新店獵，豈無趙光奇。天閽隔下土，爾訴那由知。生男信是生女好，爾生不辰逢百罹。我歌白茆夫，將軍静聽之：君不聞，晉陽水，沉竈産蛙民弗離。又不聞，瓠子决天命，殆非人所爲。水可航，山可梯，在德不在險，先言猶足規。承平之世念未及此，況今四海皆瘡痍。我願將軍心，推德懷庶黎，靖荒服，平四夷。上書太常旗，下立襄陽碑，男耕女織天下一，坐令百姓歌雍熙。」古虞文録

又謡曰：「好條白茆塘，只是開不全，若還開得全，好與西師歇戰船。」

校勘記

〔一〕僅保城：原本訛「僅」爲「雖」，據輟耕録改。

〔二〕左右交煽：原本訛「煽」爲「徧」，據輟耕録改。

〔三〕乘譟力戰：原本訛「譟」爲「蹂」，據輟耕録改。

〔四〕姑蘇：原本訛「姑」爲「始」，據張光弼集改。

〔五〕蘇州：原本脱「州」，據適園本補。

〔六〕檄繆統所屬工徒往役：原本訛「役」爲「徒」，樂郊私語作「檄繆統所屬工徒以赴其役」，據改。

〔七〕先人：原本訛「人」爲「入」，據樂郊私語改。

〔八〕韓祺：原本訛「祺」爲「祼」，據元史卷四六順帝九改。

〔九〕元史卷四六順帝九至正二十二年五月條載：「是月，張士誠海運糧一十二萬石至京師。」

〔一〇〕原本訛「者」爲「且」，據貝瓊貝清江集卷二鐵崖先生傳改。

〔一一〕寄陳昌道檢校：原本脱「校」，據梧溪集補。

〔一二〕太祖洪武實録卷一一秋七月條載：「丙辰，平章邵榮、參政趙繼祖謀反，伏誅。」原本擬

「八月，張氏降將謀叛，誅之」。顯誤。

〔一三〕適園本作「哨張氏」。

〔一四〕謀叛：原本「謀叛」前衍「降將」，據適園本删。

〔一五〕己巳：原本訛「己」爲「乙」，元史卷四六順帝九至正二十三年五月條載：「己巳，張士誠海運糧一十三萬石至京師。」據改。

〔一六〕原文如此，即蔡彦文、葉德新。

〔一七〕大兄：原本訛「兄」爲「凡」，據鐵崖逸編注卷二改。

國初群雄事略卷之八

周張士誠

至正二十五年乙巳天祐十二年二月丙午，李伯昇寇諸全。張士信憤諸全之敗，集兵號二十萬，遣李伯昇挾我叛將謝再興寇諸全之新城，部陣延亘十餘里，造廬室，建倉廩，爲必拔之計。城中胡德濟堅壁拒守。太祖實録

辛酉，大明左丞朱文忠率師救諸全，與伯昇戰，大敗之。時嚴州行省左丞朱文忠聞諸全圍急，率諸將啣枚走新城，與伯昇遇，奮擊之，大敗其衆，逐百十餘里，溪水盡赤，獲同僉韓謙、理問滕忠、元帥周遇、蕭壽山。士誠第五子及伯昇以數騎遁去。太祖實録

八月，士誠贈右丞潘原明、院判潘元紹之父懋爲榮禄大夫、淮南行中書省右丞，追封鄭國公，母戴氏封鄭國太夫人。

公爲通州人，今吴王居鄉時，公嘗從之遊。夫人謂其子元明曰：「此人豪也，盍

謹事之。」且爲次子元紹求婚。至正癸巳，王舉義兵江淮間，公首率元明等居麾下。夫人内則綜家事，給餉餽，親製戰士之服；外則撫士卒如己子。人皆樂爲之用。今江浙左丞呂公珍來自興化，夫人見其俶儻，因爲公言。公與語大悦，即分授以兵，使事楚國公，俾居左右而屬任之。無何，公卒於秦郵之東郭，及師渡江，夫人居吴，乙巳十月卒。陳基撰合葬誌

十月戊戌，太祖命中書左相國徐達、平章常遇春等率師進取士誠淮東州郡。

上以張士誠屢犯疆埸，欲舉兵征之，下令布告中外。辛丑，命中書左相國徐達，平章常遇春、胡廷瑞，同知樞密院馮國勝，左丞華高等率馬步舟師，水陸並進，規取淮東泰州等處。太祖實録

時士誠所據郡縣，南至紹興，與方國珍接境；北有通、泰、高郵、淮安、徐、宿、濠、泗；又北至於濟寧，與山東相距。上欲先取通、泰諸郡縣，剪其羽翼，然後專取浙西，故命達總兵取之。太祖實録

乙巳，徐達兵趨泰州，浚河通舟師，駐軍於海安壩。

丁未，徐達兵進圍泰州新城，敗湖北援兵，獲其元帥王成。

己酉，士誠將淮安李院判來援泰州，常遇春擊敗之，擒萬户吴聚。城中拒守

未下。

閏十月己未，太祖親至江陰。

乙卯，江陰水寨守將康茂才報：張士誠舟師四百艘，出大江，次范蔡港。己未，上親至江陰康茂才水寨。辛酉，還建康。太祖實録

庚辰，徐達、常遇春克泰州，擄其守將僉院嚴再興、副使夏思忠、院判張士俊，俘五千人送建康。遣黄旗千户劉傑徇興化。

十一月辛卯，徐達進兵攻高郵。

上即軍中命馮國勝帥所部節制高郵諸軍，俾達還軍泰州，圖取淮安、濠、泗。太祖實録

士誠兵寇宜興，徐達率精兵渡江援宜興，敗其兵於城下。

十二月癸亥，徐達自宜興還攻高郵，其將俞同僉堅守不下。

士誠遣左丞徐義由海道入淮援高郵，義怨士誠以爲陷己死地，屯崑山之太倉，三月不進。太祖實録

大明兵克通州、興化、鹽城等縣。

是年，江浙行省鄉試，丞相張士信命陳基等爲考官。冬，士信重徵僧度牒錢，僧

苦之，慧朗住持杭之天華寺，斷一臂，説四句偈以獻，賴免者衆。王逢詩引

至正二十六年丙午天祐十三年正月，張士誠寇江陰，太祖親率兵救之。士誠以舟師駐君山，又出兵自馬馱沙溯流窺江陰。上親督水軍及馬步軍往救。〔一〕比至鎮江，寇已焚瓜洲，掠西津而遁。乃命康茂才等出大江，追至浮子門，力戰，大破之。太祖實録

三月，徐達拔高郵。

上命馮國勝圍高郵，僞僉院俞某開門詐降，國勝令指揮康泰等先入城，俞某於城樓下閘盡殺之。上召國勝回，決以大杖數十，罰令步走至高郵。國勝怒，四門齊上，一鼓而破之，俞某就擒。國初事迹

四月乙卯，徐達取淮安。

達兵至淮安，聞徐義軍在馬騾港，夜往襲之，破其水寨，義泛海遁去，俘其院判錢富等舟師。薄城下，右丞梅思祖、副樞唐英、蕭成出降。庚午，達率兵取興化，淮地悉平。太祖實録

庚申，濠州李濟以城降。

李濟據濠，名爲張氏守，而觀望未決。上嘗命李善長以書招之，不報。韓政督顧

時等四面並攻。時孫德崖已死，城中不能支，濟及知州馬麟乃出降。太祖實録

太祖嘗曰：「濠州乃吾家鄉，張士誠據之，我雖有國而無家。」遣龔希魯潛往説蕭把都，後把都出降。太祖曰：「今日有國有家，遂我志也。」國初事迹

元徐州守將樞密院同知陸聚以徐、宿二州詣徐達軍請降。

按：元史徐、宿二州亦士誠所據，聚既降，遣兵攻沛縣，取邳州，徐達進克安豐。

七月，廖永安卒於姑蘇。

八月辛亥，太祖命中書左相國徐達爲大將軍、平章常遇春爲副將軍，帥師二十萬伐張士誠。

七月，上以淮東既平，召中書省及大都督府臣議討張士誠，右相國李善長以謂張氏兵力未衰，土沃民富，宜俟隙而動。徐達進曰：「張氏驕奢暴殄，此天亡之時也。其所任驕將如李伯昇、吕珍之徒，多擁兵衆爲富貴之娱；王、蔡、葉三參軍居中用事，皆迂腐書生，不知大計。臣奉主上威德，聲罪致討，三吴可計日而定。」上喜顧達曰：「諸人局於所見，獨汝合我意。」八月，以伐張氏告大江之神，遂即戟門戒諭將佐：「毋縱士卒擄掠，毋妄殺僇，士誠母葬姑蘇城外，勿侵損其墓。」遂爲約戒軍中事，命人給

一紙。召徐達、遇春於西苑，諭以張氏若全城歸順，必保全之；若用師，城破之日，以妄殺爲戒。將發，又問諸將曰：「此行用師孰先？」遇春對曰：「逐梟者必覆其巢，去鼠者必熏其穴。此行當直擣姑蘇，姑蘇既破，其餘諸郡可不勞而下矣。」上曰：「不然，士誠起鹽徒，與張天麒、潘元明等皆强梗之徒，相爲手足，士誠苟至窮蹙，天麒輩懼俱斃，必并力救之。今不先分其勢，而遽攻姑蘇，若天麒出湖州，元明出杭州，援兵四合，難以取勝。莫若出兵先攻湖州，使其疲於奔命，羽翼俱疲，然後移兵姑蘇，取之必矣。」遇春猶執前議，上作色曰：「湖州失利，吾自任之，若先攻姑蘇而失利，吾不汝貸也！」遇春不復敢言。已而，屏左右謂達、遇春曰：「吾欲遣指揮熊天瑞同行，俾爲吾反間也。天瑞之降，非其本意，心常怏怏。適來之謀，戒諸將勿令天瑞知之，但云直擣姑蘇，天瑞知之，必叛從張氏，以輸此言，如此則墮吾計中矣。」太祖實録

太祖命傳檄姑蘇，數士誠八罪。

高皇帝平僞周，先有榜諭曰：「皇帝聖旨，吴王令旨，總兵官准中書省咨，敬奉令旨。余聞伐罪救民，王者之師，考之往古，世代昭然。軒轅氏誅蚩尤，成湯征葛伯，文王伐崇侯，三聖人之起兵也，非富天下，本爲我民。近覩有元之末，主居深宫，臣操威福，官以賄成，罪以情免，臺憲舉親而劾仇，有司差貧而擾富。廟堂不以爲憂，方添冗

官，又改鈔法，役數十萬民，湮塞黄河，死者枕籍於道，哀苦聲聞於天。致使愚民，誤中妖術，不解偈言之妄誕，酷信彌勒之真有，冀其治世，以蘇其困，聚爲燒香之黨，根據汝、潁，蔓延河、洛。妖言既行，兇謀遂逞，焚蕩城郭，殺戮士夫，荼毒生靈，無端萬狀。元以天下錢糧兵馬大勢而討之，略無功效，愈見猖獗，終不能濟世安民。是以有志之士，旁觀熟慮，乘勢而起，或假元氏爲名，或託香軍爲號，或以孤軍獨立，皆欲自爲，由是天下土崩瓦解。余本濠梁之民，初列行伍，漸至提兵，灼見妖言不能成事，又度胡運難與立功，遂引兵渡江。賴天地祖宗之靈，及將相之力，一鼓而有江左，再戰而定浙東。陳氏稱號，據我上游，具問罪之師，彭蠡交兵，元惡授首，其父兄子弟，面縛輿櫬。既待以不死，又封以列爵，將相皆置於朝班，民庶各安於田里，荆襄、湖廣，盡入版圖，雖德化未及，而政令頗修。惟兹姑蘇張士誠，爲民則私販鹽貨，行劫於江湖；興兵則首聚兇徒，負固於海島，其罪一也。又恐海隅一區，難抗天下全勢，詐降於元，坑其參政趙璉，囚其待制孫撝，其罪二也。厥後掩襲浙西，兵不滿萬數，地不足千里，僭號改元，其罪三也。初寇我邊，一戰生擒其親弟，再犯浙西，揚矛直搗於近郊。〔二〕首尾畏縮，又乃詐降於元，其罪四也。陽受元朝之名，陰行假王之令，挾制達丞相，謀害楊左丞，其罪五也。占據浙江錢糧，〔三〕十年不貢，其罪六也。知元綱已墜，公然害其丞相達失帖木兒，南臺大夫普化帖木兒，其罪七也。恃其地險食足，誘我叛將，掠我邊民，其罪八也。凡此八罪，有甚於蚩尤、葛伯、崇侯，雖黄帝、湯、文與之同世，亦所不容，理宜征討，以靖天下，以安斯民。爰命中書左丞相徐達總率馬步舟師，分道並進，攻取浙西諸處城池。已行戒飭軍將，征討所到，殲厥渠魁，脅從罔治，備有條章。凡我逋逃臣民，被陷軍士，悔悟來歸，咸宥其罪。其爾張氏臣僚，果能明哲識時，或全城附順，或棄刃投降，名爵賞賜，余所不吝。凡爾百姓，果能安業不動，即我良民，舊有田産房屋，仍前爲主，依額納糧，以供軍儲，餘無科取，使汝等永保鄉里，以全室家。此興師之故也。敢千百相聚，旅拒王師，即當移兵剿滅，遷徙宗族於五溪、兩廣，永離鄉土，以禦邊戎。凡余之言，信如皎日，咨爾臣庶，毋或自疑。敬此。除敬遵外，咨請施行。准此，合行備出榜文曉諭，敬依令旨事意施行。所有榜文，須議出給者。龍鳳十二年五月二十一日本州判官許士傑賫到。」九朝野記，平吴録同

徐達進攻湖州，大敗士誠兵於皂林。

癸丑，諸軍發龍江。辛酉，師至太湖。己巳，遇春擊敗士誠兵於湖州港口，擒其將尹義、陳旺，遂次洞庭山。癸酉，進至湖州之毗山，又擊敗其將石清、汪海，擒之。張士信駐軍湖上，不敢戰而退。熊天瑞果叛去。甲戌，師至湖州之三里橋，右丞張天

騏分兵三路來拒，參政黄寶當南路，院判陶子實當中路，天騏自當北路，同僉唐傑爲後繼，達進攻之。術者言今日不宜戰，遇春曰：「兩軍相當，不戰何待。」於是，達遣遇春攻寶，王弼攻天麒，達自中路攻子實，别遣驍將王國寶率長槍軍直扼其城。遇春與黄寶戰，寶敗走，欲入城，城下吊橋已斷，不得入，復還力戰，被擒，并獲其元帥胡貴以下官二百餘人。天騏、子實皆不敢戰，斂兵而退。士誠又遣司徒李伯昇來援，由荻港潛入城，我軍四面圍之，伯昇及天騏閉門拒守。達遣國寶攻南門，自以大軍繼之，其同僉余得全、院判張德義及陶子實出戰，〔四〕復敗走。士誠又遣平章朱暹、王晟、同僉戴茂、吕珍、院判李茂及其第五子號五太子者，率兵六萬來援，號三十萬，屯城東之舊館，築五砦自固。達與遇春、湯和等分軍營於東阡鎮南姑嫂橋，連築十壘，以絶舊館之援。李茂、唐傑、李成懼不敵，皆遁去。士誠壻潘元紹時駐兵於烏鎮之東，爲吕珍等聲援，我師乘夜擊之，亦遁，遂填塞河港，絶其糧道。士誠知事急，乃親率兵來援，達等與戰於皂林之野，又敗之，擄其戴元帥及甲士三千餘人。九月辛卯，士誠復遣同僉徐志堅以輕舟出東阡鎮覘我師，欲攻姑嫂橋，遇春遇之與戰。會大風雨，天晦甚，遇春令勇士乘劃船數百突擊之，擒志堅，得兵二千餘人。乙巳，廖永忠、薛顯將游軍至湖州之德清，遂取之，擒其院判鍾正及副將晉德成。〔五〕士誠自志堅敗，甚懼，遣右丞徐義至舊館覘形勢，將還，遇春以兵扼其歸路，義不得出，乃陰遣人約士信出兵與舊館兵合力來戰，士誠又遣赤龍船親軍援之，義始得脱。與潘元紹率赤龍船兵屯於平望，復别乘小舟潛至烏鎮，欲援舊館。遇春由别港追襲之，至平望，縱火焚其赤龍船，軍資器械一時俱盡，衆軍散走。自是，舊館兵援絶，饋餉不繼，多出降者。十月辛亥，達以所獲將士徇於湖州城下，城中大震。壬子，遇春兵攻烏鎮，徐義、潘元紹及甘院判拒戰，不勝，退走，遇春追至昇山，〔六〕遂攻破其平章王晟陸寨，餘軍奔入舊館之東壁，其同僉戴茂乞降，我師馳入之。是夕王晟亦降。戊寅，達復攻昇山水寨，顧時引數舟繞士誠兵船，船上人俯視而笑，時覺其懈，率壯士數人躍入其舟，大呼奮擊，餘舟競進薄之。士誠五太子盛兵來援，遇春稍却，薛顯率舟師直前奮擊，燒其船，其衆大敗。五太子及朱暹、吕珍等以舊館降，得兵六萬人。遇春謂顯曰：「今日之戰，將軍之力居多，吾固不如也。」五太子者，士誠養子，本姓梁，短小精悍，能平地躍起丈餘，又善没水。暹、珍亦善戰，士誠倚之，至是皆降，士誠爲之奪氣。太祖實録

是時攻湖州，遇春躬率將士於大錢港與張氏將禿張左丞交鋒，遇春中矢，創甚，踞床督戰，將士莫知，遂大敗張氏兵，進圍湖州。俞本紀事録

高啓聞哀朱將軍戰歿詩云：「赤浦戈船赤幟稀，孤軍落日陷重圍。殘卒自隨新

將去，老將空見舊奴歸。」楊基悼朱秦仲總制云：「力盡戈鋋援不回，猶揮赤手搏風雷。謾使張遼説關羽，誰將全武易秦裴。」

十一月甲申，大明兵取湖州路。

甲申，達遣馮國勝以降將吕珍、王晟等徇於城下，語李伯昇出降。伯昇在城上，對曰：「張太尉養我厚，我不忍背之。」抽刀欲自殺，爲左右抱持，得不死。左右語伯昇曰：「勢孤援絶，久困城中，不如降。」伯昇俛首不能言。其左丞張天騏、總管陳旺等以城降，伯昇亦降。乙丑，達引兵向姑蘇，至南潯，元帥王勝降。辛卯，至吴江州，圍其城，參政李福、知州楊彝降。太祖實録

十一月初二日，湖州守將李司徒并禿張右丞降，城中市不易肆，張氏弟四丞相領精兵十萬援湖州，駐舊館，怯不敢進，乃立柵以自固，夕携妓歌舞蹴踘爲戲。遇春領兵攻之，全軍倒戈而降，四丞相僅免遁去。俞本紀事録

洪武元年以榮禄大夫、中書平章政事李伯昇兼同知詹事院事。二年，將兵討湖廣慈利土酋，平之。八月，同耿炳文分兵守陝西。三年，論功行賞，賜文綺及帛十六匹，命以中書平章食禄而不視事，子孫世襲指揮僉事。五年，命爲征南右副將軍，同吴良討靖州。〔七〕十二月班師，賞綺帛八匹。七年正月，命往真定統理軍務。八年正

月，命往彰德屯田開衛。六年七月，大將軍命分討殘胡。十二年十二月，定伯昇與王溥、潘元明歲禄七百五十石。十三年正月，命往漳州理軍務。四月，賫符召還。太祖實録

伯昇後坐胡黨，見胡惟庸事略及昭示姦黨録諸招。張氏之敗由李伯昇先降，故吴人謂負主者曰「李司徒」。冶城客論

張天麒，〔八〕興化人。歸附後，命爲江西行省右丞。洪武三年，陞本省左丞，食禄世襲，與伯昇同。

丙申，大明兵取杭州路及紹興路。

先是九月乙未，上命李文忠帥師攻杭州。十月，文忠遣將攻桐廬，降戴元帥，略富陽，擒同僉李天禄，遂合兵圍餘杭，謝再興之弟謝五拒守，文忠許以不死，乃出降，遂進兵杭州。十一月，平章潘元明遣員外郎方彝納款。明日，以款狀來曰：「嬰城固守，乃受任之當爲；歸款救民，亦濟時之急務。竊伏自念起身草野，叨爲省樞，非心慕乎榮華，乃志存於匡定。豈意邦國殄瘁，王師見加，事雖貴於見幾，民實同乎歸義。念是邦生靈百餘萬，比年物故十二三，今既入於職方，願溥覃乎天澤。謹將杭州土地、人民及諸司軍馬、錢糧之數以獻。」文忠至杭州，元明及同僉李勝奉士誠所授行省

及樞密院浙西江東兩道廉訪司印并執蔣英、劉震出降。太祖實録

是月十九日，李文忠攻杭州，張氏壻平章潘附馬降，城中不識軍容，安堵如故，遂招撫紹興。俞本紀事録

署雲南布政司事平章潘元明卒。元明，泰州人。初與張士誠倶起鹽徒。元兵圍高郵，士誠與十八人突圍出走，元明及李伯昇、吕珍等與焉。後爲浙江行省平章，以杭州降，仍授原官。士誠由是勢孤以至於亡。洪武三年，以浙江行省平章，食禄而不視事，子孫世襲指揮同知。十三年七月，命往福建理軍務。十四年，平雲南，署布政使司事。十五年卒於任。太祖實録

庚子，士誠同僉李思忠、總管衛良佐以紹興路降。太祖實録

辛丑，大明兵取嘉興路。

華雲龍率兵攻嘉興，城中守將宋興以城降。太祖實録

癸卯，徐達等進兵圍平江。

十一月，進抵姑蘇，其屬縣相繼來歸，惟蘇州孤立而已。上欲困服之，乃圍其城。皇明本紀

癸卯，大軍至姑蘇城南鲇魚口，擊敵將竇義走之。康茂才至尹山橋，遇敵兵，又

擊敗之，焚其官渡戰艦千餘艘及積聚甚衆。達遂進軍圍其城，達軍葑門，遇春軍虎邱，郭子興軍婁門，華雲龍軍胥門，湯和軍閶門，王弼軍盤門，張温軍西門，康茂才軍北門，耿炳文軍城東北，仇成軍城西南，何文輝軍城西北，四面築長圍困之。又架木塔與城中浮屠對，築臺三層，下瞰城中，名曰「敵樓」，每層施弓弩、火銃於上，又設「襄陽礮」以擊之，城中震恐。有楊茂者，無錫莫天祐部將也，善没水，天祐潛令入姑蘇與士誠相聞，邏卒獲之於閶門水柵旁，送達軍，達釋而用之。時城堅不可破，天祐又阻兵無錫，爲士誠聲援，達因縱茂出入往來，因得其彼此所遺蠟丸書，由是悉知士誠、天祐虛實，而攻圍之計益備。達時督兵攻婁門，士誠出兵拒戰，指揮茅成左脅中矢死。太祖實録

蘇州城堅兵鋭，屢攻不下，達令各衛列營於城之四周，挑長壕，在在相連接，起敵臺以圖之，〔九〕高四丈，下瞰城中，往來男婦，可以辨數。俞本紀事録

至正二十七年丁未吴元年天祐十四年正月庚子，大明兵取松江府。

四月丙午，上海民錢鶴皋作亂，據松江府，大將軍徐達遣驍騎衛指揮葛俊等討平之。

初達攻蘇州，遣元帥楊福、參謀費敬直諭松江府，守臣王立中以城降，達令就攝

府事，上命苟玉珍代之。達檄各府驗明田土，徵磚甃城。鶴皋不奉命，遂結張士誠故元帥府副使韓復春、施仁濟聚衆至三萬餘人，攻府治，開庫庾。通判趙儆驅妻子十八人赴水死；玉珍棄城走，追殺之。鶴皋自稱行省左丞，署旗爲「元」字，〔一〇〕刻磚爲印，僞署官屬，以姚大章爲統兵元帥，張思廉爲參謀，施仁濟、谷子盛爲樞密院判，令其子遵義率小舟數千走平江求援。達遣俊討之，兵至連湖蕩，望見遵義所率衆皆操農器，知其無能爲也，乃於蕩東西連發十餘砲，驚潰溺死者不可勝計。兵及松江城，鶴皋閉門拒守，俊攻下之，獲鶴皋，檻送大將軍斬之。仁濟等率餘黨遁去。太祖實録

國兵困姑蘇，上洋人錢鶴皋起兵援張氏，巨姓號泖湖謝亦與焉。事敗，皆破滅。瞿祐泖湖詩有「揮戈思指日，傳檄欲存吴」之句。東遊集

五月丙子，太祖遺士誠書諭降，不報。

書曰：「蓋聞成湯放桀，武王伐紂，漢祖滅秦，歷代帝王之興，兵勢相加，乃爲常事。王莽之亡，隋之失國，豪傑乘時蜂起，圖王業，據土地，及其定也，必歸於一。天命所在，豈容紛然。雖有智者，事業弗成，亦當革心，畏天順民，以全身保族，若漢之竇融，宋之錢俶是也。自古皆然，非今獨異。爾能順附，其福有餘，毋爲困守孤城，危其兵民，自取滅亡，爲天下笑。」書至，士誠不降。

六月己酉，士誠兵大敗於平江之山塘。

己酉，士誠被圍既久，欲突圍決戰，覘城左方，見軍陣嚴整，不敢犯，乃遣徐義、潘元紹潛出西門，欲掩襲我軍，轉至閶門，將奔常遇春營。遇春覺其至，分兵北濠絕其歸路，遣兵與戰，良久未決。士誠復遣參政黃哈剌把都帥兵千餘人助之。又自出兵山塘爲援，塘路狹塞不可進，麾令稍却。遇春撫王弼背曰：「軍中皆稱爾爲猛將，能爲我取此乎？」弼應曰：「諾。」即馳鐵騎揮雙刀往擊之，敵衆小却。遇春因率衆乘之，士誠兵大敗，人馬溺死沙盆潭甚衆。士誠有勇勝軍，號「十條龍」，皆倉夫善爲盜者也，士誠每厚賜之，令披銀鎧錦衣，將其衆出入陣中，人不能測。是日，俱溺死錢萬里橋下。士誠馬驚墮水，幾不能救，肩輿入城，計忽忽無所出。時降將李伯昇知士誠勢迫，欲說令歸命，乃遣客詣士誠門告急。士誠召之入，曰：「爾欲何言？」客曰：「吾言爲公興亡禍福之計，願公妄意聽之。」士誠曰：「何如？」客曰：「公知天數乎？昔項羽喑嗚叱咤，〔一〕百戰百勝，卒敗北垓下，天下歸於漢祖，何則？此天數也！公初以十八人取高郵，元兵百萬圍之，此時如虎落穽中，〔二〕死在旦夕。一旦元兵潰亂，公提孤軍乘勝攻擊，東據三吴，有地千里，甲兵數十萬，南面稱孤，此項羽之勢也。誠能於此時不忘高郵之危，苦心勞志，收召豪傑，度其才能，任其職事，撫民人，練軍旅，嚴御將帥，有功者賞，敗軍者戮，使號令嚴明，百姓親附，何特可保三吴，天下可取也！」士誠曰：「足下此時不言，今復何及？」客曰：「此時雖有言，亦不得聞也。何則？公之子弟及親戚將帥，羅列中外，美衣玉食，歌妓舞女，日夕酣宴，身衣天下至美，口甘天下至味，猶未厭足。提兵者自以爲韓、白，謀畫者自以爲蕭、曹，傲然視天下不復有一人。當此之時，公深居於內，敗一軍不知，失一地不聞，縱知亦不問，故淪亡至於今日。」士誠曰：「吾亦甚恨無及，然則今當何如？」客曰：「吾有一策，恐公不能從也。」士誠曰：「不過死耳。」客曰：「使死有益於國家，有利於子孫，死固當。不然，徒自苦耳。且公不聞陳友諒乎？跨有荆、楚，甲兵百萬，與江左之兵戰於安慶，鏖於鄱陽，友諒舉火欲燒江左之船，天乃反風而焚之，友諒兵敗身喪，何則？天命所在，人力無如之何。且今江左攻我益急，公恃湖州援，湖州失；嘉興援，嘉興失；杭州援，杭州又失。今猶守尺寸之城，誓以死拒。然竊慮勢極患生，猝有變從中起，公此時欲死不得，生無所歸。故吾竊以爲莫如順天之命，自求多福。令一介之使，疾走金陵，稱公所以歸義救民之意，公開城門，幅巾待命，〔三〕亦不失萬户侯，況嘗許以竇融、錢俶故事耶？且公之地，譬如博者，得一人之物，而復失之，何損？」士誠俛首沉慮良久，曰：「足下且休，待吾熟思之。」然卒狐疑莫能决也。壬子，士誠復帥兵突出胥門索戰，鋒甚鋭，遇春禦之，兵小却。士信方在城樓上督戰，忽大呼曰：〔一四〕「軍士疲矣！且止，且止！」遂鳴金收兵，遇春因乘勝奮擊，大破之。追至城下，攻之益急，復築壘逼其城，自是士誠不復得出矣。士信張幙城上，踞銀椅，與參政謝節等會食，左右方進桃，未及嘗，〔一五〕忽飛礮碎其首而死。太祖實録

六月二十四日，張四丞相於西閶門督戰，方食桃，頰中石炮而死。徐達領四十八衛將士圍城，每一衛製「襄陽砲」架五座，「七稍砲」架五十餘座，大小將軍筒五十餘座，四十八衛營寨周列城圍，張氏欲遁，不能飛度。銃砲之聲晝夜不絶。俞本紀事録

銅將軍，刺僞相張士信也，〔一六〕丁未六月六日，士信爲龍井砲擊死。銅將軍，無目視有準，無耳聽有神。高沙紅帽鐵篙子，南來開府稱藩臣，兵强國富結四鄰，上稟正朔天王尊。阿弟柱國秉國鈞，僭逼大兄稱孤君。案前大事有褻嬖，後宮春艷千花嬪。水犀萬弩鎮震澤，河丁萬錘輸茅津，〔一七〕神愁鬼憒哭萬民。銅將軍，天假手，疾雷一擊粉碎千金身。斬妖蔓，拔禍根，烈火三日燒碧雲。鐵篙子，面縛西向爲吴賓。〔一八〕鐵崖樂府

潘元紹出戰歸，見事急，召其妾七人，謂曰：「我受國重寄，義不顧家，脱有不測，若輩當自引决。」最少妾段氏請先死，六人皆相繼自經。元紹焚之瘞後圃。丁未七月

五日也。潯陽張羽作七姬權厝志

僞周據吴日，開賓賢館以致天下士，其陪臣潘元紹以國戚元勛，位重宰相，雖酗酒嗜殺，而能禮下文士，故當日出於倉卒之際，而一時文章、書字皆極天下之選。文徵明跋

七姬之死，蓋出於潘之逼之，謂之不幸則可。平居優雜女子而漁聚之，〔一九〕一旦有變，恐樂他人之少年而雉經之。潘之惡甚矣！楊慎跋

金盤美人，刺僞駙馬潘元紹也。潘娶美娼凡數十，内一爲蘇氏，才色兼美，醉後，尋其罪，殺之，以金盤薦其首於客宴，絶類北齊王事。國亡，伏誅臺城，投其首於溷中。〔二〇〕昨夜金床喜，喜薦美人體。今日金盤愁，愁薦美人頭。明朝使君在何處，溷中人溺血骷髏。君不見，東山宴上琵琶骨，夜夜鬼語啼箜篌。鐵崖樂府

九月辛巳，大明兵取平江路，執張士誠。

時城圍既久，熊天瑞教城中作飛礮，以擊我師，城中木石俱盡，至拆祠廟、民居爲礮具。達令軍中架木若屋狀，承以竹笆，軍伏其下，載以攻城，矢石不得傷。至是，達督將士破葑門，遇春亦破閶門新寨，遂率衆渡橋，進薄城下。樞密唐傑登城拒戰，士誠駐軍門内，令參政謝節、周仁立栅以補外城。傑知不敵，投兵降，周仁、徐義、潘元

紹及錢參政皆降。士誠軍大潰，諸將遂蟻附登城。城已破，士誠猶使副樞劉毅收餘兵尚二三萬，親率之，戰於萬壽寺東街，復敗，劉毅降。士誠倉皇歸，獨坐室中，左右皆散走。達遣舊將李伯昇至士誠所諭意，時日已暮，士誠拒户自經，伯昇決户，令降將趙世雄抱解之，氣未絶復蘇。達又令潘元紹以理曉之，反覆數四，士誠瞑目不言，乃以舊盾舁之出葑門，途中，易以户扉，舁至舟中。太祖實録

七月初八日，張氏守葑門將朱平章開門納達兵，張氏令妻子眷屬登齊雲樓自焚，遂登殿飲鴆，侍者奪之。須臾，遇春兵至，李司徒扶士誠出殿，達與共舟至應天府。俞本紀事録

初達與遇春約，城破之日，中分撫定。先集將士申明上意，令將士各懸一小木牌，令曰：「掠民財者死。折民居者死。離營二十里者死。」及城破，達軍其左，遇春軍其右，號令嚴肅，軍士莫敢妄動，居民宴安。太祖實録

乙酉，〔二〕大明兵取通州。

達等遣許千户取通州，次狼山。守將張右丞降。右丞，士誠從子，所謂火眼張也。

丁亥，大明兵取無錫州。

莫天祐據無錫，達累遣使諭降，俱殺之。胡廷瑞攻之急，州人張翼率父老説天祐出降。天祐沉思良久，擲帽於地曰：「守此誠難，不如降也。」翼乃縋城而下，詣軍前請命，天祐遂出降。天祐性兇猛，有勇力，人稱爲莫老虎。壬辰，聚衆自保，張士誠陷常州，招之，不從。發兵攻之，不勝。士誠受元太尉官，天祐乃降，累表爲同僉、樞密院事。太祖實録

己丑，張士誠至建康，自縊死。

大將軍徐達遣人送張士誠至建康，士誠在舟中閉目不食，至龍江，堅卧不肯起，舁至中書省，相國李善長問之，不語。已而，士誠言不遜，善長怒罵之。上欲全士誠，而士誠竟自縊死。賜棺以葬之，死時年四十七。太祖實録

上召見士誠，但瞑目不言、不食，賜之衣冠，亦不受。遂令御士扛於竺橋，御杖四十而死。上命焚瘞於石頭城。俞本紀事録

達克平江，凡獲其官屬平章李行素、徐義，右丞饒介，參政馬玉麟、謝節、王原恭、董綬、陳恭，同僉高禮，參軍陳基，右丞潘元紹等所部將士，杭、湖、嘉興、松江等府官吏、家屬及外郡流寓之人，凡二十餘萬，并元宗室神保大王、黑漢等皆送建康。叛將熊天瑞伏誅。太祖實録

城破，械張士誠同王、蔡、葉到京，命縊殺之。及獲原叛降人王哈剌不花、徐大舍、單同僉、熊天瑞，太祖曰：「此等叛逆之人，皆明正典刑。」國初事迹

張氏生有東南富饒之地，軍食豐足，兵多驕脆。諸暨老謝叛歸之，〔二〕其勢足以得浙東；婺州苗軍叛歸之，其勢可以得婺州。皆遲而不取。臺兵十三萬攻之，不戰而潰。先是乙巳，常遇春襲通、泰，據鹽場，夜負小舟過壩，攻取高郵，淮東悉爲臺有。未幾，盡取浙西，獨平江與無錫莫老虎堅守，前後攻圍一年，臺兵死者十餘萬。城破，械送於臺，以弓弦勒殺之，剮莫老虎。九朝談纂

初士誠見兵敗，謂其妻劉氏曰：「我敗，且死矣，若曹何爲？」劉氏曰：「君勿憂，妾必不負君。」乃積薪齊雲樓下，及城破，驅其群妾、侍女登樓，趣共自盡，令養子辰保縱火焚之，遂自經死。士誠有二子皆幼，城將破，劉氏以白金遺乳媼，令負二子逃民間，不知所終。太祖實録

劉夫人，至正太尉吴王嬪。笄珈車服置弗御，澹烟常鎖雙眉春。中州援遠敵在目，權貴日驕疆日蹙。〔三〕背城借一王本心，狐埋狐搰將軍欲。夫人勇决烈女義，百口樓居親舉燧。片時陰慘萬姓生，月明風清珮音至。君不見，男兒成敗古有之，孰以楚霸輕虞姬。蘇民安得夫人祠，烏栖白烏庶少衰。王逢梧溪集

辛丑，大明平吴師還，論功行賞。

師還，上召右相國李善長、左丞相徐達、平章常遇春、都督馮宗異、平章湯和、胡廷瑞、右丞廖永忠、左丞華高、〔二四〕都督康茂才、都督副使張興祖、梅思祖、參政薛顯、趙庸、曹良臣及各衛指揮、千、百户於戟門，封善長爲宣國公，達爲信國公，遇春爲鄂國公，達綵段表裏十一匹，遇春十匹，廷瑞、宗異各九匹，和、良臣各八匹，永忠、高、茂才各七匹，顯、庸、〔二五〕興祖各六匹，指揮人五匹，千户人四匹，百户人三匹，軍人米一石，鹽十斤。明日，達等入謝，上語之曰：「公等還第，置酒爲樂否？」對曰：「荷主上恩德，皆置酒相慶。」上曰：「吾寧不欲置酒，與諸軍爲一日之歡，但中原未平，非宴安之時。公等不見張氏所爲乎？終日相與酣歌逸樂，今竟何如？宜深戒之。」壬寅，上視朝戟門，召浙西來歸諸將諭之曰：「吾所用諸將，多濠、泗、汝、潁、壽春、定遠諸州之人，勤苦儉約，不知奢侈，非比浙江富庶，耽於逸樂。汝等亦非素富貴之家，一旦爲將握兵，多取子女玉帛，非禮縱横。今既歸於吾，當革去舊習，如吾濠、泗諸將，庶可保爵位。汝等誠能盡心效職，從大軍除暴平亂，使大業早定，非獨己受富貴，子孫亦得以世享其富貴。若肆志一時，雖暫得快樂，旋復喪敗，何得爲真富貴乎！此皆汝等所親見者，不可不戒也。」諸將皆頓首。太祖實録吴元年，國兵圍姑蘇，張士誠縊不死，就擒。天台王澤叔潤有詩哀之，云：「天星夜墮水犀軍，又見吴宫走兔群，睥睨金湯徒自棄，倉皇玉石竟俱焚。將軍只合田横死，國士今無豫讓聞。風雨明年寒食節，麥盂誰洒太妃墳。」先伯亦有絶句云：「虎鬥龍争既不能，雞鳴狗盗亦何曾。陳平、韓信皆歸漢，只欠彭城老范增。」蓋張氏據有浙西富饒地，而好養士，凡不得志於前元者，争趨附之，美官豐禄，富貴赫然。有北樂府譏之，云：「皂羅辨兒緊札稍，頭戴方簷帽，穿領闊袖衫，坐個四人轎，又是張吴王果蟲兒來到了。」及城破，無一人死難者，武夫健將惟束手賣降而已，詩意有所謂也。瞿祐歸田詩話

史官曰：張氏據吴建國，偃然自王，其勢若甚易者，何哉？蓋當四方擾攘，民心皇皇，無所依歸，有能保障之者，亦可以苟安也。惟當時主以游談之人，濟以脆耎之卒，上下逸豫，遂忘遠圖。終焉天兵一臨，獸伏鳥散，三吴故疆，竟歸真主。使張氏如錢俶之見幾待命，不勞血戰，亦足以庇其子孫，何至國蹙城破，身爲俘囚，如劉鋹耶！雖然，倔强激烈，負氣而死，其兄弟妻孥，亦不受辱，較之李重光之柔懦則過之耳。故嘗以所聞故老之語，及士大夫所記，參以史書所載，爲録以傳之後世，必有考焉。〔二六〕平吴録

余嘗過張士誠故宫，廢墟殘堞，鞠爲茂草，有足悲者。及詢之父老，往往能言其概。方其據吴僭王，財賦甲兵雄於四方，亦隗囂、公孫述之徒匹也。卒之疆圉日蹙，猶欲嬰城巷戰，以蕞爾偏隅，抗我王師，妻孥爲戮，彼其政教弗修，淫湎汰奢，賢豪弗爲之用，即有所施設，足以自亡而已矣。哀哉！録三卷。吴文定公寬所撰，後有論。

袁襄撰平吴録序

俞本曰：士誠之敗，何也？士誠施仁而不當於理，將士奢侈而惜其生，及馭將士無異於富家養嬌子，豈主國命師之道哉！出師之日，總兵者駐城遷延不進，遣人詣士誠曰：「糧賞不敷，士卒不敵，衣甲旗幟不鮮。」俟如其請，方行，又携妓妾從征。及遇大敵交鋒，將士潰散而回，又不誅責，却加陞賞。如此不亡者鮮矣！士誠之心，知施恩而不知施威，知取之易而不知守之難也！

校勘記

〔一〕上親督水軍及馬步軍往救：原本脱「督」，據太祖洪武實録卷一六補。

〔二〕揚矛直擣於近郊：原本訛「於」爲「其」，「揚矛」爲「楊苗」，適園本作「楊荀」，據平吴録改。

〔三〕錢糧：原本訛「糧」爲「塘」，據平吴録改。

〔四〕余得全：原本訛「余」爲「俞」，「全」爲「金」，據太祖洪武實録卷一六改。

〔五〕晉德成：太祖洪武實録作「賈德成」。

〔六〕昇山：原本訛「昇」爲「弁」，據太祖洪武實録卷一六改，下同。

〔七〕靖州：原本訛「州」爲「川」，據太祖洪武實録卷七一改。

〔八〕張天麒：原本脱「天」，據適園本補。

〔九〕起敵臺以圖之：原本訛「圖」爲「圍」，據適園本改。

〔一〇〕署旗爲元字：原本訛「字」爲「自」，據太祖洪武實録卷一八改。

〔一一〕喑嗚叱咤：原本訛「嗚」爲「啞」，據太祖洪武實録卷一九改。

〔一二〕穽中：原本訛「穽」爲「穿」，據太祖洪武實録卷一九改。

〔一三〕幅巾待命：原本訛「巾」爲「中」，據太祖洪武實録卷一九改。

〔一四〕忽大呼曰：原本訛「忽」爲「急」，據太祖洪武實録卷一九改。

〔一五〕未及甞：原本訛「未」爲「來」，據太祖洪武實録卷一九改。

〔一六〕僞相：原本訛「相」爲「利」，據鐵崖逸編注卷二改。

〔一七〕茅津：原本訛作「第澤」，據鐵崖逸編注卷二改。

〔一八〕面縛：原本訛「面」爲「而」，據鐵崖逸編注卷二改。

〔一九〕平居優雜女子而漁聚之：原本訛「優」爲「擾」，據楊慎跋改。

〔二〇〕溷中：原本脱「中」，據鐵崖逸編注卷二改。

〔二一〕乙酉：原本訛「乙」爲「己」，元史卷四七順帝十至正二十七年七月條載：「乙酉，大明兵取通州。」據改。

〔二二〕叛歸之：原本訛「叛」爲「判」，據九朝談纂改。

〔二三〕權貴：原本訛「權」爲「叔」，據王逢梧溪集改。

〔二四〕左丞：原本訛「左」爲「右」，據太祖洪武實録卷二〇改。

〔二五〕庸：原本訛作「榮」，據太祖洪武實録卷二〇改。

〔二六〕必有考焉：原本訛「考」爲「取」，據平吴録改。

國初群雄事略卷之九

台州方谷真

谷真姓方氏，台之黄巖人。初名國珍，後更名真避廟諱也。又改國爲谷，名谷真。避高帝御字也，仁宗實録諸書概從舊名，誤矣，當以宋濂神道碑正之。至正八年聚衆海上，據有温、台、慶元等處。太祖吴元年十二月來降，凡二十年，授資善大夫、廣西等處行中書省左丞。洪武七年三月壬辰，卒於京師鍾山里之私第，年五十又六，葬於城東二十里玉山之原。

至正八年戊子十一月，台州方國珍爲亂，聚衆海上，命江浙行省參知政事朵兒只班討之。

台州黄巖民方國珍爲蔡亂頭、王伏之讎逼，遂入海爲亂，刼掠漕運糧，執海道千户德流于實。事聞，詔江浙參政朵兒只班總舟師捕之，追至福州五虎門，國珍知事危，焚舟將遁，官軍自相驚潰，朵兒只班遂被執。國珍迫其上招降之狀，朝廷從之，國珍兄弟皆授之以官，國珍不肯赴，勢益暴横。元史泰不華傳國珍名珍，以字行，世以販鹽浮海爲業，長身黑面，頗沉勇。至正中，同里蔡亂頭嘯聚惡少年行劫海上，有司發兵捕逐。國珍怨家陳氏誣搆國珍與寇通，國珍怒殺陳氏，陳氏屬訴於官。官發兵捕之急，國珍遂與兄國璋、弟國瑛、國珉及鄰里之懼禍逃難者亡入海中。旬月間，得數千人，劫掠漕糧，執海道千户。事聞，詔行省參政朶兒只班總舟師捕之，兵敗，反爲所執。國珍因迫使請於朝，下招安之詔，元主從之，遂授慶元定海尉。國珍雖受官還故里，而兵聚不解。太祖實録方國珍本傳

國珍，台之寧海人。其居有山，在其中曰楊嶼。〔一〕嘗有童謡曰：「楊嶼青，出賊精。」其初亦欲爲國宣功，〔二〕後失望，〔三〕遂出忿言，曰：「蔡能爲盜，我豈不能耶！」遂叛。先是，蔡亂頭剽劫海商，始爲格命捕之。方家楊嶼，力能走及奔馬，慕賞功官爵，募衆至數千人。時台總管焦鼎等納蔡之賄，薄其罪而不加誅，玩忽歲月。方遂與兄國璋、弟國瑛、姪亞初入海爲寇，官兵皆不戰而敗。朝廷恐爲海運之梗，招安之，即啗以海運千户，及既定，瀕海之民與萬户蕭載之謀襲殺之，不果，又叛。草木子

谷真爲台州土豪，至正初，造船千艘於海上劫掠商賈，集蠻卒數萬，阻元之海運，霸佔浙東、西瀕海州邑。時有「楊嶼青，出賊精」之謡。谷真所居有山曰楊嶼，一曰洋嶼山，素無草木。是年青草徧生，國珍之兵果起。方氏事迹

公長七尺，狀貌魁梧，身白如瓠，有偉丈夫量，未嘗宿怨，識者已知其爲貴人。至正初，李大翁嘯衆倡亂，出入海島，劫殺漕運舟，殺使者。有司捕索久不獲，因從而緩輯之。劇盜蔡亂頭聞其事，謂國家不足畏，復效尤爲亂，勢鴟張甚。中書參知政事朵兒只班發郡縣兵討之，公之怨家誣搆與其通，逮繫甚急，屢捐貲賄吏，尋捕如初。公謀於家曰：「朝廷失政，總兵者玩寇，區區小醜不能平，亂自此始。今酷吏藉之爲奸，媒孽及良民，吾若束手就斃，一家枉作泉下鬼，不若入海爲得計耳。」咸欣然從之。郡縣無以塞命，妄械齊民以爲功。民亡公所者，旬日得數千，久屯不解。朝臣察其非罪，奏爲慶元定海尉，使散衆各安其居。洪武九年十一月，翰林學士承旨宋濂奉敕撰神道碑銘，其子禮請於朝，留守都衛經歷天台詹鼎撰行狀。

至正九年己丑。

至正十年庚寅十二月己酉，方國珍攻温州。

國珍復入海，燒掠沿海州郡。元史泰不華傳

至正十一年辛卯正月庚申，命江浙行省左丞孛羅帖木兒討方國珍。六月，孛羅帖木兒爲國珍所敗。

二月，〔四〕詔孛羅帖木兒爲江浙行省左丞，總兵至慶元。以泰不華諗知賊情狀，遷浙東道宣慰使都元帥，分兵於温州，使夾攻之。未幾，國珍寇温，泰不華縱火焚之，一夕遁去。既而孛羅帖木兒密與泰不華約，以六月乙未合兵進討。孛羅帖木兒乃以壬辰先期至大閭洋，國珍夜率勁卒縱火鼓譟，官軍不戰而潰，赴水死者過半。孛羅帖木兒被執，反爲國珍飾詞上聞。泰不華聞之，痛哭輟食數日。朝廷弗之知，復遣大司農達識帖睦邇、江浙行省參知政事樊執敬等至黄巖招之，國珍兄弟皆登岸羅拜，退止民間小樓。是夕，中秋月明，泰不華欲令壯士襲殺之，達識帖睦邇適夜過，泰不華密以事白之，達識帖睦邇曰：「我受詔招安耳，公欲擅命耶？」事乃止。檄泰不華親至海濱，散其徒衆，拘其器舟。國珍兄弟復受官有差。元史泰不華傳

朝廷命參政孛羅討方國珍，兵未交，先潰，郝萬户爲所獲，方拘置舟中，使求招安。郝故出高麗后位下，請託得行，遂特旨釋之，進爵免拜參矣。嗚呼！邊方貪官既失之於始，中宫寵后又失之於終，刑賞無章，紀綱大壞，而中原之寇起矣。草木子

至正十二年壬辰三月，方國珍復劫其黨下海，入黄巖港，台州路達魯花赤泰不華率官軍與戰，死之。

朝廷征徐州，命江浙省臣募舟師守大江，國珍懷疑，復入海以叛。泰不華發兵扼黄巖之澄江，而遣義士王大用抵國珍，示約信，使之來歸。國珍益疑，拘大用不遣，以

小舸二百突海門，入州港，犯馬鞍諸山。國珍戚黨陳仲達往來計議，陳其可降狀。〔五〕泰不華率部衆，張受降旗乘潮而前，船觸沙不能行，猝與國珍遇，呼仲達申前議，仲達目動氣索，泰不華覺其心異，手斬之。即前搏賊船，射死五人，賊躍入船，復所死二人，賊舉槊來刺，輒斫折之。賊群至欲抱持過國珍船，泰不華瞋目叱之，脱起，奪賊刀，又殺二人。賊攢槊刺之，中頸死，猶植立不仆，投其屍海中。僮名抱琴，及臨海尉李輔德、千户赤盞、義士張君璧皆死之。元史泰不華傳

五月，命江南行臺御史大夫納麟給宣敕與台州民陳子由、楊恕卿、趙士正、戴甲，令其集民丁夾攻方國珍。

十二年五月，方國珍寇台州，自中津橋直上登樓，騎屋山，内薄臨城，〔六〕城中人方拒擊，樓忽自壞，登者盡壓死。賊遂縱火焚郭外民舍，樓并燬。劉基台州天妃廟碑

方寇起，瀕海豪傑如蒲圻趙家、戴綱司家、陳子游等，傾家募士，爲官收捕，至兄弟子姪皆殲於盜手，卒不沾一命之及，屯膏吝賞至於此。其大盜一招再招，官已至極品矣。由是上下解體，人不向功，皆甘心爲盜。先是國珍初亂，朝廷頒諭數道，敕十數道，〔七〕懸以購人立功。及有功，亦竟不與。又獲功之官，於法非得風憲體覆牒文，不輒命官；憲使招權，非得數千緡不與行遣。有功無錢者，事從中輟，皆抱怨望。其

後盜塞寰區，空名宣敕，遇微功即填給，人已不榮之矣。草木子

八月，方國珍率其衆攻台州城，浙東元帥也忒迷失、福建元帥黑的兒擊退之。

至正十三年癸巳正月丙子，方國珍復降。

中書參知政事帖里帖穆爾出爲江浙行省左丞，領征討事。賊聞之，因守帥吴世顯納款請降，奏上，有詔，命左丞與南臺侍御史左答納實理同往察，便宜以行招討。於是二公至台州，遣使宣諭，方氏兄弟悉歸所俘民，願歲率其徒防漕糧至直沽以自效。於是，海上悉平。劉基天妃廟碑

三月，命江浙行省左丞帖里帖木兒、江南行臺侍御史左答納失里撫諭方國珍。

十月庚戌，授方國珍徽州路治中，國璋廣德路治中，國瑛信州路治中。

從帖里及左答二人之請也。於是督遣之任，國珍疑懼，不受命。元史

至正十四年甲午四月，以阿兒海沙爲江浙行省右丞，恩寧普爲本省參知政事，總兵討方國珍。

先是帖里帖木兒等招諭國珍，報國珍已降，乞立巡防千户所，朝廷授以五品流官，令納其船，散遣徒衆。國珍不從，擁船一千三百餘艘，仍據海道，阻絶糧運。以故御史臺臣糾言二人之罪，令阿兒海沙等討之。元史

帖里帖木兒招諭方寇，辟公爲行省都事。公建議以爲方氏首亂，掠平民，殺官吏，其兄弟宜捕而斬之，〔八〕餘黨宜從招安。方氏懼，請重賂公，公不受。左丞以公所議請於朝。方氏乃悉其賄，使人浮海至燕京賂，省院臺俱納之，准招安，授國珍以官，罷左丞輩，羈管公於紹興。是後，方氏益横。誠意伯劉公行狀

按：誠意伯行狀與元史異，蓋元史所據者，一時省臺之議，與左丞輩相左者也。當以行狀爲正。

九月，方國珍拘執元帥也忒迷失、黄巖州達魯花赤宋伯顔不花、知州趙宜浩以俟詔命。

國珍攻台州久不下，有漁者九人，嘗夜從水關入城，漁畢則出，既久，乃就國珍獻計，國珍與謀而遣之。一夕，國珍兵至西門，漁者使數人於西門大噪放火，城中官兵盡趨救之。又數人密從東門斬關而出，納外兵，遂陷台州。月山叢談

至正壬辰春，國珍率海島貧民千餘艘突入劉家河，燒運船無算，遂抵太倉，大肆焚掠。浙省參政寶哥、樊執敬以兵數千來援，遣平江奕十字軍爲前鋒，潰於張涇，賊大獲金帛而歸。十四年，國珍復率蘭秀山賊來寇，水軍副萬户董摶霄禦之於劉家河，及半涇，斬首數百級，賊遂遁去。嘉定縣志

至正十五年乙未，方國珍剽掠温州、慶元等路，朝廷招諭不下。方氏陷温、台、慶三郡，俱在甲午、乙未間，元史及實録俱不詳。

至正十六年丙申三月戊申，方國珍復降，以爲海道運糧漕運萬户，兼防禦海道運糧萬户。其兄國璋爲衢州路總管，兼防禦海道事。

至正十七年丁酉，方國珍據温、台、慶元等處。

厥後，汝、潁兵大起，海内鼎沸，齊國忠襄王李察罕保鳌河、雒，晉、冀，李思齊、張思道號令關陝，陳友諒、明玉珍分有江、漢、荆、益，張士誠據淮、浙，公亦有慶元、台、温三郡之地。同縣張子善者，好從横之術，走説公曰：「夷狄無百年之運，元數將極，不待知者而後知。今豪傑並起，有分裂之勢，足下奮袂一呼，千百之舟，數十萬之衆，可立而待。泝江而上，則南北中絶。擅餽運之粟，舟師四出，則青、徐、遼、海、閩、廣、甌、越，可傳檄而定。審能行此，人心有所屬，而伯業可成也。」公曰：「君言誠是，然知謀之士，不爲禍始，不爲福先。朝廷雖無道，猶可以延歲月。豪傑雖並起，智均力敵，然且莫適爲主，保境安民，以俟真人之出，斯吾志也。願君勿復言。」子善謝去。神道碑

八月乙丑，陞左丞方國珍爲江浙行省參知政事，海道運糧萬户如故。

公累遷至江浙行中書參知政事。會有詔徵兵討張士誠，公遂出師。士誠知公且至，遣其將史文炳、吕真統十將軍兵七萬禦公於崑山。崑山去姑蘇七十里，士誠之僞都在焉。文炳、真陳兵城中，〔九〕乃以步騎夾岸爲陣。士誠命游兵往來，旌旗數十里不絶，氣勢甚盛，公曰：「濱海之地非四達之衢，乃復參用步騎兵，雖衆不足畏也。」公舟師僅五萬，〔一〇〕身率壯士數百趨畚子橋。文炳、真使十將軍薄水戰，矢石如雨。公戒其衆持葦席，藉塗泥，冒矢石，文炳、真急奮呼夾岸之軍，以火箭亂射，公燎及鬚髯，横刀大呼而入，殺兩將軍及十餘人，軍大潰。公與壯士追擊，趨其中堅，文炳、真接戰，公出入陣中，所向輒披靡，〔一一〕橋左右水騎迄不得成列，而岸上軍又敗北，文炳、真棄馬走，亡七將軍，溺死者萬計，公乃次兵於岸。明日又戰，七戰七捷，直至城下。士誠得報，遣使者送款，請奉元正朔。〔一二〕公還，遂授公節鉞鎮浙東，開治於鄞。元之君臣多公之勛，復數加爵賞，俄至太尉、江浙行省左丞相，賜衢國公印章。昆弟子姓賓客皆至大官。神道碑

僞周張士誠據姑蘇、常、湖等郡，元患之，且欲藉國珍收士誠，因授江浙行省參知政事，兄弟轉官有差。令其將兵討士誠，國珍遂率兄弟諸姪以舟師五萬，進擊崑山州，七戰七捷。會士誠亦送降款於元，元從其請，遂命國珍罷兵。國珍還，開治於慶

元，而兼領温、台，全有三郡之地。遂以兄國璋、弟國瑛居台，侄明善居温，而留弟國珉自副。太祖實録方國珍本傳

士誠屢爲我軍所敗，又南與楊完者接境，方國珍乘隙，又以海濱攻擊崑山。乃託丁氏往來説合，結爲婚姻，於是兩境之民稍息。秘閣元龜政要

張士誠據平江，國珍已歸元，以温、台、明三州之師來稱克復。張氏遣其將呂珍守奤子，有漕户倪蓬頭者，〔三〕爲國珍内應，潛襲呂珍，珍僅以身免。後張氏降元，國珍復來寇，士誠復遣呂珍迎之，大破三州兵，浮屍蔽江，江水爲之不流。自是方氏不敢復爲寇。嘉定縣志

按：神道碑但記奤子之勝，而志兼記三州之敗，蓋各從其國記耳。又元授國珍參政在丁酉八月，士誠降元亦在是月，而政要諸書紀兩家結好，乃在丙申之十二月，其誤明矣。鄭元祐白雲海記云：「丁酉，海寇劫崑山。」即國珍兵也。

至正十八年戊戌十月丁亥，御史大夫拜住哥誘殺樞密院判邁里古思。

方國珍遣兵侵據紹興屬縣，樞密院判官邁里古思曰：「國珍本海賊，今既降，爲大官，而復來害我民，可乎！」欲率兵往問罪。先遣部將黄中取上虞，中還，請益兵。朝廷方倚重國珍，資其舟以運糧，而御史大夫拜住哥與國珍素通賄賂，憤邁里古思擅

舉兵，且恐生事，即召邁里古思至其私第，與計事，命左右以鐵鎚撾死之，斷其頭，擲厠溷中。黄中乃率其衆復仇，盡殺拜住哥家人及臺府官員掾史，獨留拜住哥不殺，以告於張士誠，士誠乃遣其將以兵守紹興。元史邁里古思傳

戊戌十月二十二日，邁里古思出兵與方谷真部下馮萬户鬥，不利，駐軍東關，單騎馳歸。二十三日遲明，拜住哥召君私第議事，至中門左右，以鐵鎚撾殺之。部將黄中率衆爲復仇，入拜家，舉其屍，無元，大索三日，得於溺池中。輟耕録

十二月，大明太祖皇帝遣主簿蔡元剛、儒士陳顯道往慶元招諭方國珍。

時上親取婺州。太祖實録

按：方氏事迹諸書並云：是年，上遣典籤劉辰使慶元，却國珍所遣侍姬，而實録不載。

至正十九年己亥正月乙卯，方國珍遣使奉書來獻黄金五十斤，白金百斤，金織文綺百端。

蔡元剛至慶元，國珍與其下謀曰：「方今元運將終，豪傑並起，惟江左號令嚴明，所向莫敵。今又東下婺州，恐不能與抗。况與我敵者，西有張士誠，南有陳友定，莫若姑示順從，藉爲聲援，以觀其變。」衆以爲然。至是，遣使奉書獻金幣，願合兵共滅

張士誠。書略曰：「國珍生長海濱，魚鹽負販，無聞於時。向者因怨搆誣，逃死無所，遂竄海島，爲衆所推，連有三郡，非敢稱亂，迫於自救而已。惟明公倡義濠梁，東渡江左，據有形勝，以制四方，奮敭威武，以安百姓。國珍嚮風慕義，欲歸命之日久矣，道路壅遏，不能自通。今聞親下婺城，撫安浙左，威德所被，人心景從。不棄獷愚，猥加誨諭，開其昏矇，俾見天日，此國珍所素願也。謹遣使奉書上陳懇款。或有指揮，願效奔走。首言爲定，明神實臨。」上復遣省都鎮撫孫養浩報之。國珍雖納款，然尚陰持兩端。

三月丁巳，方國珍遣郎中張本仁以温、台、慶元三郡來獻，且以其次子關（關，後改名明完，一作亞關）爲質。上厚賜而遣之。

公遣子完入侍，上喜曰：「英雄以義氣相許，當如青天白日，事成同享富貴，何以質子爲？」遂使完歸。公復遣使者，願守城邑，如錢鏐故事，歲貢白金以給軍貲，上許之。然猶自海道輸粟元都，上方勵志中原，公獨屏蔽江濱，使者交於二境，上惟求庇民而已。神道碑

九月甲寅，太祖遣博士夏煜授方國珍兄弟行省平章等官有差。

上遣煜授國珍福建等處行中書省平章政事，國璋行中書省右丞，國瑛行中書省

參政，國珉江南行樞密院僉院，各給符印，乃以本部兵馬城守，俟命征討。煜至慶元，國珍欲不受，業已降；欲受，又恐受制。乃詐稱疾，但受平章印，告老不任職，遇使者亦頗倨。惟國珉開樞密分院署事，用樞密院印，其餘印信留而不用，心持兩端。太祖寬容之。國初事迹、太祖實録同

太祖遣亞闞回，降以銀印，令奉龍鳳正朔，遣博士夏煜齎往慶元分署。月山叢談

十月，元以方國珍爲江浙行省平章政事。

方是時，元每歲遣官督國珍備海舟，至張士誠所，徵漕米十萬餘石，渡海北輸元都，累加國珍官至太尉、江浙行省左丞相。自是，國珍兄弟子姪貪虐日甚，雖時遣人入貢，其實假此以爲覘伺。

至正二十年庚子正月，夏煜還，太祖復遣都事楊憲、傅仲彰往慶元諭國珍。

時夏煜自慶元還，言國珍奸詐狀。上曰：「吾方致力姑蘇，未暇與較。」乃遣都事楊憲、傅仲彰往諭之，曰：「吾始以汝爲豪傑，識時務，不待征討，幡然歸命。嘉汝之意，命以高官，兄弟顯榮，自制一面，豈效他人陽交陰備，徒爲羈縻之國而已。豈意汝自迷惑，昧遠大之圖，爲覆滅之計，外雖納降，內實反覆。欲覘我虛實，則遣質子欲卻我官爵，則稱老病。此何爲者？吾寧不能遣一偏裨，將十萬衆，直窮海島，以取汝

耶！顧以汝率先來歸，姑忍須臾，待汝自改耳。汝及今洗心改過，不負初心，則三郡之地庶幾可全，福禄庶幾可保。不然，吾恐汝兄弟敗亡，妻子爲僇，徒爲人所指笑。夫智者轉敗爲功，因禍成福，汝其圖之。」國珍不省。太祖實録

十一月甲寅，太祖復遣博士夏煜、陳顯道往諭方國珍。甲寅朔，上復遣博士夏煜、陳顯道諭國珍，曰：「福基於至誠，禍生於反覆，譎詐者亡，負固者滅，隗囂、公孫述之事可以鑒矣。汝首致甘言，終懷反覆，大軍一出，不可以甘言解也。汝宜深思之。」國珍始惶懼，對使者謝曰：「鄙人無狀，致煩訓諭。」使者歸，遂遣人謝過。太祖實録

方國珍既獻三郡，不奉正朔，太祖累遣夏煜、李謙、孫養浩、楊憲、傅仲彰、程明善往諭之，國珍答曰：「當初獻三郡，爲保百姓，請上國多發軍馬來守，交還城池。倘遽奉正朔，張士誠、陳友定來攻，〔一四〕援若不及，則危矣。姑以至正爲名，彼則無名罪我。果欲從命，必須多發軍馬，即當以三郡交還，國珍願領弟姪赴京聽命，止乞一身不仕，以報元之恩德。」上曰：「姑置之，俟我克蘇州，彼雖欲奉正朔則遲矣！」國初事迹

至正二十一年辛丑三月戊寅，方國珍遣檢校燕敬來謝夏煜之命，且以金玉飾馬鞍轡來獻。太祖却之。

時上正克江西，李善長遣其使就往進獻，上謂其使曰：「我取天下用馬，奚取此物！」次年，國珍又進大西馬四匹，上曰：「此馬可踏街。」隨賜將官，以克蘇州。國初事迹

至正二十二年壬寅二月，大明苗軍降將蔣英、李福叛，方國璋率兵邀擊，死之。降將蔣英、李福既叛，將由台州走福建，方國璋率兵邀擊於仙居，爲所敗，被殺。太祖實録方國珍本傳

苗軍劉震、蔣英等叛婺州，殺首帥胡大海，持其首來曰：「願隸麾下。」衆皆賀，獨公不許，曰：「吾昔遣使效錢鏐，言猶在耳，今納其叛人，是見小利而忘大信也。」遂帥師擊之，仲兄中流矢而殁。上遣使弔祭，且慰撫其遺孤。神道碑

至正二十三年癸卯。

至正二十四年甲辰九月，方明善攻平陽，大明參軍胡深遣兵擊敗之。先是温州土豪周宗道據温之平陽，屢爲明善所逼，歸降於我。明善怒，益率兵攻之，宗道求援於深，深出師擊敗之，遂攻下瑞安，進兵温州。明善懼，與國珍謀輸歲貢銀二萬兩充軍費，請守鄉郡，如錢鏐故事。上許之，命深班師。太祖實録

至正二十五年乙巳十月，元以方國珍爲淮南行省左丞相，開省慶元。

至正二十六年丙午四月，方國珍遣經歷劉庸等來貢白金二萬兩。

十月，元以方國珍爲江浙行省左丞相，弟國瑛、國珉、姪明善並爲江浙行省平章政事。

公世爲善人，而其父尤柔良，人弱之，屢致侵蝕。父嘆曰：「吾諸子當有興者，無久苦我。」其後五子果貴顯。元季以公之貴，贈曾祖、祖皆行省平章、勛柱國、越國公，父伯奇淮南行省左丞相、上柱國，追封越國公，曾祖妣暨兩妻董氏皆封越國夫人。神道碑

明善小字亞初。方氏事迹

吳元年丁未四月己未，〔一五〕太祖以方國珍反覆，以書數其十二過。

國珍既入貢，復陰泛海北通擴廓帖木兒，南交陳友定。王師討姑蘇，國珍擁兵坐視，屢假貢獻覘勝敗，爲叛服計。上以書數其過曰：「當爾起事之初，元尚承平，天下誰敢稱亂？惟爾倡兵海隅，元官皆世襲子弟，顧惜妻子，其軍久不知戰，故臨陣而怯，爾得鴟張於海隅。及天下亂，爾遂陷三州之地，扼海道之衝，竊據海島二十餘年，朝送款於西，暮送款於北，此豈大丈夫之所爲？爾過一也。吾下婺時，四方强敵甚多，豈暇用兵海島與汝較短長？爾自懷懼，遣子納降。吾以誠心待人，不逆爾詐，既遣還

爾子，爾乃詭詐多端，不數年間迭生兵隙，爾過二也。近者浙左會稽，浙右錢塘諸郡皆下，爾陰蓄異志，時遣人覘我虛實，爾過三也。未有釁端，先起猜忌，自懷反側，爾過四也。易交而輕侮，爾過五也。擴廓帖木兒以曹操之奸，將烏合之兵，東奔西擾，頓師乏糧，又爲李思齊、張思道逐出潼關。三秦已失，中原、徐、宿、邳郡爲吾籓籬，大可爲吾門户，吾舟師往來如入無人之境，爾不能料中原事勢，顧且泛海交好，聲言擊我，虛張聲勢，以速怨尤，爾過六也。彼若倉卒有事，爾隔海濱，豈能應援，敗亡由爾；〔一六〕彼若無事，交疎禮薄，則豪傑之怨，禍亂之生，由此始矣。爾過七也。爾兄弟無功於元朝，無恩於下民，盜據海隅，以勢要君，以私賄下，坐邀名爵，跋扈萬狀。今歸於我，而又不能善保富貴，欲驅民於鋒鏑，爾過八也。爾兵數出掠我並海之民，上帝好生，下民思治，乃違天虐民，爾過九也。爾若有大志，盡驅溫、台、慶元之民，與我較勝負，此果決丈夫之志也。今不能此，徒遣數舟，狗偷鼠竊，小舉而興大怨，爾過十也。吾遣兵入浙，下湖州，軍舊館，張氏將士盡皆降附，遂擣姑蘇，對壘深溝，民安如故。爾乃誘我海上土豪作亂，近已平定，匿其首惡，此豈良謀？爾過十一也。福建陳友定奸謀稔惡，以致阮德柔輩自相吞噬，彼可合乎？爾乃陰扇潛結，遙爲聲援，以詐交詐，豈能長久，如吾以誠待爾，反自疑貳，輒以詐罔。所謂「首言爲定」者何在？

爾過十二也。吾爲爾計，當未交敵國之先，不必送款納降，但有豪傑，止以平禮相好，守分保民，自安海隅，臨事而處，〔一七〕見幾而作，不輕屈膝，亦不生釁。此爾之福，民之福。今大敵未至，自生疑惑，起事危身，非計之善。亮此非爾本情，或由左右所誤。如左右有豪傑之士，能爲爾謀，擇交大敵，有一無二，保全必多矣。爾其深燭成敗，高覽遠慮，自求多福，尚可圖也」。國珍得書不報。太祖實録

七月，太祖遣使責國珍貢糧二十三萬石，仍以書諭之。國珍之初降也，約云：「杭城下，即納地來朝。」及克杭州，據境自若，時時遣間諜覘我虛實。上以書責之，曰：「汝初納款，謂杭州克，即獻土來歸。此汝左右之士，共保富貴之良謀也。豈意汝懷奸挾詐，陽降陰叛，數相愚弄。張士誠與爾壤地相接，取爾甚易，然所以不敢加兵於爾者，誠以吾力能制之。爾故得以安處海隅，坐享三郡之富，是吾大庇於爾也。爾乃自爲不祥，背棄信義，時遣奸細覘我動静，潛結陳友定以圖相援。彼自救不暇，何暇救人？爾何惑之甚也！今明以告爾，吾師下姑蘇，南取温、台、慶元，水陸並進，無能禦也。爾早於此時改過效順，能盡以小事大之義，猶可保其富貴，以詒子孫，以及下人。如其不然，集三郡之兵，與我較一勝負，亦大丈夫之所爲。更不然，舍三郡之民，爲偷生之計，揚帆乘舟，竄入海島。然吾恐子女玉帛，反

爲爾累，舟中自生敵國，徒爲豪傑所笑也。非分之恩，不可數得。爾宜慎思之。」書至，國珍大懼，集弟姪及諸將佐決去就。其郎中張本仁曰：「江左之兵方圍姑蘇，姑蘇勍敵也，國富兵强，高城深池，懷必死之志，勝負難必。彼安能輕越千里而取我？」劉庸曰：「江左兵多步騎，步騎平地用也。施諸海濱，其如吾海舟何？」國珍弟姪多以爲然，唯丘楠争曰：「此二者皆非所以爲公福也。惟智可以決事，惟信可以守國，惟直可以用兵。江左一下姑蘇，出兵南向，乘勝而驅，責吾背叛之罪，辭直而師壯，吾誰與爲援者？將一敗塗地矣。莫若遣使奉書，明示不敢背德，庶幾可以解紛息兵，而公得以常保富貴，福及子孫。不然，禍至無日矣！」國珍素戇闇，不能決，惟日夜運珍寶，集巨艦，爲汎海計。太祖實録

九月甲戌，太祖命參政朱亮祖帥浙江衢州、金華等衛馬步舟師討方國珍。

上謂諸將曰：「國珍魚鹽負販，呰窳偷生，觀望從違，志懷首鼠。今出師討之，勢當必克，彼無長策，惟有泛海遁耳。三州之民，疲困已甚，城下之日，毋殺一人。」太祖實録

丁酉，朱亮祖進攻台州，方國瑛出兵拒戰，我師擊敗之。辛丑，克台州，國瑛奔黄巖。

國瑛聞王師至，即欲遁去，其都事馬克讓自慶元還，言國珍方治兵爲城守計，勸國瑛勿去，始乘城拒守，士卒往往逃潰。我師攻之，急以巨艦載妻子夜出興善門，守黄巖。亮祖入其城，狥下仙居諸縣。十月，兵至黄巖州，國瑛燒廨宇民居，遁海上，守將哈兒魯降。太祖實録

癸丑，太祖命御史大夫湯和爲征南將軍，僉大都督府事吴禎爲副將軍，帥常州、長興、宜興、江陰諸軍討方國珍於慶元。

國珍聞之益懼，遂乘大舶遁入海島。和與禎引舟乘潮夜入曹娥江，夷壩通道，潛師出其不意，直抵車廐。方氏事迹

己巳，朱亮祖攻温州，方明善挈家遁去。

亮祖自黄巖進兵温州，擊敗國珍部將，於城南七里破其太平寨，遣指揮張俊、湯克明攻其西門，徐秀攻東門，柴虎將游兵應援。晡時，克其城，獲其員外郎劉本，方明善先已挈妻子遁去，亮祖分兵狥瑞安，樞密同僉謝伯通以城降。太祖實録

亮祖陣於温州城南七里，明善將黄宗雲、朱景達來降，亮祖納之，授以元帥。時李文忠遣耿天璧將蘇州兵抵温州太平嶺下，方明善遣衛兵拒戰，我師失利，宗雲等叛去。明日，天璧復引兵攻之，明善來禦，奮擊，大敗之，遂北至生婁門外，連破其太

平寨。亮祖分兵急攻，遂克其城，明善遁去。宗雲等復詣章溢降，溢怒其反覆，戮之。

十一月癸酉，朱亮祖襲方明善敗之。

亮祖率舟師襲敗明善於樂清之盤嶼，追至楚門海口，遣百户李德招諭之。太祖實録

癸未，大明兵取慶元路。

湯和兵至紹興，渡曹娥江，進次餘杭，降其知州李樞、上虞縣尹沈煜，遂進兵慶元，府判徐善等出降。方國珍驅部下乘海舟遁去，和率兵追之，國珍以衆力戰，我師擊敗之，擒其僞副樞方惟益、元帥戴廷芳等。國珍率餘衆入海，和還師慶元，徇下定海、慈溪等縣。丁酉，和等兵至車廄，會降者言方氏已挈家入海，禎即引師追至盤嶼，及之，國珍還師來拒，合戰至夜三鼓，敗之。國珍復挈妻子，棄其師而遁，盡獲其戰船錙重而還。遂下慶元，分兵戍之。乙未，和等進兵温州。

己丑，方國珍入海島，太祖命中書平章廖永忠爲征南副將軍，帥師自海道會和討之。

時方國瑛遣經歷郭春及其子文信詣朱亮祖納款。壬辰，方國珍部將徐元帥、李僉院等率所部詣湯和降。國珍見諸將皆叛，不得已，亦遣郎中陳廣、員外郎陳永奉書

於和乞降，又遣其子明完、明則、從子明鞏等納其省院及諸司銀印、銅印二十六并銀一萬兩、錢二千緡於和。太祖實録

丙申送方國瑛及其姪明善之建康。

朱亮祖兵至黄巖南檻，方國瑛及其兄子明善來見，湯和送之建康。太祖實録

十二月，方國珍歸於大明。

大將軍平姑蘇，縛士誠獻京師。公以久疾不視事，又幕府賓客無所陳説，失朝賀禮，上怒，大軍且壓鄞。公憂懼不知所爲，乃封府庫，具民數，使城守者出迎，躬挈妻孥避去海上，使完奉表謝曰："臣聞天無所不覆，地無所不載。王者體天法地，於人無所不容。臣荷陛下覆載生成之德久矣，安敢自絶於天地，敢一陳愚衷，惟陛下垂鑒。臣本庸才，處乎季世，保境安民，非有黄屋左纛之念。曩者，陛下霆擊雷掣之師，至於婺州，臣愚以爲天命有在，遣子入侍，於時固已知陛下有今日矣。所謂依日月之末光，望雨露之餘澤者也。而陛下開誠布公，賜手書，歸質子，俾守郡縣，如錢鏐故事。十年之間，與中吴角立，皆陛下之賜戢也。逮天兵下臨吴會，臣嘗上書，謂朝定杭、越，暮歸田里。不意今年以來，老病交攻，頓成昏昧，而弟兄子姪，志意不齊，致煩陛下興問罪之師，方懷憂懼，未能自明，而大軍已至台、温，令臣計無所出。雖遣使再

三，而承詔之師勢不容己。是以封府庫，開城郭，以俟王師之至。然猶未免爲浮海之計者，昔有孝子於其親也，遇小杖則受，大杖則走，臣之事適與相類。雖然，臣一介草莽，亦安敢自絶於天地。故每自思，欲面縛待罪闕庭，復恐陛下萬一震雷霆之怒，天下後世議者，不謂臣得罪之深，將謂陛下不能容臣，豈不累天地之大德哉！謹昧死奉表以聞，俯伏俟命。」上覽表，趣公入覲。公至京師，上且喜且讓曰：「若來何晚耶！」公即叩首謝罪。神道碑

上始怒國珍反覆，覽表憐之，乃賜書曰：「吾當以汝此誠爲誠，不以前過爲過，汝勿自疑。」太祖實録

辛亥，方國珍率其弟國珉見湯和於軍門，和乃送國珍等赴京師。凡得其部卒九千二百人，水軍一萬四千三百人，官吏六百五十人，馬一百九十四，海舟四百二十艘，糧一十五萬一千九百石。太祖實録

國珍實欲泛海，以風不順，不得已，歸命。月山叢談

戊午，徙方國珍所署僞官左右丞、元帥劉庸等居於濠州。

洪武二年己酉十月，以方國珍爲廣西行省左丞，李思齊爲江西行省左丞，俱不之官，食禄於京師。

洪武三年庚戌十二月，命方國珍子孫世襲指揮僉事。

洪武七年甲寅三月壬辰，廣西行省中書左丞方國珍卒。

太祖命湯和攻慶元，國珍懼，十年不改正朔，下海避之。繼又請降，惟姪方明善拒敵，後亦降。太祖以國珍既降，不念舊惡，授廣西行省參政，起造千步廊一百間報功。其次子亞關獻三郡海船水手數萬。及建言沿海築城立衛所防倭，太祖從之。國初事迹

谷真朝畢，宣升奉天殿，賜以龍衣冠帶，命於大臣班坐而宴。俞本紀事録

上以公誠慤，遇之特厚，每賜宴饗，皆與功臣列坐。未幾，有廣西左丞之命，俾奉朝請。一日侍上燕，坐不能興，輿至第，則成末疾矣。上數遣中使賜問，官其子禮廣洋衛指揮僉事，完虎賁衛千户所鎮撫，令得親見之。已而疾革，上遣中使問所欲言，公指使者中坐，良久，曰：「臣荷陛下厚恩，無尺寸之功，而子孫椎魯，絶不知人間事。幸陛下以臣故，曲加保全，則臣感恩九泉，爲犬馬報陛下矣。」言畢而逝。上親御翰墨爲文，命官致祭，皇太子暨親王亦如之。中書省、大都督府、御史臺亦皆奉上旨臨祭，成禮而去。先是，公病時，嘗屬諸子曰：「我即死，無歸葬海濱。皇上遇我過厚，可求京城外之地埋焉，且使後人習於禮義。」及是，卜城東二十里玉山之原，禮部爲奏請，

上欣然可之。神道碑

國珍與兄弟俱不知書，時佐其謀議者，同邑劉仁本、張本仁、鄭永思、永嘉丘楠輩，惟丘楠頗廉慎，餘皆由州縣胥吏進用，貪賄營私，無深慮遠略。其兄弟子姪分治二郡，政刑租賦，率任意爲輕重。姪明善居温，頗循法度。而兄國璋、弟國瑛居台，惟以買田、造舟、殖貨，爲富家計。及國珍降，其參佐皆被杖死，惟赦楠，仕爲韶州知府。太祖實録方國珍本傳

校勘記

〔一〕楊嶼：原本訛「嶼」爲「氏」，據草木子改，下同。

〔二〕宣功：原本訛「功」爲「力」，據草木子改。

〔三〕失望：原本訛「望」爲「賞」，據草木子改。

〔四〕二月：原本訛「二」爲「正」，據元史卷一四三泰不華傳改。

〔五〕陳其可降狀：原本訛「降」爲「憐」，據元史卷一四三泰不華傳改。

〔六〕内薄臨城：適園本作「肉薄臨城」。

〔七〕敕十數道：原本訛「道」爲「通」，據草木子改。

〔八〕其兄弟宜捕而斬之：原本訛「捕」爲「拒」，據誠意伯劉公行狀改。

〔九〕文炳真陳兵城中：原本訛「真」爲「直」，據神道碑改。

〔一〇〕公舟師僅五萬：原本訛「公」爲「兵」，據神道碑改

〔一一〕所向輒披靡：原本脱「披」，據神道碑補。

〔一二〕請奉元正朔：原本訛「請」爲「謝」，據神道碑改。

〔一三〕漕户：原本訛「户」爲「氏」，據嘉定縣志改。

〔一四〕陳友定：原本訛「定」爲「諒」，據國初事迹改。

〔一五〕四月：原本訛「四」爲「二」，太祖洪武實録卷一八吴元年夏四月己未條載：「……上以國珍反覆，以書數其十二過。」據改。

〔一六〕敗亡由爾：原本訛「敗」爲「敢」，據太祖洪武實録卷一八改。

〔一七〕臨事而處：原本訛「處」爲「懼」，據太祖洪武實録卷一八改。

國初群雄事略卷之十

汝寧李思齊

思齊，姓李氏，字世賢，汝寧羅山縣人。累官銀青光禄大夫、太尉、中書平章政事，兼知樞密院事，封許國公。洪武二年來降，授資善大夫、江西行省左丞。三年，除榮禄大夫、中書平章政事。七年九月四日卒，年五十二。

至正十二年壬辰，察罕帖木兒與信陽之羅山人李思齊同起義兵，襲破羅山，授察罕帖木兒爲汝寧府達魯花赤，李思齊爲汝寧府知府。

當元之季，汝、潁兵起，公招集義旅，數平郡縣，官中順大夫、汝寧府知府。宋濂撰平章李公權厝志

羅山縣典史李思齊與察罕克復羅山縣。庚申外史

至正十七年丁酉二月，察罕帖木兒與李思齊以兵自號援陝西，以察罕帖木兒爲陝西行省左丞，思齊爲四川行省右丞。

至正十八年戊戌正月，察罕帖木兒、李思齊合兵於鳳翔，詔察罕帖木兒屯陝西，思齊屯鳳翔。

四月，察罕帖木兒、李思齊會宣慰張良弼等討李喜喜於鞏昌，喜喜敗入蜀。察罕帖木兒駐清湫，李思齊駐斜坡，張良弼駐秦州，〔一〕郭擇善駐崇信，拜帖木兒等駐通渭，定住駐臨洮，各自除路、府、州、縣官，徵納軍需。李思齊、張良弼同謀襲拜帖木兒殺之，分總其兵。

五月，思齊殺同僉樞密院事郭擇善。

至正二十一年辛丑正月，李思齊進兵平伏羌縣等處。

五月癸丑，四川明玉珍陷嘉定等路，李思齊遣兵擊敗之。

按：實録明玉珍陷嘉定在十八年，而元史書於二十一年五月，未詳孰是。

李思齊受李武、崔德降。

九月，四川賊兵陷東川郡縣，李思齊調兵擊之。

十一月，察罕帖木兒、李思齊遣兵圍鹿臺，攻張良弼，詔和解之，俾各還信地，兵乃解。

至正二十二年壬寅正月，詔李思齊討四川，張良弼平襄漢。

時兩軍不和，故有是命。元史順帝紀

二月，知樞密院事禿堅帖木兒奉詔諭李思齊討四川。時思齊退保鳳翔，使至，進兵益門鎮；使還，復歸鳳翔。元史順帝紀

三月，李思齊遣兵攻張良弼，至於武功，良弼伏兵大破之。

六月戊子，田豐、王士誠刺殺察罕帖木兒。

至正二十三年癸卯四月，孛羅帖木兒、李思齊互相交兵。

六月，孛羅帖木兒方奉詔討襄漢，擴廓帖木兒部將歹驢等駐兵藍田、七盤，思齊攻圍興平，遂據盩厔，踵襲其後，孛羅帖木兒遣竹貞等入陝西，據其省治。擴廓帖木兒遣部將貊高與思齊合兵攻之，竹貞出降。

至正二十五年乙巳正月癸亥，詔封李思齊爲許國公。

三月，皇太子下令於擴廓帖木兒軍中，以孛羅帖木兒襲據京師，命擴廓帖木兒及陝西平章政事李思齊各統軍馬，奮義恢復。

六月，皇太子加李思齊銀青榮禄大夫、邠國公、中書平章政事、皇太子詹事，兼四川行樞密院事。

進保關陝，歷官至銀青光禄大夫、太尉、中書平章政事，兼知樞密院事。全境安

民，衛元社稷，其功爲多。權厝志

至正二十六年丙午二月，擴廓帖木兒還河南，調度各處軍馬，陝西張良弼拒命，李思齊、脱烈伯、孔興等兵皆與良弼合。

初，李思齊與察罕帖木兒同起義師，齒位相等。及是，擴廓帖木兒總其兵，思齊心不能平，而張良弼首拒命，孔興、脱烈伯等亦皆以功自持，請別爲一軍，莫肯統屬。擴廓帖木兒乃遣關保、虎林赤以兵西攻良弼於鹿臺，〔二〕而思齊亦與良弼合，兵連不能罷。元史察罕帖木兒傳

七月甲申，以李思齊爲太尉。

擴廓帖木兒遣關保、虎林赤合兵渡河，會竹貞、商暠，且約李思齊以攻張良弼。良弼遣子弟質於思齊以求援，良弼拒守，關保等不利，思齊請詔和解之。

九月，李思齊兵下鹽井，獲川賊余繼隆，誅之。

禮部侍郎滿尚賓、吏部侍郎掩篤剌哈自鳳翔還京師。

先是，尚賓等持詔諭思齊開通川蜀道路，思齊方兵争，不奉詔，留鳳翔一年，至是始還。元史順帝紀

至正二十七年丁未正月，李思齊、張良弼、脱烈伯自會於含元殿基，推李思齊爲

盟主，同拒擴廓帖木兒。

五月，李思齊遣張良弼部將郭謙等守黄連寨，關保、虎林赤等引兵拔其寨，郭謙走；會貊高等爲變，關保、虎林赤夜遁，李思齊速解而西。

六月，李思齊據長安，與商暠拒戰，侯伯顔達世進兵攻思齊，秦州守將蕭公達降思齊。思齊知關保等兵退，遣蔡琳等破其營，侯伯顔達世奔潰。

七月，李思齊遣許國佐、薛穆飛會張良弼、脱烈伯兵屯於華陰。〔三〕時朝命秃魯爲陜西行省左丞相，思齊不悦，遣其部將鄭應祥等守陜西，而自還鳳翔。元史順帝紀

八月，詔命皇太子親出總天下軍馬，而分命擴廓帖木兒自潼關以東，肅清江淮；李思齊自鳳翔以西，進取川蜀；秃魯與張良弼、孔興、脱烈伯等取襄樊。

十月丙辰，大明太祖高皇帝遣使以書諭元將李思齊、張思道。書曰：「曩者元君失馭，天下土崩，群雄欲成霸功者甚衆。然處非其地，徒擾擾以傷民，今十有七年矣，功業之建，概乎無聞。邇者，吾將軍傅友德守徐州，師至中灤，獲王保保部將，始知二公割據秦中，而王氏亦已守之，三分其險。數年之間，民無一定之歸，使人旁觀似無智者。以吾料之，非智不足也，患在因循。假元君之舊號，

決志不速，而使民横遭塗炭耳。區區雖昧於見聞，然嘗與高明長者才能之士，論訪海内形勢，天運去留之幾，頗知一二。况人之常言，天道所助者在德；地利可據者在險。今百二山河，二公割據，不相上下，必欲相爲犄角，分富貴於其中。恐可保其暫，未可保其終也。今吾不畏二公之怒，直辭相告，二公當揣其福德、威力足慰民望者，推一人爲尊，撫定關中，以一民心，擁精兵，守要害，虎視太行之東、大河南、北。使君尊於上，公卿將相各安於下，家樂其業，人全其生，不亦可乎！若乃各據一隅，以殺戮相尚，雖快志一時，必有不測之禍。脱有不虞，身名俱滅，比之屈節揣分，尊朋友有德者爲君，己爲公卿將相，永保功名富貴者，其賢不肖，豈不大相遠哉！若我以用兵争强之事相告，使二公彼此角力，以決雌雄，是秦民未有休息之日，終非賢人君子知天運者之所爲。今以相尊、相讓之事告二公者，蓋欲休兵息民，爲二公之福不淺也。二公當度之揣之，其勢其德可尊者誰？苟爲不然，鷸蚌相持，漁者獲利，悔將無及。」太祖實録

十二月，詔陝西行省左丞相秃魯總統張良弼、脱烈伯、孔興各枝軍馬，以李思齊爲副總統，統禦關中，撫安軍民；脱烈伯、孔興等出潼關，及取順便山路，渡黄河，合勢東行，共勤王事。思齊等皆不奉命。

詔分潼關以西屬李思齊，以東屬擴廓帖木兒，各罷兵還鎮。於是關保退屯潞州，商暠留屯潼關。

洪武元年戊申二月，元詔削擴廓帖木兒爵邑，命禿魯、李思齊等討之。

大明兵至河南，李思齊、張良弼等解兵西還，思齊次渭南，〔四〕良弼次櫟陽。

時李思齊、張良弼、孔興、脱烈伯與擴廓相持日久，大明兵已至河南，思齊、良弼皆遣使詣擴廓告以出師非本心，乃解兵大掠西歸。元史察罕帖木兒傳

三月，大明兵取河南。李思齊、張良弼會兵駐潼關，火焚良弼營，思齊移軍葫蘆灘，調所部張德欽、穆薛飛守潼關。

大明兵入潼關，攻李思齊營，思齊棄輜重奔於鳳翔。

四月甲子，大明將軍馮宗異進攻潼關，李思齊、張思道棄關宵遁。

初，思齊與思道聞王師取河南，即駐兵潼關以拒。既而，火焚思道營，思齊乃移軍退守葫蘆灘，遣部將張德欽、穆薛飛守關。及王師至，思齊棄輜重走鳳翔，思道奔鄜城。丙寅，宗異遂入潼關，引兵西取華州。太祖實録

大軍攻潼關，張、李、脱、孔四軍皆潰而西。庚申外史

思齊、思道各擁大衆夾武功、東川而軍，思齊在東，思道在西，以禦我軍。鴻猷録

五月，李克彝棄河南城，奔陝西，推李思齊爲總兵，駐兵岐山。是月，李思齊部將忽林赤、脱脱、張意據盩厔，商暠據武功，〔五〕李克彝據岐山，任從政據隴州。元史順帝紀

七月，李思齊會李克彝、商暠、張意、脱烈伯於鳳翔。元太尉李思齊守鳳翔，總轄山外二十四州之地。上察參政孫希孟、都府經歷王均美等與侍衛指揮毛驤、張焕盟爲昆季，飲生鷄血酒爲誓。上疑之，鞭希孟、均美，遣齎敕往諭思齊，思齊不聽，縛於陝西菜市，剮之。俞本紀事録

閏七月丁巳，元詔李思齊南出七盤、金、商，圖復汴、洛，與擴廓帖木兒等四道進兵。思齊兵未出，擴廓帖木兒退守太原。

丙寅元帝北奔。

八月庚午，大明兵入元都。

洪武二年己酉三月庚子，大將軍徐達師出鹿臺，遂入奉元路。

癸卯副將軍常遇春、馮宗異發陝西進取鳳翔。丙午李思齊奔臨洮。

元太尉李思齊總關陝、秦隴之兵，西至吐蕃，〔六〕南至磯頭關，東至商雒，北至環慶，皆思齊主之，精兵不下十餘萬。聞大軍至，棄陝西之鳳翔，陝西父老迎達降。俞本

紀事録

初李思齊據鳳翔，副將許國英、穆薛飛等守關中，張思道、孔興、脱烈伯、金牌張、龍濟民、李景春等駐鹿臺，以衛奉元。及大兵入關，思道等先三日由野魚口遁去。師至鳳翔，李思齊懼，率所部十餘萬西奔臨洮。遇春入鳳翔，獲其部將薛平章等。太祖實録

四月丁丑，右副將軍馮宗異師至臨洮，李思齊降。

時大軍追李思齊至鳳翔，遇春軍至，思齊已遁至固關，見萬木夾道，遣人砍木截路，以阻襲軍。遇春令軍士步者攀厓逾嶺，〔七〕騎士斷木焚之。四月，至鞏昌，土官汪靈真保降。十二月，達遣馮勝追思齊至臨洮，土官平章趙脱兒挾思齊出降，達以金吾衛指揮潘尋守之，令騎士送思齊、靈真保、脱兒三人赴京。俞本紀事録

大將軍在鳳翔議師所向，諸將咸以張思道之才不如李思齊，慶陽易於臨洮，欲先由幽州取慶陽，然後從隴西攻臨洮。達曰：「不然。思道城險而兵悍，未易猝拔；臨洮之地，西通蕃夷，北界河漢，我師取之，其人足以備戰鬥，其産足以供軍儲。今以大軍蹙之，思齊不西走胡，則束手就降矣。臨洮既克，則旁郡自下。」遂移師趨隴西，下鞏昌，遣右副將軍宗異將天策、羽林、驍騎、雄武、金吾、豹韜等衛將士征臨洮，李思齊

降。初，思齊之在鳳翔也，上以書諭之，曰：「前日遣使通問，至今未還。豈所使非人，忤足下而留之歟？抑元使適至，足下不能隱而殺之歟？若然，亦時勢之常，大丈夫磊磊落落，豈以小嫌介意哉！夫堅甲利兵，深溝高壘，必欲極力抗我軍，不知竟欲何爲？昔足下在秦中，人以兵衆地險而從之，雖有張思道專尚詐力，孔興等自爲保守，擴廓帖木兒以兵出没其間，然皆非勍敵。足下當時不能圖秦自王，已失此機。今中原全爲我有，向與足下相爲犄角者，皆披靡竄伏，足下以孤軍相持，徒傷物命，終無所益，厚德者豈爲是哉！〔八〕朕知足下不守鳳翔，則必深入沙漠，以圖後舉。足下初入其地，胡或面從。然非我族類，其心必異。據其地不足以爲資，失其地適足以自殞。使兵威常强，尚云可也；倘中原相從之衆，以胡地荒凉，或不樂居，其心叵測，一旦變生肘腋，孑然孤弱，妻孥不能相保矣。且足下本汝南之英，祖宗墳墓所在，深思遠慮，獨不及此乎？誠能以信相許，去夷就華，當以漢待竇融之禮相報。否則，非朕所知也。」思齊見書，有降意。其養子趙琦與其麾下紿之，與西入吐蕃，思齊信之，遂俱奔臨洮。琦等思竊寶貨婦女避匿山谷間，思齊遂窮蹙。至是，舉臨洮降，琦等亦相繼來歸。琦，狄道人，一名脱脱帖木兒，時呼爲趙脱兒，世爲元土官云。太祖實録

魏國公統兵定中原，公駐軍臨洮，遂率士馬數萬來歸。權厝志

五月乙卯，大將軍達遣指揮曹崇送李思齊赴京。達至臨洮，以所獲臨洮銀印一，白金五千兩，黄金百兩送陝西行省。太祖實録

十月，以方國珍爲廣西行省左丞，李思齊爲江西行省左丞，俱不之官，食禄於京師。

洪武三年庚戌，李思齊從大將軍達破定西王保保，還取興元，陞中書平章政事。從大將軍征定西，復漢中。權厓志

是年冬，論功，賞文綺及帛各二十四匹。十二月辛巳，陞中書平章，子孫世襲指揮僉事。思齊等皆起兵歸附之臣，上欲優之，命食禄而不視事。太祖實録

洪武七年甲寅八月，以李思齊子李世昌爲金吾衛指揮同知。誥曰：「昔君天下者，賞有功而官有德。聖人之心，明如日月，歷代相承，永爲模範。爾李世昌年雖未冠，而授兵衛之職者何？蓋爲爾父遭時大亂，能率衆以保關内，是以民安而地闢。及至胡人退遁，諸雄有無知者，以漢人棄父母之邦，遺丘隴，從胡人復仇，我中國迄無所成。惟爾父效竇融之事，帥二萬騎及步兵之衆，助朕成功，至今關内之民時思之。爾當習將之謀略，以待成人而備侮。特授爾某官，永爲世襲，爾懋哉！」高皇帝御製文集

九月戊辰，中書平章政事李思齊卒。

前六年，公復從大將軍征大同，至代縣得疾而還。寵勞備至，遣醫官絡繹治療。且幸其第視之，尋賜新第一區，官其子世昌懷遠將軍，同知金吾右衛指揮使司事，甥鄭玉武略將軍、羽林衛鎮撫，以慰其心。豈期公荏苒沈痾，竟弗能瘳。卒之日，側室臨汝陳氏年三十三，亦自經而死。事聞，上皆親製文，遣使者祭之，且贈陳氏淑人，謚以貞烈，是月二十日，與公合殯京城上元縣之向村，以俟他日歸葬禮也。權厝志

甲寅歲，上遣思齊往諭沙漠河南王王保保。至則待之以禮，留數日，遣歸，令騎士送至界上，騎士辭思齊曰：「總兵有旨，請留物以作遺念。」思齊曰：「我爲公差遠來，無以留贈。」騎士曰：「請留一臂。」思齊知不可免，斷一臂與之，還京而死。上以其幼子爲指揮使，厚恤其家。〔九〕俞本紀事録

按：思齊之死，俞本所記爲確。權厝志云：「從征大同得疾而還。」又云：「荏苒沉痾，竟弗能瘳。」雖諱言其實，而其微詞亦可思矣。

洪武八年乙卯正月辛未，遣官祭功臣於鷄籠山廟，增祀故淮安侯華雲龍、平章李思齊等百八人。

上御製祭李思齊文，曰：「卿昔爲民中原，時逢世亂，獨能仗義施仁，挺身奮臂，

率義旅以保關中，臣元有年矣。何元綱不振，社稷陵替，卿尚能固守臣節，斬我行人，忠臣之義，可謂盡矣。然大厦將傾，非一木可支。未幾，胡君遁去，中原之地復我漢人，朕遂爲生民主。當是時，漢人棄丘壠從胡，爲我中國仇讎。至今身膏草野，骨委沙漠。惟卿退守臨洮，心思父母之邦，義忠族類，是以全境保民，助我成功，今七年矣。夫何久疾不痊，以致長往。噫！握兵一世，又得善終，亦人之所難。卿能如是，豈不美哉！朕聞卿殞，不勝痛悼，今遣某官用牲醴致祭，卿其享之。」高皇帝御製文集

校勘記

〔一〕秦州：原本訛「秦」爲「泰」，據元史卷四五順帝八改。

〔二〕虎林赤：原本訛「赤」爲「亦」，據元史卷一四一察罕帖木兒傳改。

〔三〕薛穆飛：元史卷四七順帝十、太祖洪武實録卷三一均作「穆薛飛」。

〔四〕渭南：原本訛「南」爲「陽」，元史卷四七順帝十至正二十八年二月條載：「是月……李思齊次渭南，張良弼次櫟陽。」據改。

〔五〕商暠：原本訛「商」爲「高」，據元史卷四七順帝十改。

〔六〕西至吐蕃：原本訛「西」爲「至」，據適園本改。

〔七〕遇春令軍士步者攀厓逾嶺：原本訛「攀厓」爲「扳屋」，據適園本改。

〔八〕厚德者豈爲是哉：原本訛「豈」爲「曾」，據太祖洪武實録卷四〇改。

〔九〕厚恤其家：原本訛「厚」爲「原」，據適園本改。

國初群雄事略卷之十一

河南擴廓帖木兒

擴廓帖木兒，本姓王氏，名保保，潁州沈丘人，察罕帖木兒之甥，自幼察罕養以爲子，更名擴廓。至正二十二年，察罕爲田豐、王士誠所刺，元命襲職總兵，後拜太尉、中書右丞相，封河南王。洪武八年八月，卒於哈剌那海之衙庭。

至正二十一年辛丑四月，察罕帖木兒遣子擴廓帖木兒入貢。

擴廓帖木兒者，察罕甥王保保也。察罕無子，養爲己子。至正辛丑夏四月，察罕遣其子副詹事擴廓帖木兒貢糧至京師，皇太子親與定約，遂不復疑。元史順帝本紀

至正二十二年壬寅六月戊子，田豐及王士誠刺殺察罕帖木兒，衆乃推察罕帖木兒之子擴廓帖木兒爲總兵官，復圍益都。

察罕入城之夕，諸將得遇害凶問，皆惶惑不知所從，軍中頗有異論。同僉白鎖住乃察罕舊人，有機識，遽倡言曰：「總兵奉朝廷命討逆寇，總兵雖死，朝命不可中止。

況今總制官王保保曾爲總兵養子，朝廷又賜其名擴廓，若立以爲主，總兵雖死猶不死也。」於是，率先下拜，衆亦皆拜，人心始定。庚申外史

七月，詔授擴廓帖木兒光禄大夫、中書平章政事，兼知河南、山東等處行樞密院事、同知詹事院事，一應軍馬，並聽節制。

十一月乙巳，擴廓帖木兒復益都，田豐等伏誅。擴廓帖木兒既襲父職，身率將士，誓必復讎，人心亦思自奮，圍城益急，遂克之。盡誅其黨，取田豐、王士誠之心，以祭察罕帖木兒。元史

庚申，詔授擴廓帖木兒太尉、銀青榮禄大夫、中書平章政事、知樞密院事、太子詹事，便宜行事，襲總其父兵。

十二月，元將擴廓帖木兒遣尹焕章以書來獻馬於大明。先是，察罕帖木兒駐兵汴梁，太祖嘗遣使通好。既而，察罕亦以書來聘。太祖以前所遣使不返，不之答。察罕死，擴廓帖木兒代領其衆，乃遣焕章送我使者，自海道來還，因以馬來獻。太祖實録

至正二十三年癸卯正月丙寅，大明太祖高皇帝遣中書省都事汪河送尹焕章歸汴，以書報擴廓帖木兒。

書略曰：「元失其政，中原鼎沸，廟廊方岳之臣，互相疑沮。喪師者無刑，得志者方命。〔一〕悠悠歲月，卒致土崩。閣下先王奮起中原，英雄智謀過於群雄，聞而未識。是以前歲遣人，直抵大梁，實欲縱觀，未敢納交也。不意先王捐館，閣下意氣相期，遣送使者，涉海而來，深有推結之意，加之厚貺，何慰如之。薄以文綺若干，用酬雅意。自今以往，信使繼踵，商賈不絶，無有彼此，是所願也。」太祖實録

二月，擴廓帖木兒自益都領兵還河南。

三月，詔遣中書平章政事愛不花分省冀寧，擴廓帖木兒遣兵據之。

六月戊申，孛羅帖木兒遣竹貞等入陜西，據其省治。〔二〕擴廓帖木兒遣部將貊高與李思齊合兵攻之，竹貞出降。

八月戊午，孛羅帖木兒上言：「擴廓帖木兒踵習父惡，有不臣之罪，乞賜處置。」孛羅帖木兒自察罕帖木兒既殁，復數以兵爭晉、冀，〔三〕雖屢諭解之，而讎隙日深。二十三年，擴廓帖木兒駐太原，與孛羅帖木兒搆兵，御史大夫老的沙與知樞密院事秃堅帖木兒得罪於皇太子，皆奔大同，孛羅帖木兒匿之營中。元史察罕帖木兒傳

至正二十四年甲辰三月，詔數孛羅帖木兒罪，解其兵權，削其官爵。孛羅帖木兒不奉詔。

八月，孛羅帖木兒大舉犯闕，擴廓帖木兒部將白鎖住奉皇太子奔於太原。

十二月乙巳，太祖遣使以書與擴廓帖木兒。

書曰：「嘗觀英雄之得志於天下也，何其難哉！立於始或沮於終，成於前或墜於後，此古今之所深惜也。曩因元政不綱，中原大亂，其命將出師，罔有攸濟者。閣下之先人潁川王，以一軍之卒，用於衆敗之餘，僅得加兵於齊魯，功未及成，而禍嬰不測，使一時豪傑莫不悼惜。閣下孝切於衷，勇發於義，鼓率憤旅，竟雪讎耻，以成父志。方其臨難不撓，意氣慷慨，激厲三軍，雖李存勗之規略莫是過，潁川爲不死矣。邇聞北庭多事，變生肘腋，控制河朔，挾令夷夏，孛羅犯闕，古今大惡，此政閣下正義明道，不計功利之時也。夫以閣下雄才，取之有餘，然常勝之家，意多輕敵，應變之術，不可不審。今閣下居河南四戰之地，承潁川新造之業，邊庭未固，近郊多壘，其所以軍民相附，鄰與不窺者，誠潁川存日，能盡撫養盟好之道，而人不忍遽絶也。或孛羅侵寇不已，閣下何靳一介之使，渡江相約。予地雖不廣，兵雖不强，然春秋恤交之意，常竊慕焉。且亂臣賊子，人得而討之，又何彼此之分哉！况予近平僞漢，四境已安，正息兵養鋭之時，豈不能往助閣下乎。且英雄豪傑相與之際，正宜開心見誠，共濟時艱，毋自猜阻，失此舊好。兹專人備道斯忱，惟閣下圖之。」太祖實録至正二十五年乙巳三月，元太子下令擴廓帖木兒軍中，討孛羅帖木兒。

七月甲子，太祖遣使以書與擴廓帖木兒。

書曰：「曩者，初無兵端，尹焕章來，得書惠騎，即遣汪河同往，爲生者賀，没者吊。使者去而不回，復遣人往，皆被拘留。且閣下昔與孛羅搆兵，雌雄未决，尚以知院郭雲、同僉任亮攻我景陵，掠我沔陽。予思此城雖元之故地，久在他人之手，予從他人得之，非取於元也。閣下外假元名，内懷自造，一旦輕我，遂留前使。予雖不較，但以閣下内難未除，猶出兵以欺我，使其勢專力全，又當何如？閣下果若挾天子令諸侯，創業於中原，則當開誠心，示磊落，睦我江淮。今乃遣竹昌、忻都率兵深入淮地，殺掠人民，殆非所宜。况有自中原來者備言張思道、李思齊等連和合縱，專併閣下，此正可慮之秋，安可坐使西北數雄結連關内，反舍近圖，欲趨遠利，獨力支吾，非善計也。予嘗博詢廣採，聞中軍將欲爲變，恐不利於閣下。故再遣人叙我前意，述我所聞，閣下其圖之。節次使命若能遣回，庶不失舊好，惟亮察焉。」太祖實録

戊寅，孛羅帖木兒伏誅，擴廓帖木兒扈從皇太子入朝。

九月，詔拜擴廓帖木兒爲太尉、中書左丞相、録軍國重事、同監修國史、知樞密院事，兼太子詹事。

伯撒里累朝舊臣，而擴廓帖木兒以後生晚出，乃與並相。居兩月，即遣南還視師。元史察罕帖木兒傳

閏十月辛未，詔封擴廓帖木兒河南王，代皇太子親征。

擴廓居軍中久，樂縱恣，無檢束，居京師兩月，怏怏不樂。朝士往往輕之，謂其非根脚官人。左右勸擴廓，請出治兵江淮，詔從之。庚申外史

至正二十六年丙午二月，擴廓帖木兒還河南，調度各處軍馬，陝西張良弼拒命。三月，擴廓帖木兒遣兵西攻張良弼於鹿臺，李思齊、脱烈伯、孔興等兵皆與良弼合。

擴廓既出，無意治兵，欲廬父墓側。或曰：「總兵既受朝命，不可中止。」擴廓左右有孫翥、趙恒者，憸人也，畏江南强盛，欲故緩其計，以容其奸，謂擴廓曰：「丞相總天下兵，肅清江淮。兵法：『欲治人者，先自治。』今李思齊、脱烈伯、孔興、張思道四軍，坐食關中，累年不調。丞相合調四軍，南出武關，與大軍併力渡河，彼若不受調，則移軍征之，據有關中，四軍惟丞相意所使，不亦善乎！」擴廓欣然從之。於是，分撥關、虎等統兵從大興關渡河以俟，先劄付調關中四軍。張思道、脱烈伯、孔興俱不受調。李思齊得調兵劄，大怒，駡曰：「乳臭小兒，黄髮猶未退，而反調我耶！我與汝父同鄉里，汝父進酒猶三拜而後飲，汝於我前，無立地處，而公然稱總兵調我耶！」令各

部曰：「一戈一甲，不可出武關。王保保來，則整兵殺之。」擴廓自是進兵關中，兩家相持一年，前後百戰，勝負未決，而國家大事去矣。庚申外史

二月，上聞王保保欲南攻兩淮，遣使諭徐達於高郵。已而，王保保聞有備，竟不至。太祖實録

徐達出兵淮東，上遣使諭之曰：「邇聞王保保兵入關中，爲李思齊、張思道逐出潼關，還至汴梁。復東取樂安，又爲俞寶所敗，追過清河，溺死者甚衆。今保保驅其人民已北遁矣。孔興、脱列伯、天保奴兵走三晉、汴梁、唐、鄧之間，餘兵據守。此迤北消息，汝宜知之。」五月，徐達克安豐，聞王保保欲侵徐州，即分兵趨徐。既而，王保保兵至，大敗而去。太祖實録

七月辛巳，太祖遣使以書與擴廓帖木兒。

書曰：「曩者尹焕章來，隨遣汪河報禮，〔四〕至今不還。予思閣下之意，當此之時，孛羅提精兵往雲中，與京師密邇，其勢必先挾天子，閣下恐在其號令中，故力與之競。若歸使者，必泄其謀，故留而不遣。獨不念春秋、戰國豪傑之主，平居則講信修睦，朝聘以時。如季札至魯，請觀周樂，韓起來聘，因知周禮，未聞有拘留之典也。有事則遠交近攻，合從連衡，以恤鄰國，以保宗社。至於觀兵約戰，使命往來，猶懼後期相

誤，亦未聞有拘留者。古人誠信相待如此。惟春秋有鄭告絶於楚，楚人執良霄；漢累伐匈奴，匈奴拘蘇武。此夷狄報怨之淺見，豈意閣下反效之？予亦不以此介意。予嘗言，齊有十二山河，桓公因之以九合諸侯。秦有百二山河，周、漢據之以一統天下。三晉表裏山河，晉文以之世主霸業。幽燕北有居庸，南阻三關，天下都會，此四要之地，閣下兼得而跨有之，當留意於此。乃閣下自以智高勢大，傲然不答，亦不復留心於此。方且千里裹糧，遠争江淮之利，是閣下棄我舊好，而生新釁也。兵勢既分，未免力弱，是以孛羅雖死，餘孽跳梁於西北，鳳翔、鹿臺之兵，合黨而東出，俞寶拒戰於欒安，王仁逃歸於東齊，幽燕無腹心之託，若加以南面之兵，四面並起，當如之何？此皆中原將士來歸者所説，豈不詳於使臣復命之辭。〔五〕閣下拘使臣果何益哉？意者閣下不過欲挾天子令諸侯，以效魏武，終移漢祚。然魏武能使公孫康擒袁尚以復遼東，使馬超疑韓遂以定關中，皇后太子如在掌握中，方能僞定中原。閣下自度能垂紳搢笏，決此數事，恐皆出魏武下矣。且古之爲國者，不獨君能斷於上，臣亦善謀於下。漢王在成皋，待楚使以草具，待亞父使以太牢，從陳平之計也。禮雖有厚薄，未嘗敢拘留也。拘留之意，雖出閣下所主，亦可見謀臣又出陳平之下矣。事皆如此，魏武之業豈得成哉？倘能幡然改轍，續我舊好，還我使臣，救災恤患，各保疆宇，則地利猶可守，後患猶可緩，爲閣下利豈淺淺哉？如或不然，我則整舟楫，乘春水之便，命襄陽之師，經唐、鄧之交，北趨嵩、汝，以安陸、沔陽之兵掠德安，向信、息，使安豐、濠、泗之將自陳、汝，擣汴梁，徐、邳之軍取濟寧，淮安之軍約王信海道舟師，會竇同入山東，加以張、李及天保奴腹心之疾，此時閣下之境，必至土崩瓦解。是拘使者之計，不足爲利，而反足以爲害矣。惟閣下與衆君子同謀之，毋徒獨斷，以遺後悔。」太祖實録

十月，擴廓帖木兒遣其弟脱因帖木兒及貊高、完哲等駐兵濟南，以控制山東。擴廓由懷慶屯彰德。彰德蓄積糧草十萬，坐食之。帝始疑擴廓有異志，曰：「擴廓之出，爲清肅江淮也。不清肅江淮，而結怨關中。關中之戰，雌雄未决，而復移兵彰德，豈欲窺我京師耶？」又怒其后及太子曰：「汝母子誤我天下！」太子致被捶擊，走而免。朝廷屢促擴廓南征，不得已，命母弟脱因帖木兒及貊高、完仲宜駐兵濟寧鄒縣等縣。名爲保障山東，且以塞南軍入北之路。庚申外史

皇太子之奔太原也，欲用唐肅宗靈武故事，因而自立。擴廓帖木兒與孛蘭奚等不從。及還京師，皇后奇氏傳旨，令擴廓帖木兒以重兵擁太子入城，欲脅帝禪之位。擴廓帖木兒知其意，比至京城三十里，即散遣其軍。由是皇太子心銜之。及是，屢趣

其出師江淮，擴廓帖木兒第遣其弟及部將以兵往山東，而西兵終不解。帝又下詔和解之，顧乃戕殺詔使天保奴等，而跋扈之跡成矣。元史察罕帖木兒傳

至正二十七年丁未正月，李思齊、張良弼、脱烈伯自會於含元殿基，推李思齊爲盟主，同拒擴廓帖木兒。

甲辰，太祖遣使與擴廓帖木兒書。

書曰：「蓋聞有匡天下之志者，必有容天下之量，然後能成安天下之功。使其規模狹隘，執見不廣，其爲量也小矣，又何能成安天下之功哉？予自起義以來，拓地江左，閣下之先王以興復爲名，提兵河北，相去遼遠，各天一涯。繼聞令先王去世，閣下克成其功，一旦以尹焕章賫書致禮，跋踄而來，使予踴躍興起，乃知閣下能行令先王未行之事，豈不爲之快然，用遣汪河致禮同往，爲死者吊，生者慶，初非無故也。及汪河去而不還，予初不能無疑。然久而自釋者，政以此時孛羅跋扈，倒持國柄，元之興替，在其掌握。故閣下以静御動，一則恐起天下豪傑之心，二則恐出孛羅自爲之後。〔六〕汪河之留，似有説矣。兹歷歲久，終不見還，乃知閣下執見不廣，度量不弘，何自信其始，而不信其終耶？予請復以古人之事言之：昔春秋之世，諸侯分治，亦有以社稷爲重，生靈爲念者，故朝聘以時，會盟以道。且如魯襄公即位之始，衛使

子叔，[七]晉使知武子來聘，襄公亦以季武子如衛，穆叔如晉，此交好之間，未嘗執其使者。齊桓公伐楚，楚使行人來聘，師乃次於陘，此交兵之際，亦未嘗執其使者。古人豈不思一介之使，不過將誠導意，所拘者小，所失者大也。況閣下控守之地，東連齊、岱，西距秦、隴，北接幽、薊，南抵長河，地非不遠，兵非不多。所慮者張思道操刃於潼關，李思齊抗衡於秦隴，俞寶之兵蓄變於肘腋，王信之衆生釁於近郊。恐閣下自以功成名遂，安如泰山，置之不聞，坐使諸雄連結，禍機一發，首尾莫救，此深爲閣下惜也。所以數四遣人，喋喋奉書瀆聽者，是予欲盡一得之愚於閣下，閣下何爲自矜，拘使不答？間者禍起山東，兵連秦塞，幽、并溷撓，鼎沸不寧。此皆予前日屢告之言，爲閣下今日明驗，閣下何不取鑒焉？抑又聞古之立事業者，必取士之多聞博學以廣其才，深謀遠慮以益其智。今閣下用兵中原，殆及十載，幕下豈無其人乎？使有其人，不知以衛、晉之使於魯也爲何如？魯之復命於衛、晉也爲何如？設曰各盡其禮，則當磊磊落落，竭忠言於閣下，執此爲法，即遣能使，刻日將命以汪河、錢禎等還，豈惟不失前盟，亦可取信於天下。如其不然，是又開我南方之兵端，爲彼後門之戰患，禍綱日嬰，惡貫日積，强敵日增，仇讎不解。閣下雖深謀如莽、操，詭計如懿、温，英雄滿前，何以取勝！古云：功被天下，守之以遜；富有四海，守之以謙。況其爲臣者

乎！閣下其深思之。」太祖實録

二月，擴廓帖木兒遣左丞李二來侵徐州，大明指揮傅友德擊敗之，生擒李二。徐達圍蘇州，太祖命指揮傅友德特領馬軍三百，與徐州陸參政出哨濟寧，以警中原。國初事迹

四月，上語侍臣曰：「静觀元臣，依違者十八九，假恢復爲名，惟擴廓帖木兒耳。又爲諸將所沮，勢不能展，久不進兵，必生疑間。况其下皆四集之民，師老衆潰，將不過一匹夫耳。而彼尚拘我信使，擾我邊境，豈識時務者哉！」太祖實録

是月，遣使遺河南擴廓帖木兒、陳州譚右丞、貊高、脱因帖木兒等紗羅、葛布有差。太祖實録

八月丙午，詔命皇太子總天下兵馬，擴廓帖木兒領本部軍馬，肅清江淮，李思齊等分兵進取，共濟時艱。擴廓帖木兒不肯受分兵之命，貊高、關保等皆叛，詔黜其兵權，就命貊高討之。壬子，爲皇太子立大撫軍院，總制天下軍馬，專備擴廓帖木兒。

二十七年，擴廓增兵入關，日求决戰，張、李軍頗不支，使人求助於朝廷。朝廷因命左丞袁焕、知院安定臣、中丞明安帖木兒傳旨，令兩家罷兵。孫翥進密計曰：「我西事垂成，不可誤聽息兵之旨。且袁焕貪人也，此非其本意。可令在京藏吏，私賄其

家，則袁必助我。」袁果私布意於擴廓曰：「不除張、李，終爲丞相後患。」於是攻張、李益急。七月，翥、恒復進計曰：「關中四軍，李思齊最强，思齊破，則三軍自下矣。今關中兵將，彼此相持不決，所畏者，惟貊高耳。宜急抽貊高一軍，疾趨河中，自河中渡河擣鳳翔，覆思齊巢穴，則渭北之軍一戰可降，此唐莊宗破汴梁之策也。」擴廓即日從其計。貊高部將多孛羅之黨，行至衛輝，夜聚謀曰：「朝廷用我敵南軍，今李思齊乃官軍也，以官軍殺官軍如何？」於是，河西平章、船張知院、沙劉參政拔劍誓衆曰：「不必多言，五鼓罷，扶貊高作總兵。不從，則殺作血城以去。」八月六日，天未明，如其言以叛。貊高即使首領官胡安之控告於朝廷，使謝雪兒北奪彰德，僞爲使人以入，殺擴廓守將范國瑛，沙劉西奪懷慶，守將黄瑞覺之，〔八〕閉城不得入。朝廷方議奪擴廓兵柄，見貊高奏至，〔九〕大喜，陞貊高知院，兼平章，總河北軍。且詔擴廓率潼關以東兵下淮南，李思齊等四軍出武關下襄漢，貊高率河北軍與也速及脱因帖木兒、完者仲宜兵下淮東。然脱因帖木兒盡劫掠山東以西民畜，西聚衛輝。擴廓盡率河、雒民兵，北渡懷慶。貊高懼擴廓兄弟夾攻，亦盡劫掠衛輝民畜，北入彰德。朝廷無如之何。有帖臨沙、伯元臣、李國鳳者，〔一〇〕進謀於太子，於是開大撫軍院於京師。天下兵馬，省、臺、部、院，皆受節制。以貊高首倡大義，所部將士皆賜號「忠義功臣」。庚申九月戊戌，太祖又以書遺擴廓帖木兒。書曰：「曩者累遣使，皆被拘留，未審閣下雅意若何？今都事李節思歸，特遣人送去；所拘使者亦望發還。方今天下豪傑，如萌芽之發，尚未長成，閣下如存大義，宜整師旅，聽命於朝，令四境貢賦入京，或時赴朝廷與君共議大事，以安天下可也。不然，名爲臣子，而朝廷之權專於軍門，縱此心自以爲忠，安能免於人議？若猶豫不決，恐變生部屬，事有難言。閣下果忠於君，當以赤心事之；若有他圖，速宜堅兵以固境土。予近於九月初八日削平姑蘇張氏，江南已定。東連大海，西抵巴蜀，南及嶺廣。止有閩中一區，已遣偏師征討，旦夕必下。即日諸軍屯駐在内，居閒養鋭。閣下如欲借力，但遣一使至，即時調發應援。薄有金織文綺四端，用見遠意。」太祖實録

十月壬子，詔落擴廓帖木兒太傅、中書左丞相并諸兼職事，依前河南王，以汝州爲食邑，與弟脱因帖木兒同居河南府，而以河南府爲梁王食邑。凡所總諸軍，命諸將分領之。擴廓帖木兒既受詔，即退軍屯於澤州。外史

十一月，擴廓帖木兒自懷慶北據澤州。

十二月，大明大軍至濟南，元平章忽林台、詹同脱因帖木兒先驅人民引軍遁去。

上諭山東所俘楊左丞等曰：「古之忠臣良將，臨大事、當大任者，身貴而愈謙，權盛而愈下，敵勝而愈戒，故能立功於當世，流芳於無窮。王保保本一孺子，承李察罕餘烈，驟得重權，恢復山東、河南、北諸郡，遽襲王爵，遂萌驕縱之心，豈有豪傑之見。使其能知禮義，欲爲一代中興名將，則必盡忠於元，凡閫外生殺之權專之可也。至於選法、錢粮，必歸之朝廷。重兵在手，攻戰守禦，必盡其心。若夫成敗利鈍，一聽於天，以此存心，是爲忠臣。使其不能出此，分兵以守要地，多任賢智，去其憸邪，釋其私忿，一心公忠，凡事禀於天子，不失君臣之禮，功成名立，此又其次也。今王保保不此之務，自除官職，其麾下稱左右丞、參政、院官，不可勝數。而各處錢粮皆收入軍中，不供國用。此與叛亂何異？名雖尊元，實則跋扈。若一旦爲敵國所敗，天下後世將謂何如？是遺臭也，古之賢哲寧如是乎！」太祖實録

洪武元年戊申正月，元命左丞孫景益分省太原，關保以兵爲之守。擴廓帖木兒遣兵據太原，盡殺朝廷所置官。

二月壬寅，詔削擴廓帖木兒爵邑，〔一〕令諸軍共討之。丙辰，擴廓帖木兒自澤州退守平陽，關保據澤、潞二州，與貊高合。

朝廷誘擴廓將李景昌封爲國公，景昌以汴梁歸之。誘關保，亦封爲許國公，〔二〕

保亦以晉、冀歸之。擴廓退據平陽。庚申外史

大明兵至河南。

李思齊、張良弼皆遣使詣擴廓帖木兒，告以出師非本心，乃解兵西還。元史

三月己亥，大將軍徐達兵至陳橋，左君弼、竹昌迎降，汴梁守將李克彝夜驅軍民遁入河南。

李克彝，字景昌。太祖實録

四月戊申，大明兵至河南塔兒灣，詹同脱因帖木兒戰敗於雒水之北，收散卒，走陝州，李克彝走陝西。河南行省平章、梁王阿魯温以梁王金印出降，河南平。阿魯温者，察罕帖木兒父也。是月，馮宗異兵至陝州，脱因帖木兒遁去。進攻潼關，李思齊棄輜重走鳳翔，張思道走鄜城。太祖實録

四月，大軍平汴梁，河南諸州相次降附，擴廓退據太原。庚申外史

五月，元下詔剿除擴廓帖木兒，令關保與貊高合勢攻其東，李思齊、張思道、脱烈伯、孔興合軍攻其西。

擴廓帖木兒遣使來軍前修饋禮。

擴廓遣尚書蔣也先、參政温某，自太原以馬三匹、白金二錠，詣大軍，修饋禮。徐

達受馬返金，遣舍人王銘送也先赴京，仍遣温參政還報擴廓。太祖實録

庚寅，太祖車駕幸汴梁。

上幸汴，遣老保招諭王保保，保保鴆殺之。老保，姓李氏，一名保保，陽武縣中智堡人。從察罕起義沈丘，復羅山縣，除澤州路治中。後平方脱脱之亂，老保以功改除樞密院知院，守石州，復隨察罕攻山東，察罕死，與其甥王保保攻拔益都，遂陞平章政事，留守。丁未十一月，城破被執。太祖實録

六月庚子，大將軍徐達自河南至行在。

上問取元都計，達曰：「臣自平齊魯，下河、雒，王保保逡巡太原，徒爲觀望。今潼關又爲我有，張思道、李思齊失勢西竄，元之聲援已絶，臣等乘勢擣其孤城，必然克之。」太祖實録

是月，上遣人祭故忠襄王李察罕曰：「草之勁者非疾風不顯，人之忠者非亂世難名。爾李將軍，當中原擾攘，元政不綱，大臣竊命，守將擅兵於外，是致干戈鼎沸，〔一三〕國勢日危，人將以爲元無人矣。何將軍之忠義，倡農夫爲三軍，拔智勇以上聞，頒爵以官之，明其分數。義旗舉而兵興，齊魯强兵僅能固守。爾能陳兵於野，請命於朝，進退有方，君命是聽。當是時，忠心昭如五曜，號令嚴若冰霜，所以動天地而感鬼神，

以其忠之所致。夫何兵既勝，志少盈，納逋逃，釋有罪，忠義漸虧，鬼神鑒見。俄而禍膺不測，殞於敵手。然忠未終而姦未顯，壽不期年，果屬何耶？莫不竭忠以身先而致是歟？抑人臣之有將而若此歟？噫！予數其事而釂之，猶生之對也。靈酣而往，予紀而歸。誅心之言，爾其聽乎！」御製文集太祖實録

上幸河南，遣人具牲禮祀齊王李察罕墓。察罕元追封齊王，又以其甥王保保總山東、山西兩省番、漢兵。上欲其來附，娶其妹爲秦王妃，令民數户守墓。俞本紀事録

七月，貊高、關保進攻平陽。

閏七月己亥，擴廓帖木兒擒貊高、關保。詔：「關保、貊高，間諜搆兵，依軍法處治。」關保、貊高皆被殺。

貊高逼太原城爲陣。貊高輕脱，從數騎巡陣。擴廓部將毛翼望見，易旗幟，駐兵於其西角。貊高誤入其陣，擒之。關保營在貊高西，未及布陣。縛貊高示之，皆潰，關保亦被擒。兩部將士皆降於擴廓。庚申外史

丁巳，元下詔罷大撫軍院。復命擴廓帖木兒依前河南王、太傅、中書左丞相，以兵從河北南討。甲子，擴廓帖木兒自平陽退守太原。

朝廷聞關、貊軍敗，大驚，遽罷撫軍院，歸罪太子，殺伯元臣、李國鳳，盡復擴廓官

爵。閏七月，差哈完太子來督擴廓出兵，援燕京。擴廓得詔，乃提軍向雲中，或曰：「丞相率師勤王，宜出井陘口，向真定，與河間也速軍合勢，〔一四〕可以邀截南軍。若入雲中至燕京，迂途千里，無乃不可乎。」擴廓曰：「我潛師由紫荆關口入，出其不意，豈不可乎！」趙恒、曩元輝曰：〔一五〕「朝廷開撫軍院，步步要殺丞相，乃要勤王，我駐軍雲中，觀其成敗爲計耳。」庚申外史

詔擴廓帖木兒兵從河北南討，也速趨山東，禿魯出潼關，李思齊出七盤、金、商，以圖復汴、雒。未幾，也速兵潰，禿魯、思齊兵亦未嘗出，擴廓帖木兒自晉寧退守冀寧，不敢復南向，事已不可爲矣。元史察罕帖木兒傳

乙丑，大明兵至通州。

丙寅，元帝北奔。

後七月二十七日，徐達大軍至通州。二十八日夜，帝即捲其子女玉帛出居庸關，遁入上都。庚申外史

八月庚午，大明兵入燕京，元亡。

是月壬申，大將軍達遣故元尚書九住還太原告諭擴廓帖木兒。太祖實録

癸未，太祖命大將軍徐達、副將軍常遇春率師取山西。未幾，復命偏將軍湯和、

右副將軍馮宗異率師從大將軍取山西。

十月壬申，〔一六〕馮宗異、湯和兵至太行山碗子城，破其關。癸酉，〔一七〕取澤州。元平章賀宗哲、張伯顔等遁去。擴廓帖木兒部將平章韓札兒、毛義以馬步兵來攻，楊景、張斌等往援，大戰於韓店，我師失利。是月，大都督府都事汪河自癸卯歲奉使擴廓帖木兒，被拘於陝西者六年，至是始還，以爲吏部侍郎。太祖實録

十一月丁卯，大將軍徐達克太原，擴廓帖木兒宵遁，降其衆。

大明兵至太原，擴廓帖木兒即棄城遁，領其餘衆西奔於甘肅。元史察罕帖木兒傳

師次太原，擴廓帖木兒兵尚盛，中山王夜劫其營，擴廓中傷宵遁。天潢玉牒

十一月，擴廓兵數十萬駐太原。十二月，大軍自碗子城入，破擴廓於澤、潞。擴廓部將賀宗哲來援晉、冀，駐龍鎮衛口子，〔一八〕去太原七十里。而大軍先鋒常遇春夜斫擴廓營，侵及中軍，擴廓匹馬隻靴夜遁。於是晉、冀之地皆平。〔一九〕庚申外史

元主北奔，命擴廓帖木兒復北平。因是率兵出雁門關，將由保安州經居庸關以攻北平。達聞之，謂諸將曰：「王保保率師遠出，太原必虚，北平孫都督總六衛之師，足以鎮禦。我與汝等乘其不備，直抵太原，傾其巢穴。則彼進不得戰，退無所依，此兵法所謂批抗擣虚也。若彼還軍救太原，則已爲我牽制，進退失利，必成擒矣。」諸將

皆曰：「善。」遂引兵徑進。擴廓帖木兒至保安州聞之，果還軍，其鋒甚鋭。副將軍常遇春謀於達曰：「我騎兵雖集，而步兵未至，未可與戰。莫若遣精兵夜襲其營，其衆可亂，主將可縛也。」達然之。兵至太原，兩軍對壘，列營二十餘里，相持凡三日，達選善劫營軍士夜劫之，河南王覺，單騎而遁。達令汪興祖追襲，至大同，不獲，克其城。會擴廓帖木兒部將豁鼻馬潛遣人約降，且請爲内應，達於是遣兵夜襲其軍。擴廓帖木兒方然燭坐帳中，使兩童子執書以侍。衆覺亂擾，擴廓帖木兒倉猝不知所出，急納靴，未及，竟跣一足，逾帳後出，乘驏馬，從十八騎遁去。迨旦，豁鼻馬遣其子來報，達等勒兵進營於太原城西，豁鼻馬以其將士降，得兵四萬人，馬四萬餘匹。擴廓帖木兒奔大同，遇春以兵追之，至忻州，不及而還。擴廓帖木兒遂走甘肅。俞本紀事録

洪武二年己酉四月，右副將軍馮宗異兵至臨洮，李思齊降。張良臣亦以慶陽降於我，已而復叛。

初張思道在慶陽，聞王師克臨洮，懼而走寧夏，使其弟良臣與平章姚暉守慶陽。思道至寧夏，與金牌張俱爲擴廓帖木兒所執。徐達既下平凉，即謀取慶陽。湯和遣部將謝三往招，良臣遂以城降。達遣薛顯將兵赴慶陽，良臣出迎，蒲伏道左。逮暮，以兵劫營，我師潰散，顯被傷走還。良臣驍勇善戰，軍中呼爲「小平章」，以慶陽城高

險可據以守，其兵又精悍，養子七人，皆善戰。軍中語曰：「不怕金牌張，惟怕七條鎗。」又倚其兄與王保保爲聲援，賀宗哲、韓札兒爲羽翼，姚暉、葛八之徒爲爪牙，故復據慶陽以叛，欲拒守以成大功。達恐其黨與相搧爲聲援，先遣兵抄其出入之路。六月，達駐師東原，分遣諸將圍其城。良臣遣竹苛往寧夏求救，被執於環州。又獲王保保諜者四人。七月，王保保部將韓札兒攻破原州，又陷涇州，欲以援慶陽。馮宗異自驛馬關引兵擊之，札兒遁去。八月，張思道遣右丞王讓等，以白氎衣與良臣爲信，且言王保保已往永昌，俾以城降，爲我軍所獲。良臣數出戰不利，内外音問不通，粮餉乏絶，至煮人汁丸泥嚥之。姚暉等以城降，良臣父子俱投井中，引出斬之。太祖實録

是月，李文忠擒脱列伯於大同，孔興走綏德。先是，元主北走，屯蓋里泊，命脱列伯、孔興以重兵攻大同，欲圖恢復，至是，元主無意南向矣。太祖實録

太祖遣使諭元將擴廓帖木兒。

諭曰：「昔帝王之得天下，當大功垂成之際，尤必廣示恩信，雖素相仇敵者，亦皆收而並用之，所以法天地之量，而成混一之業也。朕自起兵淮右，收攬群雄，平定華夏，惟西北邊備未撤，蓋以汝守孤城，保其餘衆，遠處沙漠，朕甚念之。是用特與湔滌，示兹至懷，必能知時達變，慨然來歸。其部下將帥及各部流移軍士，多我中土之

人，果能革心從順，文武智謀，當一一用之。有願還鄉者聽，其賀宗哲、孫翥、趙恒等，朕悉涵容，皆所不計。投機之會，間不容髮。朕言不再，其審圖之。」高皇帝御製文集

十二月，元將王保保侵蘭州。

保保知大軍南還，以兵襲蘭州，指揮張温拒守，保保進攻不利，乃引去。太祖實録

洪武三年庚戌正月，元兵犯蘭州。

正月初三日夜半，有馬䣕山民王黑子叩臨洮城門，報曰：「元小總兵軍馬已圍蘭州，指揮俞光被擒，哨兵將至矣。」指揮韋正登城設備，達旦，哨果至，聞有備而回。元兵攻蘭州，百計不能克，兵衆食乏，互相殺食，主將不能禁。三月，大將軍達、右副將軍和、左副將軍愈督兵四十萬援之。

癸巳，太祖以王保保爲西北邊患，命徐達爲征虜大將軍，李文忠爲左副將軍，往征沙漠。

上曰：「王保保方以兵臨邊，今捨彼而取元主，失緩急之宜。吾欲分兵爲二道：大將軍自潼關出西安，擣定西，以取王保保；左副將軍出居庸，入沙漠，以追元主。使其彼此自救，不暇應援。元主遠居沙漠，不意我師之至，如孤豚之遇猛虎，取之必矣。」諸將受命而行。時王保保駐兵安定縣之西巉，入侵蘭州，無所得而去，乃縱游

兵，四出被其擾。太祖實録

三月戊午，大將軍達師至定西。

王保保退屯車道峴。達進兵沈兒峪，〔三〇〕遣左副將軍鄧愈直抵其壘，立柵以逼之。太祖實録

兵至定西乾溝，達諭將士曰：「我在此安營，元兵必棄圍赴戰。及彼至，吾已息兵二日，與戰必勝矣。」居二日，小總兵果留圍城之兵，率部下赴敵。達令陝西運糧相繼，元兵食愈乏。四月初五日，達令各衛士卒輪晝夜驚擾之，元兵飢甚而不得息。初七日夜，不令軍士擾之，俟元兵睡熟，選將士造其中軍劫之。元兵大潰，小總兵遁去，部下將帥悉擒至興元斬之，士卒派録各衛，隨征成都。俞本紀事録

四月，王保保走和林。

大將軍駐沈兒峪口，與保保隔深溝而壘，日數交戰。保保發兵千餘，由間道從東山下潛劫東南壘，東南一壘皆驚擾，達親率兵擊之，乃退。明日，力戰，大敗保保兵於川北亂塚間，擒元剡王、文濟王及國公閻思孝、平章韓札兒、虎林赤、嚴奉先、李景昌、察罕不花等一千八百六十五人。保保僅與妻子數人從古城北遁去，至黃河，得浮木以渡，遂由寧夏奔和林。愛猷識理達臘復任以事。太祖實録

丙戌，元帝殂於應昌。

五月癸卯，大明兵襲應昌府，皇孫買的里八剌及后妃并寶玉皆被獲，皇太子愛猷識禮達臘從十數騎遁。

洪武四年辛亥九月丙辰，册故元太傅、中書右丞相、河南王王保保女弟爲秦王棭妃。

時妃有外王父喪，上命廷臣議之。禮部尚書陶凱奏：「大功以下，雖庶人亦可成婚，况王妃無服。」上遂令中使及女史往諭妃家，行納徵發册禮。册曰：「朕君天下，封諸子爲王，必選名家賢女爲之妃。今朕第二子秦王棭年已長成，選爾王氏，昔元太傅、中書右丞相、河南王之妹，授以金册，爲王之妃。爾其謹遵婦道，以助我邦家。敬哉！」太祖實録

按：保保姓王氏，爲李察罕之甥。今秦王妃曰「選爾王氏」，知爲保保本生妹也。曰「有外王父喪」者，蓋即察罕之父梁王阿魯温也。

洪武五年壬子正月，太祖遣征虜大將軍徐達、左副將軍李文忠、征西將軍馮勝，率師征王保保。

上御武樓與諸將論邊事，徐達曰：「王保保出没邊境，遁居和林，宜剿絶之，得兵

十萬足矣。」上曰：「兵須十五萬，分三道以進。大將軍由中路出雁門，颺言趨和林，而實遲重，致其來擊之，必可破也。左副將軍由東路自居庸出應昌，掩其不備；征西將軍由西路出金、蘭，取甘肅，以疑其勢。卿等宜益思戒慎，不可輕敵。」太祖實録

二月，藍玉兵至土剌河，與王保保遇，擊敗其衆，保保遁去。

五月，徐達兵至嶺北，與虜戰，失利，斂兵守塞。

先是，洪武元年，劉基乞歸將行，言於上曰：「擴廓帖木兒雖可取，然未可輕，願聖明留意。」其後定西失利，擴廓帖木兒竟北走沙漠。太祖實録劉基本傳

洪武三十年六月，敕諭晉王今上曰：「吾用兵一世，指揮諸將，未嘗敗北，致傷士卒，正欲養鋭，以觀時變。夫何諸將日請深入沙漠，不免疲兵於和林，此蓋輕信無謀，以致傷生數萬。」太祖實録

高帝謂天下一家，尚有三事未了：一、少傳國璽，一、王保保未擒，一、元太子無音問。分三路出討至漠北，大敗，死者前後約四十餘萬人。草木子餘録

按：實録云「傷生數萬」，草木子則云「四十餘萬」。蓋通前後征胡而言。

洪武六年癸丑六月，王保保遺兵寇雁門。

保保兵據南、北二山，守關指揮吴均拒却之。太祖實録

十一月，大將軍徐達擊王保保兵於大同北。

是月，上遣使諭大將軍達等曰：「近聞王保保欲來求和，必非實意。其步將普賢奴、乃兒不花、魁的斤等各將人馬，恐假此來擾我邊，須多伏精兵，盛爲之備。近術士張鐵冠言子月有戰，卿等未可即還。」時達等還自朔州，至代縣，聞王保保兵至大同北，即率師往擊之。至猫兒庄，遇大雪，退營雁塔堡，遣裨將掩捕懷柔胡騎，至三角村，擒武平章、康同僉，獲馬八千餘匹而還。太祖實録

洪武七年甲寅九月，太祖遣崇禮侯買的里八剌北歸。復遣其父愛猷識里達臘織金、文綺錦衣各一襲。

洪武八年乙卯八月，故元將王保保卒。保保自定西之敗走和林，愛猷識理達臘復任以事，後從徙金山之北，至是卒於哈剌那海之衙庭。其妻毛氏亦自經死。太祖實録

後二十一年四月，藍玉兵至捕魚兒海，僉事院同知脱因帖木兒將逃，失馬，竄伏深草間，擒之。七月，與樞密院知院托台謀叛，托台發其事。命玉逮問，僇之於薊州。脱因帖木兒者，王保保之弟也。以其同知僉事院，故又稱爲僉同云。太祖實録

元滅，其臣擁兵不降者，惟擴廓帖木兒。太祖嘗獲其家屬，厚恩以招徠之，終不

至。一日，大會諸將，問曰：「我朝誰爲好男子？」或對曰：「常遇春。領兵不過十萬，所向克捷，此好男子也。」上曰：「未若王保保，斯所謂好男子也。」其後，民間每相誚曰：「常西邊拿得王保保來耶！」至今遂成諺語。姚福清溪漫筆

野史斷曰：平定江淮，大事也。庚申帝漫爾而付之擴廓，擴廓亦漫爾而受命，其根本已非矣。而又庚申帝宣淫於上，擴廓肆愚於下，上淫而下愚，上虐而下暗，處則昧經邦之大計，出則昧兵家之神機。及大兵一動，君臣俱及其禍，豈不宜哉！庚申外史

高岱論曰：擴廓强悍善用兵，以逋逃垂盡之勢，猶能轉戰千里，屢挫不衰。中山自入中原，未嘗少衄，獨隴右之克甚艱，至多斬殺其部曲。暨其運終祚訖，遠遁沙漠，而不爲亡國之俘。我太祖激厲諸將，嘗曰：「王保保，天下奇男子也！」豈非深羡之耶。鴻猷録

校勘記

〔一〕得志者方命：原本訛「方」爲「妨」，據太祖洪武實録卷一二改。

〔二〕據其省治：原本訛「治」爲「城」，元史卷四六順帝九至正二十三年六月條載：「戊申，孛羅帖木兒遣竹貞等入陝西，據其省治。」據改。

〔三〕復數以兵争晉冀：原本訛「復」爲「後」，據元史卷一四一察罕帖木兒傳改。

〔四〕汪河：原本訛「河」爲「可」，據太祖洪武實録卷一六改。

〔五〕豈不詳於使臣復命之辭：原本訛「豈」爲「起」，據太祖洪武實録卷一六改。

〔六〕二則恐出孛羅自爲之後：原本訛「二」爲「三」，據太祖洪武實録卷一七改。

〔七〕子叔：原本訛「子」爲「女」，據太祖洪武實録卷一七改。

〔八〕守將：原本訛「將」爲「城」，據庚申外史改。

〔九〕見貊高奏至：原本訛「至」爲「知」，據庚申外史改。

〔一〇〕李國鳳：庚申外史作「李鳳國」，後文同。

〔一一〕詔削擴廓帖木兒爵邑：原本作「詔削其爵邑」，意不明，元史卷四七順帝十至正二十八年二月條載：「詔削擴廓帖木兒爵邑。」據補改。

〔一二〕亦封爲許國公：原本脱「亦」，據庚申外史補。另，庚申外史（豫章叢書本）無「許」。

〔一三〕是致干戈鼎沸：原本訛「是」爲「用」，據太祖洪武實録卷二八改。

〔一四〕也速：原本訛「速」爲「連」，據庚申外史改。

〔一五〕曩元輝：原本訛「曩」爲「襄」，據庚申外史改。

〔一六〕十月壬申：原本訛「十」爲「九」、「壬」爲「戊」，太祖洪武實録卷三一洪武元年十月條載：「壬申，右副將軍馮宗異、偏將軍湯和兵至太行山碗子城，破其關」。據改。

〔一七〕癸酉：原本訛「癸」爲「己」，太祖洪武實録卷三一洪武元年十月條載：「癸酉，兵至澤州，故元平章賀宗哲、張伯顔等引兵遁去，遂取之。」據改。

〔一八〕庚申外史（豫章叢書本）作「龍鎮衛子口」，庚申外史（叢書集成本）作「龍衛口子」。

〔一九〕冀：原本訛作「寧」，據庚申外史改。

〔二〇〕沈兒峪：原本訛「兒」爲「如」，據太祖洪武實録卷五〇改。

國初群雄事略卷之十二

海西侯納哈出

納哈出，木華黎裔孫也。至正乙未，被我師所擒，縱之北還，官至署丞相，封開元王。洪武十九年五月歸降，九月封海西侯，食禄二千石，賜鐵券。二十一年七月辛丑，卒於武昌舟中。

至正十五年乙未，大明兵克太平，執其萬户納哈出。

十二月，大明太祖高皇帝釋元萬户納哈出，遣之北歸。

上初獲納哈出，以爲元世臣子孫，待之甚厚。納哈出居常鬱鬱不樂，上遣降將萬户黄儔察其去就，儔見納哈出言上所以待遇之意。〔一〕納哈出曰：「荷主公不殺，誠難爲報。然我北人，終不能忘本。」儔以告上，上曰：「吾固知其心也。」謂徐達等曰：「納哈出，元之世臣，心在北歸，今强留之，非人情也。不如遣之還。」達等以爲虜心難測，若舍之去，恐貽後患，不如殺之。上曰：「無故而殺之，非義。吾意已决，姑遣之。」因召納哈出及降臣張御史謂之曰：「爲人臣者，各爲其主，况汝有父母、妻子之思念，遣歸，仍從汝主於北。」因資而遣之，納哈出等辭謝而去。太祖實録

洪武二年己酉四月，太祖遣使以書與元主，又以書諭納哈出。

上聞元將納哈出擁兵據遼陽爲邊患，乃遣使以書與元主曰：「朕聞自昔有國家者，必知天命去留之機，審人事成敗之勢，進可以有爲，退可以自保，此理之必然。曩者，君之祖宗起自北方，奄有中土，兵强事舉，華夷咸服。及君嗣位之時，中外猶安，兵甲非不衆，人材非不盛，一旦多故，天下鼎沸，處置乖方，力莫能禦，以致豪傑分争，生民塗炭。朕本淮右布衣，不忍坐視，因人心之所向，遂仗義興兵，群雄所據之地，悉爲我有，君亦知天命所在，遂於沙漠。朕師非不能盡力窮追，以君知時通變，於心有所不忍。近聞兵擾邊陲，民罹鋒鏑，豈君之故將妄爲生事耶？亦君失算而使然耶？若果不知自省，而猶爲此舉，則是不能識機度勢，恐非君之福也。朕今爲君熟計，當限地朔漠，修德順天，效宋世南渡之後，保守其方，弗絶其祀，毋爲輕動，自貽厥禍。」又以書諭納哈出曰：「將軍昔自江左辭還，不通音問，十五年矣。近聞戍守遼陽，士馬强盛，可謂有志之士，甚爲之喜。兹因使通元君，道經營壘，望令人送達。所遣内臣，至將軍營，即令其還。書不多及。」

洪武三年庚戌五月，太祖遣使復以書諭納哈出。書曰：「曩因天革元命，四海鼎沸，群雄角逐，塗炭生民。朕以一旅之衆，從淮渡江，姑孰之捷，爾實在焉。時朕未知天命所向，無必取天下之心，凡遇元臣忠於所事者，未嘗不憫其勞而惜其無成也。朕賴天地之靈，將士一心，旌旗所指，靡不服從。今天下已定，南極朱崖，北際燕雲，一時豪傑，順天愛民，悉來歸我。獨河東渠帥擁衆北奔，比之關中諸人稍爲崛强，然其順天愛民，籌算之良，殆不若李思齊矣。大將軍徐達，未至吐蕃，蜂屯蟻聚，復來攻城，戰敗俘擒之餘，有若孤狁。故破竹之勢，直指川蜀，雲南、六詔使者相望，交趾、占城萬里修貢，高麗稱藩，航海來庭。於是盧龍戍卒，登、萊、浙東並海舟師，咸欲奮迅，一造遼瀋。朕聞爾總其衆，不忍重擾，特命使者告以朕意。使還，略不得其要領，豈以遼海之遠，我師不能至歟？抑人謀不決，故首鼠兩端歟？不然，必以曩時來歸，未盡賓主之歡，謂朕不能虛懷耶？何相忘之深也！昔竇融以河西歸漢，功居諸將之右，朕獨不能爲遼東故人留意乎？茲遣人再往，從違彼此，明白以告。哲人知幾，毋貽後悔。」太祖實録

洪武四年辛亥六月，太祖遣斷事官黄儔齎書諭納哈出。書曰：「前者萬户黄儔回，聞將軍威鎮遼左，英資如是，足以保定一方。然既往

不復，君子豈不察歟？昔在趙宋，〔二〕君主天下，立綱陳紀，黎庶奠安。逮至末年，權綱解紐，故元太祖興於朔方，世祖入主中國，〔三〕此皆天道，非人力所能强爲也。元之疆宇非不廣，人民非不多，甲兵非不衆，城郭非不堅。一旦紅巾起於汝、潁，群盜徧滿中原，其間盜名字者凡數人：小明王稱帝於亳，徐真一稱帝於蘄，陳友諒稱帝於九江，張九四稱王於姑蘇，明昇稱帝於西蜀。彼四帝一王，皆擁甲兵，有二十萬者，有二十五萬者，有十五萬者，有十萬者，相與割據中夏，逾二十年。朕本淮民，爲群雄所逼，因集衆禦亂，遂渡江與將軍會於太平。比待他俘，特加禮遇，且知將軍爲名家，故縱北歸，今又十七年矣。近年以來，朕見群雄無成，調兵四出，北定中原，南定閩、越，東取方氏，西收巴蜀，四帝一王，皆爲我俘虜。惟元昏君奔北自亡，華夷悉定，天下大安，此天命，非人力也。賢人君子，宜必知之。近聞將軍居金山，大張威令。吾兵亦守遼左，與將軍旌旗相望。將軍若能遣使通舊日之問，貢獻良馬，姑容就彼順其水草，猶可自逞一方。不然，胡無百年之運，大厦既傾，非一木可支，釁之後先，惟將軍自思之。」儔至金山，納哈出拘不遣。太祖實録

是月，元平章洪保保、馬彦翬謀殺指揮同知劉益，右丞張良佐等擒彦翬殺之，保保走納哈出營。良佐以其事來聞，上書中書省曰：「本衛地方遼遠，僻處海隅，肘腋

之間，皆爲敵境。元平章高家奴固守遼陽山寨，知院哈喇張屯駐瀋陽古城，開元則有丞相也先不花之兵，金山則有太尉納哈出之衆，互爲聲援。今洪保保逃往其營，必有搆兵之釁。」太祖實録

七月，上以劉益之變而元臣納哈出等未附，〔四〕以馬雲、葉旺爲定遼都衛都指揮使，總轄遼東諸衛軍馬。

洪武七年甲寅十一月，納哈出復引兵寇遼陽，千户吴壽等擊走之。

洪武八年乙卯，納哈出寇遼東，都指揮使葉旺大敗其兵。

乙卯十二月，納哈出寇遼東。先是，上敕遼東都同曰：「今天寒冰結，虜必乘勢入寇，宜堅壁清野以待之，慎勿與戰，使其進無所得，退有後慮，伏軍阻險，扼其歸路，虜可坐致也。至是，果入寇，都指揮使馬雲等探知納哈出將至，命蓋州衛指揮吴立、張良佐、房暠等嚴兵城守。虜至，堅壁勿與戰，及納哈出至，見城中備禦嚴，不敢攻，乃越蓋州城徑趨金州。時金州城垣未完，軍士寡少，指揮韋富、王勝等聞虜至，督勵士卒，分守諸城門，選精鋭登城以禦之。納哈出部將乃剌吾自恃其鋭勇，率數百騎，竟至城下挑戰，城上發弩射之，乃剌吾被傷悶絶，遂獲之，虜勢大沮。富等復縱兵出擊，納哈出不利，慮援兵且至，引兵退走。以蓋州有備，不敢經其城，乃由城南十里外

沿柞河遁歸。都指揮葉旺策其將退，先引兵趨柞河，自連雲島至窟駝寨十餘里，緣河疊冰爲牆，以水淋之，經宿皆凝沍，隱然如城，藏釘板於沙中，設陷馬阱於平地，伏兵以待之，命老弱捲旗登兩山間，戒以聞炮即竪旗。馬雲於城中亦立一大旗，令定遼前衛指揮周鶚及吴立等嚴兵以候，四顧寂若無人。已而，虜兵至，旺等候其過城南，炮發，伏兵四起，兩山旌旗蔽空，鼓聲雷動，矢石雨下，納哈出愴惶北奔，趨連雲島，遇冰城，馬不能前，皆陷入穽中，遂大潰。雲於城中亦出兵追擊，至將軍山畢栗河，斬戮虜人馬及凍死者甚衆。旺等復乘勝逐至猪兒峪，獲其士馬無算，納哈出僅以身免。旺等相慶曰：「非主上明見萬里，授以神算，何能有此！」旺遣人送乃剌吾至京師，群臣請戮之，上不許，命爲鎮撫，賜以妻妾、田宅。太祖實録

洪武十一年戊午八月，〔五〕太祖遣使賚詔往金山，諭納哈出。詔曰：「人生天地間，能觀天地變化之機，知時識勢而不失者，乃爲傑丈夫。古人有云：活千人者其後必封。爾爲元臣，忠則忠矣，何乃違天道，昧人事，而失德若是耶？昔者，爾被擒於江東，朕特縱爾歸，此朕順人心而生全爾也。大抵人蹈患難者，孰不欲脱患難而全其身？當時爾在俘囚之中，果願死乎？生乎？若以此心度之，則必不敢肆其殘忍矣。凡兩軍之間，有力不及汝者，被爾拘囚之，爾能以己之受患欲

脱之心推及俘囚，爾必大昌，〔六〕福及後嗣矣。爾乃不能以己心推之，盡殺勿顧，如去年冬爾將兵寇我遼境，回軍之日，棄卒多矣，朕皆生全之，未嘗輕殺一人。曩者，萬户黄儔捧朕命而往，豈儔之所願哉，實由朕命不得已也。且其人嘗有恩於爾，何期爾不思好生惡死之情，一旦殺之，爾之患難爲儔所生，儔之身爲爾所殺。人可欺，天不可欺，天心監爾，禍將歸焉。今爾與朕守邊將士，旌旗相望，略較勝負，彼此相當，矢石之下，罹害者衆。然已往之事不咎，未來者可不思乎？自今以往，若能通一介之使，雪前日之愆，朕亦不較。不然，必致生縛。於此之時，何面目以見朕？諭至，其審思之。」太祖實録

十二月，詔諭故元丞相哈剌章、蠻子驢兒、納哈出等，曰：「自有元多事，群臣有棄君親而自苟全者，有抗朝命而自爲者。目擊耳聞，實非一人。卿等獨奮忠仗義，衛君深塞，歲月如流，倏然十有一年。今聞爾君因疾而崩，在卿等可謂有終有始，良臣之名播矣。或聞欲立新君，其親王有三，卿等正在猶豫之間。此三人皆元之嫡派，〔七〕卿等誠堅忠貞之意，毋抑尊而扶卑，理應自長而至幼，此乃人倫正而天道順也。若有賢愚之别，禮難備拘，從賢則吉。夫當流離之際，而爲臣者，猶能竭力爲之，不絶有元之祀，美聲盈人耳，豈不難哉！苟或不然，尊卑賢愚，置之弗論，但以立君爲

名，而内自有專生殺之威，則非人臣之道矣。况同類頡頏，彼此疑猜，當此之際，卿等富貴如風中之燭，命如草杪之霜，深可慮也。」太祖實録

洪武十九年丙寅十二月，太祖命立沿邊諸衛以備胡。

上諭宋國公馮勝曰：「納哈出據金山，數侵擾遼東，宜於大寧諸邊隘，分兵置衛以控制之。」太祖實録

洪武二十年丁卯正月癸丑，太祖命宋國公馮勝爲征虜大將軍，潁國公傅友德、永昌侯藍玉爲左右副將軍，〔八〕前軍都督高暠參贊軍務，率師二十萬北伐。

上諭勝等曰：「虜情詭詐，未易得其虚實，汝等慎無輕進，且駐師通州，遣人覘其出没。虜若在慶州，宜以輕騎，掩其不備。若克慶州，則以全師徑擣金山，納哈出不意吾師之至，必可擒矣。」既而，上復遣前所獲番將乃剌吾北還，以書諭納哈出及毛闆、撒里達温、蠻子、晃失台、和尚、伯蘭等曰：「昔者天更元運，華夏奮争，朕自甲辰春，親定荆、楚，歸遣諸將，東平吴、越。洪武初，遂命中山武寧王、開平忠武王率甲士渡江越淮，以定中原，元君北奔深塞。於是息民於華夏，諸夷附者莫不奠安，今二十年矣。惟爾納哈出等聚兵，愈出没不常意較勝負。由是乃剌吾留而未遣，今有年矣。朕推人心，誰無父母之念，夫婦之情，故特命其生還，以全骨肉之愛。且聞其善

戰，今遣北歸，更益爾戰將，他日再較勝負，爾心以爲何如？嗚呼！天之改物，〔九〕氣運變遷，果人事之必然耶？抑天道之使然耶？兹命儀禮司官前僉院蠻子、鎮撫張允恭送乃剌吾抵爾所在，使者未審可還乎？餘不多及。」太祖實録

三月，馮勝等師出松亭關，築大寧、寬河、會州、富峪四城，遂提兵駐於大寧。

五月丙寅，上遣使賫敕諭大將軍宋國公馮勝等曰：「往者慶州之捷，俘虜赴京者，皆云胡已北行，遼東送來降者，所陳亦同。五月五日，得軍中遣至降胡。又云納哈出棄金山巢穴，營於新泰州，去遼陽千八百里。朕計群胡雖起營北行，似若遠遁，尚恐詭謀竊發，尤不可不爲之備。况今天象水火相犯，迨至八月，天象屢有變異，卿宜嚴軍令，整行伍，遠斥候，以逸待勞，則必有當之者矣。」太祖實録

五月庚午，馮勝留兵五萬守大寧，率大軍趨金山。

辛未，上復遣使密敕大將軍宋國公馮勝等曰：「前日以天象之變，戒卿等軍中之事，嚴爲之備，今觀所徵，其咎在虜，揆之人事，正與天合。宜乘機進取，不可稽緩。朕計納哈出去金山未遠，以兵促之，勢必來降。且胡主謂我得志，無意窮追，必順逐水草，往來黑山、魚海之間，乘其趦趄，攻其無備，虜衆可盡圖也。」太祖實録

六月丁酉，馮勝等進師金山之西。

勝等至遼河之東，獲納哈出屯卒三百餘人，馬四十餘匹，遂進師駐金山之西。是時，乃剌吾還至松花河見納哈出，納哈出大驚曰：「吾謂汝死矣，今日乃復得相見。」執手勞問殷勤。乃剌吾因諭納哈出朝廷所以送還之意。納哈出喜，即遣其左丞劉探馬赤、參政張德裕隨使者張允恭等至勝軍獻馬，欲因以覘我，勝遣人送赴京師。既而，納哈出送乃剌吾至漠北，虜主欲殺之，左右諫曰：「乃剌吾久被俘囚，今獲生還，奈何殺之？」因得免還納哈出所，備以朝廷撫恤之恩語其衆。由是虜衆多有降意。

太祖實録

癸卯，師逾金山至女直苦屯，納哈出部將全國公觀童來降。

丁未，納哈出來約降，大將軍勝遣右副將軍藍玉至納哈出營，盡降其衆。

初，納哈出分兵爲三營：一曰榆林深處，一曰養鵝莊，一曰龍安一秃河，輜重富盛，蓄牧蕃息，虜主數招之不往。及是，大軍逼之，納哈出計無所出，乃剌吾因勸之降，納哈出猶豫未決。適大將軍馮勝遣指揮馬某往諭之，納哈出乃遣使至大將軍營，陽爲納款，而實覘兵勢。勝遂遣玉往一秃河受其降。虜使見大將軍師盛，還報納哈出，納哈出聞之，乃指天嘖嘖嘆曰：「天不復與我有此衆矣！」遂率數百騎自詣玉約降。玉大喜，出酒與之飲，甚相歡。納哈出因酌酒酬玉，玉請之先，納哈出即飲訖，復酌以授玉，玉解衣以衣之，謂曰：「請服此而後飲。」納哈出不肯服，玉亦持酒不飲。争讓久之，納哈出取其酒澆地，顧其下咄咄語，將脱去。時鄭國公常茂在坐，其麾下有趙指揮者解胡語，以告茂，茂直前搏之，納哈出驚起欲就馬，茂拔刀斫之，傷臂，不得去，都督耿忠遂以衆擁之見勝。納哈出所部妻子將士凡十餘萬，在松花河北，聞納哈出被傷，遂驚潰，餘衆欲來追，勝遣前降將觀童往諭之，於是其衆亦降，凡四萬餘，并得其各愛馬所部二十餘萬人，羊馬驢駞輜重亘百餘里。納哈出有二姪不肯降，勝復遣人諭之，乃折弓矢擲於地，亦來降。勝以禮遇納哈出，復加慰諭，令耿忠與同寢食，遣使奏捷於京，仍奏常茂驚潰虜衆。遂班師，悉以納哈出來降將卒、妻子及其輜重俱南行，仍以都督濮英等將騎兵三千爲殿。太祖實録

七月，太祖遣使賜納哈出及其部將。

庚辰，上遣使賜故元降將納哈出玉帶一，金飾香帶一，銀一千兩，文綺帛各四十匹，鈔一千貫。又以素金帶百、花素銀帶七百、紗帽八百賜其將那木罕等及銀鈔各有差，仍遣使賚鈔三十萬錠，織金文綺三千匹，送赴燕府以備賞賜來降納哈出部衆。太祖實録

丁酉，納哈出所部營王失剌八禿等來降。

先是，納哈出既降，營王失刺八秃等以病在道相失。至是，與雲安王蠻吉兒的、郡王桑哥失里、和尚國公等復來降，大將軍馮勝遣人送赴京師。乃遣定遠侯王弼發定遠等衛官軍往迎降將家屬於信州，道爲虜所襲，亡馬七百餘匹。信州即納哈出所屯一秃河也。太祖實録

八月庚戌，太祖再遣使往賜納哈出等。

上遣指揮李隆往賜故元降將納哈出文綺帛各十匹，白金二百五十兩，衣一襲，賜其妻衣絨線靴。全國公觀童、宗王先童、司徒完者不花、撒里撻温、院使佛家奴、知院阿勒帖木兒、同知曩加思、平章晃失台、院判察罕帖木兒、參政徹里帖木兒，並賜文綺帛各一匹，白金二十五兩。太祖實録

乙卯，命左軍都督府僉耿忠於永平撫安降附達達酋長軍士，及給賜納哈出妻子米五百石，達達軍將男女四萬四千一百七十九人，布一十七萬六千七百一十七匹，綿襖二萬七千五百五十二領，皮裘五千三百五十三領，冬衣及色絹衣三萬二千二百四十餘襲。太祖實録

丁丑，征虜大將軍馮勝上賀平納哈出表。

勝等以故元降將納哈出所部官屬將三千三百餘人，馬二百九十餘匹，金、銀、銅

印一百顆，金銀虎符及牌面一百二十五事，王九，國公、郡王四，太尉、國公五，行省丞相一，司徒、平章十三，右丞、左丞三十一，參政、知院三十二，各院使、同知、副樞八十一，僉院院判二百八十，院副使五，宣慰使、副使、僉事一百八十九，萬户、千户、路府州總管、同知等官九百二十七，尚書參議二，承旨學士十，文學司馬七，大卿、司卿、少卿十八，衛帥府僉事三，〔一〇〕郎中、員外十五，王府官五，蒙古宗人衛副使一，客省大使二十六，廉訪司使、副，鹽運司使、副六，衛帥府使一，治書、安撫、司農各一，太、少監理問、斷事、部郎中、主事、兵馬指揮、府衛鎮撫、崇福司使、副，經歷、都事、太醫院官及州、縣等官二百二十二，將一千四百餘人，送至京師，上表賀曰：「三苗逆命，大禹有徂征之師；玁狁侵陵，宣王有北伐之舉。屬妖氛之訊掃，致醜虜之來歸。〔一一〕喜溢臣民，懽騰遠邇。臣勝等竊惟故元丞相納哈出，以氊裘之遺孽，亡國之賤俘，負天地生全之恩，懷虎狼貪殘之性，殺戮我信使，寇竊我邊陲，上違逆於天心，下阻遏於聲教。除殘去暴，爰興問罪之師；按節臨戎，謬忝總師之寄。將佐效忠而致力，士卒賈勇以爭先。軍威遠震於虜庭，義氣横飛於瀚海。兵有不戰之勝，敵無交刃之虞，其納哈出即詣軍門，納款輸誠，格心向化。其餘軍民人等，咸加撫諭，各遂生全。同沾化育之恩，永絶腥羶之穢。〔一二〕是皆皇帝陛下神謀運於宥密，睿智發乎先幾，故能豫制於萬全，是以成功於莫測。臣等仰遵成算，祇奉天威，獲殫犬馬之驅馳，少盡涓埃之報答。萬方胥慶，覩日月之光華；率土歸心，樂乾坤之覆載。」太祖實録

九月戊寅，封納哈出爲海西侯。

故元降將納哈出及諸王哥列沙、國公觀童及故官帖木兒不花等至京，納哈出入見，上撫慰甚至，賜以一品服，封爲海西侯。誥曰：「自古哲人明去就之機者，必仰觀天道，俯察人事，審勢定謀，知天命之不可違，事機之不可失，乃決去就焉。所以事無輕舉，動獲萬全。由是享富貴於攸久，延禄位以無窮，以其所見者明，所察者精故也。朕荷天命，統一華夏，於今二十年矣。海内海外，九夷八蠻，莫不革心向化，惟故元播遷塞外，日就澌盡。爾納哈出知天命之有在，一心奉天，相率來歸，生全多命。今特命爾爲推誠輔運欽承效力輔臣、柱國、海西侯，食禄二千石，及爾子孫後世，以報推誠之義。爾其一乃心，固初志，與國同休，敬哉毋怠。」其所部官屬悉賜衣服、官帶有差，第其高下，授以指揮、千、百户，俾各食其禄而不任事，分隸雲南、兩廣、福建各都司以處之。上以納哈出之降，乃剌吾與有力焉，陞授千户，仍賜以金帛。

庚辰，海西侯納哈出上表謝恩，獻馬三百八匹。

壬午，賜納哈出織金、文繡冬衣各一襲。

丁亥，賜海西侯納哈出羊一羫，酒百尊。乙巳，〔一三〕賜海西侯納哈出屬官三百一十八人，白金二萬三千八百四十兩，文綺帛二千九十四匹，鈔一萬二千九百六十九錠。

丙申，賜海西侯納哈出部將二百餘人衣鈔靴韈。

十月丙寅，〔一四〕命海西侯納哈出禄米二千石，以江西公田給之。以上俱太祖實録

洪武二十一年戊辰七月辛丑，海西侯納哈出卒。納哈出性嗜燒酒，飲常過度，當盛夏時，每以水沃身，因得疾。上命醫療之而愈，常戒其飲。至是，從傅友德往征雲南，飲酒如初，行至武昌，疾復作，卒於舟中。上聞而閔之，詔歸其柩於京師，葬都城南門外。太祖實録

八月癸丑，命故海西侯納哈出子察罕襲爵，改封瀋陽侯。誥曰：「朕惟列爵建侯，子孫世禄，國之大典，非有勛勞者，不得與焉。爾察罕父納哈出，昔爲元臣，自元運告終，退守金山，幾二十載。比者知天道之莫違，率衆來降，朕嘉其能全一方之民，特封爲海西侯，比肩於功臣。邇命從征百夷，冀其成功，忽途中嬰疾而逝，聞之惻然。然父死子襲，初誓不忘，兹特改封爾察罕爲欽承父業推誠效力武臣、柱國、瀋陽侯，爾尚一乃心力，上思朕所以待爾父之誠，下爲爾父立報國之

功，豈不神人共鑒，而福禄悠久者乎！」太祖實録

洪武二十六年癸酉四月壬午，瀋陽侯察罕坐藍玉黨伏誅。

瀋陽侯察罕遼陽人氏，招云：洪武二十六年正月初三日，因做生日，有一般達官乃兒不花、帖里白、脱禾赤、朵列帖木兒、劉謙、忽都帖木兒、和尚歹、也速不花、也先火者、和尚、歹都不花等到來遞手帕拜壽，就留各官茶飯。乃兒不花説：「俺比先在草地裏時，遇著大人今日好的日子呵，殺牛宰馬，儘着俺用，那等快活！那裏有如今在這裏，上位好生疑，俺達達人都將四散調開去了，看起他的動静，也只是弄性命俚，未知俺日後怎麼的。如今只等領軍出征，一帶兒反將出去，到得静辦。」乃兒不花招云：「上位將俺達達官這邊一個那邊一個著去了，俺久後也知道怎麼俚？咱預備著出軍去，一發反將出去。衆人依允。」察罕説：「這裏雖著俺做公侯，不如俺那裏做個刀官人，儘得快活。您衆人休著外人知道，好歹尋個長便。」本月十四日，察罕同月魯不花等到乃兒不花家喫酒，本官言：「咱幾時能彀出征反將出去？涼國公征進回來，使法古蒙古左衛指揮來説，他是總兵官，要他做一件大勾當，着俺收拾人馬聽候，若事成了，都大家享富貴，又放俺本處去俚，十分快活日子有俚。」議允各散。在後時常藍玉府内往來謀逆。月魯不花招同〔一五〕

又招云：二十六年正月十五日，舊頭目、錦衣衛鎮撫楊和等、右僉都御史帖古思

帖木兒男帖法成、頭目三寶奴等來本家慶賞元宵，察罕備述乃兒不花、帖里白等傳達涼國公説話。又云：「似這等看來，順了他到得快活俚。」楊和等回言：「既如此，官人儘向前，小人都來出力。」酒畢各散，以後時常同各人去藍玉家商議。帖法成白賽因帖木兒，楊和招並同

住奴招云：住奴，北平人，夫楊二病故，官府差撥伏侍西番和尚，後起取赴京，西番和尚、汝寧尚書去天禧寺出家，住奴同義女把禿罕在聚寶門廊下住坐，瀋陽侯察罕亦在聚寶門外住坐。西番和尚常去本官家看經，住奴以此來往熟識。二十六年正月，西番和尚同外甥阿禿赤、鎖男古歹來住奴家説：「我和瀋陽侯探望涼國公，他説要謀大事，瀋陽侯你收拾些達達人準備着。我已與三塔寺住的國師達達和尚打力麻失里、鷄鳴寺黨九國師徒弟帖木兒都説得知道了。你可去瀋陽侯家來往，打聽消息。」住奴依允。黨事敗露，住奴又以賣雞爲由，前去探聽，不期差人抄扎將住奴等拿捉前來。

北平府僧人省無礙招云：二十六年正月十五日，同一般和尚耶舍巴等本寺西番和尚、汝寧尚書等到瀋陽侯宅慶賞元宵，本官邀請軍官在家就留，筵席飲酒閒，瀋陽侯説：「涼國公要謀大事，教我收拾達達人來接應。」汝寧尚書等俱各喜允，説：「我

每一般達達歸附今朝做官，只是法度利害，熬不出去。有這光景，不如隨順他做一場。」汝寧尚書招同　已上並逆臣録

校勘記

〔一〕上所以待遇之意：原本訛「意」爲「厚」，據太祖洪武實録卷三改。

〔二〕趙宋：原本訛「宋」爲「家」，據太祖洪武實録卷六六改。

〔三〕世祖：原本訛「祖」爲「宗」，據太祖洪武實録卷六六改。

〔四〕未附：原本訛「未」爲「來」，據太祖洪武實録卷六七改。

〔五〕八月：原本訛「八」爲「六」，太祖洪武實録卷一一九洪武十一年八月條載：「遣使賫詔往金山，諭元將納哈山。」據改。

〔六〕爾必大昌：原本舛「大昌」爲「昌大」，據太祖洪武實録卷一一九改。

〔七〕嫡派：原本訛「嫡」爲「滴」，據太祖洪武實録卷一二一改。

〔八〕左右副將軍：原本訛「左」爲「友」，據太祖洪武實録卷一八〇改。

〔九〕天之改物：不文，疑爲「天之於物」。

〔一〇〕衛帥：原本訛「帥」爲「師」，據太祖洪武實録卷一八四改。

〔一一〕致醜虜之來歸：原本訛「致」爲「政」，據太祖洪武實録卷一八四改。

〔一二〕永絶腥羶之穢：原本訛「穢」爲「穩」，據太祖洪武實録卷一八四改。

〔一三〕乙巳：原本訛「乙」爲「己」，據太祖洪武實録卷一八五改。

〔一四〕十月丙寅：原本脱「十月」，據太祖洪武實録卷一八六補。

〔一五〕此條以下，原本無，俱從適園本補。

國初群雄事略卷之十三

福建陳友定

友定，姓陳氏，一名有定，字安國，福州福清縣人，徙汀之清流。至正壬辰，寇起應募，署爲巡檢，累官福建行省平章政事，據守邵武、建寧、延平、福州、興化、泉、漳、汀、潮諸路。洪武元年，被執，不屈，就誅。

至正十二年壬辰，清流人陳友定應募擊賊，破之，以爲明溪寨巡檢。

友定，世農業，爲人沈勇，喜游俠，鄉人畏服之。壬辰兵起，所在騷動。汀州府判蔡公安至清流募民兵，友定以壯士見，公安與語，奇之，令統所集民兵署爲黄土寨巡檢。太祖實録友定本傳

友定，清流明溪人。幼孤，傭於橘州富室羅氏。雖病頭瘡，其狀魁岸，有志略。即採樵爲戲，輒設隊伍。羅翁奇之，將以爲壻。其妻不悦，呼爲「瘡頭郎。」因失鵝而奔宿於鄰舍王氏之門，其家夢虎踞門，得友定，大異之，乞於羅翁，妻以女。俾習商

販，輒折其貲，大困，充明溪驛卒。壬辰，寇起，寧化曹柳順據曹坊，擁衆數萬，其黨八十餘突來明溪索馬，衆莫敢拒。友定被酒半酣，諭衆紿而盡殺之。柳順怒，率步騎千餘將屠明溪。友定發老孺登寨，誓其侶賴政、孫通、胡璃等五百人乘柳順營，自馳擊之，斬獲過當，遂追屠曹坊，擒柳順以歸。事聞，授明溪寨巡檢。郭造卿撰陳友定傳

陳友定從福建僉都元帥吴按灘不花討汀、延、邵、建諸山寨，以功授清流縣主簿，尋陞縣尹。

尋陞清流縣尉，鄰寇數十，皆所剗平，陞延平路總管。郭撰友定傳

吴按灘不花，將樂人，紅巾寇據邵武，募義兵，克復之，授福建行省參政。八閩通志

至正十八年戊戌五月，陳友諒遣康泰、趙琮、鄧克明等以兵陷邵武路。十一月，陳友諒兵陷汀州路，進攻清流，陳友定擊却之。

戊戌十一月癸卯，陳友諒將鄧克明陷汀州。越庚子，進圍清流，友定駐兵於縣前平安寨，間道夜襲，大敗之，追至寧化，清流以復。友定乃繕崆峽嶺關寨及南北寨，守之。郭撰友定傳

至正十九年己亥十一月戊申，陳友諒兵陷杉關，友定力戰，友諒兵乃退。

歲己亥，陳友諒遣康泰取邵武，鄧克明攻汀州，轉略延平、將樂諸處。行省乃授

友定汀州路總管以禦之，戰於黄土，獲其將鄧益，克明遁去。元拜友定行省參政。太祖實録陳友定本傳

秋，福建運糧數十萬至京師。

先是，朝廷以張士誠内附，封爲太尉，且以歲饑，遣使徵海運。士誠據浙西，有糧；方國珍據浙東，有舡。兩家相攻，糧竟不至。賴福建濱海，又爲王土，獨能運糧至京師。由是，京師民始再活。庚申外史

後癸卯四月，守漳州右丞羅良遣僚佐由海道運糧抵遼東，以給行在軍。詔授光禄大夫、封晉國公，仍守漳州。良遂設南詔屯田萬户府。

伍宗堯，清流人。元末盜起，邑人推宗堯爲長。至正庚子，鄧克明來侵清流，宗堯與其子四人率兵決戰，皆死之，寇亦退去。八閩通志

至正二十一年辛丑，鄧克明復取汀州，進攻建寧，不克而還。友定遂復汀州，開分省守禦，陞左丞。

辛丑歲，克明轉掠永豐、寧都、石城、汀州寧化等縣，遂陷寧昌，破杉關，掠光、澤，道順昌以攻建寧，不克，還兵據撫州。是冬，大明將鄧愈逼撫州。太祖實録

鄧克明偕胡廷瑞復陷邵武、延平，〔一〕攻建寧，城西北立數十砦，以鐵礮、火箭、雲

車、機弩攻突不少息，凡十有八旬，城中食且盡。平章完者帖木兒謂非陳總管不可解。八月壬辰，友定奉檄偕行，馳數十騎，突圍入戰，衆懽呼曰：「陳總管來，吾屬生矣！」友定叱守將阮德柔開北門，焚橄欖山砦，還奪水南砦，敗之於菱角塘，萬安州賊踐溺者千餘人，孫通等尋復建陽、崇安、浦城諸縣。友定尋復邵武郡縣，賊散走，輒遮殺之，度三關以遁。安撫使李國鳳上其功第一，陞福建行省參知政事。郭傳

按：元史順帝紀壬寅五月，友定復汀州，稱參知政事。則知實録辛丑陞左丞者誤也，當以復建寧功陞參知政事耳。郭傳紀復建寧在壬寅歲，則又誤也，當依實録載在辛丑爲正。考鄧愈及克明本傳則知之矣。

至正二十二年壬寅天完治平四年五月乙巳朔，福建行省參知政事陳友定復汀州。壬寅五月，友定復汀州，鑿九龍灘石，通舟楫，以運汀糧。郭傳

友定自延平南引兵，水陸並進，一由順昌出將樂，一泝延平溪而上清流，會攻汀州，克其城。友定既復汀州，遂有據福建之志，威迫平章燕只不華。所收郡縣倉庫，悉入爲家貲，收官僚以爲臣妾，有不從者，必行誅竄，威鎮閩中。秘閣元龜政要

至正二十四年甲辰天完治平六年，又置分省於延平，以友定爲平章。於是閩中八郡皆友定所守。太祖實録

先是十六年，置福建行中書省，及二十六年復置福建行樞密院。至是，天下大亂，福建諸路及廣東潮州俱平章陳友定據而守之。

建寧，十七年改建寧路總管府。二十二年立建寧分省，既而陳友定據之，復廢分省。泉州，十八年立泉州分省，二十二年西域那兀那納等竊據其地，二十六年陳友定取之。漳州，二十二年漳州行中書分省右丞羅良據其地，二十六年陳友定取之。汀州、延平、邵武俱二十二年爲陳友定所據。八閩通志

至正二十五年乙巳二月己丑，元福建行省平章陳友定來侵處州。友定犯處州，大明參政胡琛往援，友定聞琛至，遁去。琛追至浦城，擊敗守將岳元帥，遂下浦城。太祖實録

四月己丑，大明參軍胡琛攻克建寧之松溪，獲陳友定守將張子玉而還。

五月，胡琛言：「近克松溪，獲張子玉，餘衆敗奔崇安，請發廣信、撫州、建昌三路兵併攻之，因規取八閩。」上曰：「子玉驍將，今爲我擒，彼必喪膽，乘勢攻之，必無不克。」命指揮朱亮祖由鉛山，建昌左丞王溥由杉關會琛進兵。太祖實録

六月壬子，大明指揮朱亮祖等克崇安，進攻建寧，參軍胡琛被執，死之。時陳友定將阮德柔嬰城固守，亮祖欲攻之，琛視氛祲不利，亮祖迫琛使進。德柔

兵屯錦江，逼琛陣後，亮祖督戰益急，琛不獲已，進擊之，破其二栅。德柔盡率精鋭，圍琛軍數重。日已暮，琛突圍而出，德柔伏兵忽起，琛馬蹶被執，送於友定。友定初甚敬禮之，會元使至，督迫，遂遇害。太祖實録

友定赴建寧，遣阮德柔兵四萬屯錦江，繞琛背以斷歸路。琛破其二寨，友定率牙將賴政等二千餘人突與琛戰，德柔逆兵夾攻，琛馬蹶被執，頗寬遇之。琛爲具道上威德，并道天命所在，援竇融歸漢事以感之。友定笑曰：「已既被執，而且誘人不忠，何耶？」太祖遣使以良馬、金幣贖琛，會元使至，督逼之，遂殺琛并其使。郭撰友定傳

按：實録「琛爲德柔兵所執。」而神道碑及行述俱云：「琛破其二寨，友定懼，帥精鋭圍我營，公突陣與決戰，馬蹶被執。」蓋碑與行述所紀爲詳，而實録從其略也。郭傳載此戰尤核。

至正二十六年丙午，陳友定平興化、泉州二路。

丙午歲，興化林珙與惠安陳同、柳伯順仇殺，引番阿巫那及亦思巴奚兵，攻劫累年。時伯順據興化，行省檄友定討捕番寇，遂擁兵南下。四月，阿巫那黨白牌、馬合謀、金阿里等攻興化迎真門，友定之子宗海已領兵夜入城中。明日，開西、南二門，縱兵而出，白牌等見城門驟開，已疑，及見兵出，旗服鮮明，步伐整肅，益恐。亦思巴

奚所恃者，弓箭、刀牌。宗海兵直前搏執之，亦思巴奚大敗，僵屍數千，追擒白牌等殺之，餘衆奔潰。所在農民以鋤挺擊攀殺，惟逸四騎去。是日，友定師至，撫集軍民，完復路治，聲勢赫然。伯順在城中，聽令，而同及珙皆斂兵奉約束。先是，泉州賽甫丁據福州路，戰敗，餘衆航海還據泉州，故有阿巫那之亂。友定命宗海督伯順及同等兵合珙水軍，並攻泉州，友定自以師繼之。五月，克泉州，擒阿巫那等。至是，興、泉三郡始免亦思巴奚之禍。吴源至正近説，郭撰友定傳同

八月戊寅，元以李國鳳爲中書左丞，陳友定爲福建行省平章政事。

八月，晉行省平章，修城池，繕守備，分遣諸將各守郡縣。郭撰友定傳

九月，陳友定陷漳州路。

長汀人羅良，授漳州總管，與友定素有郤。九月，友定使至漳，良獨不下，乃以書責友定，友定大怒，益發兵攻之。良使三千人操强弓毒矢，〔二〕伏江東以待之，誡有警，勿輕移。一夜，友定以兵千人夜攻海倉寨，揚言奪海州，乘潮直下。千夫長張右古等違良節制，悉兵赴之，友定兵遂渡柳營江，士卒驚潰，良迎戰於馬岐山，敗績，遂圍城。環攻旬月，良誓死以守，城中矢石俱盡。良嘗誅百夫長盧清，其子善徵在幕下，延友定入城，良與巷戰，死之，友定遂據漳州。以其地勢完固，乃鑿山以洩之，而

縮城之西北。凡平閩諸寨三百餘，奄有潮州，以行省郎中王翰德望素著，表授潮州總管兼循、梅、惠州。郭撰友定傳

友定既爲平章，發兵討省内未服者，遠近聞風獻城，無敢角者，惟良卓然不屈，以書責之，曰：「足下爲參政，國之大臣也。汀州之復，乃其職耳，可以功高自恣耶？燕只平章，足下之僚長也，可以威而迫之耶？夫非其君命而得郡邑者，人人皆得而誅之矣。今郡邑之長，君命也，固不可以加僇；百司之職，君役也，固不可以加竄。足下破郡邑爲家貲，驅官僚爲臣妾，口言爲國，心實私耳。跬步之際，真僞甚明，不知足下將爲郭子儀乎？將爲曹孟德乎？」友定得書大怒，益兵攻漳州，檄曰：「早降則終享富貴，不降則噍類無遺。」龍飛紀略，鴻猷録同

至正丙午，省丞陳友定命總制郡事。理問張某改築東、西、北三面，視舊基小二千餘丈，獨南一面仍其舊，浚河三百五十九丈。

王翰，廬州人，江浙行省郎中，〔三〕元亡，屏居永福山中，洪武中，以薦被徵，自裁。並八閩通志

按：羅良事不見正史，俟更攷之。

十二月，陳友定將建寧阮德柔遣使來納款。

詔德柔以原官守郡，德柔卒爲友定所併。見章溢傳

至正二十七年丁未五月戊寅，元以空名宣敕遣付福建行省平章政事曲出、陳友定同驗有功者給之。

友定據全閩，八郡之政，皆用其私人以總制之。朝廷命官不得有所與。元史迭里彌實傳

藍光，江西人，官行省都事。時八郡騷擾，陳參政方事興復，光總藩幕，獨謇謇持正，偶一言不合，遂拂衣而退，曰：「吾豈貪禄者哉！」國兵下全閩，光深衣幅巾，隱居教授，越三十二載卒。黄仲昭八閩通志

福寧州人陳瑞孫爲福建宣慰使，出鎮福清州，拒友定，被執，憤駡見殺，其妻及幼女皆投井死。崇安令孔楷，拒友定而死。建陽人詹翰，保障其鄉，不從友定，亦遇害。友定由福清平海上烏尾賊，海上人立碑頌之，遂於建陽因閩越王大潭城址增築之，以備我兵。郭撰友定傳

癸未，福建行宣政院以廢寺錢糧由海道送京師。閩入貢大都，道路阻絶，友定歲時多遣貢舶，由海道抵登、萊，其得達者什之三四。元主嘉之，下優詔褒美。王世貞補元史列傳

甲申，大明諸將言陳友定竊據閩中，擅作威福，宜乘勢取之。上曰：「吾方致力姑蘇，而張氏降卒新附，未可輕舉。友定據閩已久，積糧負險，以逸待勞。我師深入，主客勢乖，萬一不利，進退兩難。兵法貴知彼知己，徐而取之，未爲晚也。」太祖實録

九月，大明太祖高皇帝命參政朱亮祖等帥師討方國珍。國珍求援於友定，友定恨其部下誤殺海戍，不之援。郭撰友定傳

十月，太祖命中書平章胡廷瑞爲征南將軍，江西行省左丞何文輝爲副將軍，率安吉、寧國、南昌、袁、贛、滁、河、無爲等衛軍由江西取福建，湖廣參政戴德從征。上諭廷瑞曰：「汝以陳氏丞相來歸，忠實無過，汝往年嘗攻閩中，必深知其地理險易，故命汝總兵取福建。何文輝、戴德皆吾親近之人，勿以此故廢軍政。」太祖實録

十二月丁巳，大明兵度杉關取邵武路。時邵武、建寧、延平、福州、興化、泉、漳、汀、潮諸路，皆陳友定所據。元史

十一月壬寅，廷瑞師攻杉關，賴政爲指揮，戰屢不利，退保汀州。廷瑞遣指揮沈友仁、費子賢乘勝略光、澤，下之。十二月甲辰，師至邵武，守將李宗茂降。丁巳，至建陽，守將曹復疇降，留沈友仁守之。太祖實録

戊午，太祖敕征南將軍湯和、副將軍廖永忠、都督僉事吴禎，帥舟師自明州海道

以取福州。

以騎兵出杉關，取邵武，以舟師由海道趨閩。元史

己未，廣信衛指揮沐英破分水關，略崇安縣，克之。

太祖敕副將軍李文忠帥師由浦城取建寧。

上問平閩諸將於章溢，即日詔文忠出師，從浦城取建寧。章溢神道碑，實録本傳同，實録載在洪武元年二月，岐陽神道碑同

上詔文忠出師，以溢子存道率鄉兵從之。文忠率部將繆美、鎮撫譚濟等兵三萬攻浦城，友定守禦偏將胡璃豪悍多力，屢出死戰，〔四〕美、濟兵屢不利。文忠復遣萬户武德兵挑戰，璃不爲意，閉關酣酒而卧。繆美、武德乘夜雨斫關入，璃醉起，手刃數十人。時大寒，血凝刃，遂敗死。進攻鄧益銅船山寨，文忠不敢輕進，乃屯浦城，待海師消息。友定大驚，自率兵至延平，復遣兵至邵武、建寧。郭撰友定傳

按：郭傳載攻浦城事，不見他書，其記文忠出師，與章溢神道碑合，可以補羅史之闕，故存之。

庚午，大明兵由海道取福州，守臣平章政事曲出遁，行宣政院使朵耳死之。〔五〕

初，友定環福州城外，皆築壘爲備，每五十步更築一臺，嚴師守之。聞我師入杉

關，乃留同僉賴正孫、副樞謝英輔、院判鄧益以衆二萬守福州，自率精鋭守延平以拒。我和等舟師自明州乘東北風徑抵福州之五虎門，駐師南臺河口，遣人入城招諭，爲平章曲出所殺。曲出出南門逆戰，指揮謝得成等擊敗之。是夜，參政袁仁遣人納款。我師於臺上蟻附登城，遂開南門，鄧益拒戰於水部門，擊殺之。正孫、英輔自西門出走延平。曲出等皆懷印綬，挈妻子遁去。參政尹克仁赴水死。行宣政院使朵耳麻不屈，下獄死。僉樞密院柏鐵木兒居侯官，積薪樓下，縱火焚其妻女，遂自刭。和遣袁仁暨員外余善招諭興化、漳、泉諸路，分兵狥略福寧等州縣未附者。太祖實録

和等率舟師由明州海道擒殺把海指揮孫通、嚴程，乘虚而下，不數日，掩至福州城下，圍西、南、水部三門。郭撰友定傳

廣東廉訪司僉事獲獨步丁，閑居，寓福州，以石繫其腰投井死。江西行省左右司都事吕復以行省命攝長樂縣尹，引繩自經死。元史忠義傳

侍御史韓準請老，未報，藉藁堂下，以喪禮自處。吏來，追其宣敕，準取而枕之，勵刃向吏曰：「必欲之，并取吾首去。」後病，不飲藥而卒。八閩通志

洪武元年戊申五月，興化州軍民詣湯和軍納款。

參政袁仁遣宣慰使關住至興化諭降，友定所設府判徐昇及元帥王思義、葉萬等

密謀殺闞住及經歷鄭元明，盡取豐盈庫銀帛，驅其兵走泉州。耆民李子誠、吴彌明等首倡迎降之説，往福州，全城歸附。吴源至正近説

壬午，胡廷瑞等師至建寧。壬辰，克建寧。廷瑞師至，守將同僉達里麻、參政陳子琦謀曰：「大明兵自入杉關，其鋒不可當。今城中軍士不下萬餘，儲蓄尚富，可以拒守，彼攻不克，必將自退，因而乘之，或可以得志。」廷瑞等數與挑戰，固守不出。我師攻圍益急，達里麻不能支，夜潛至副將軍何文輝營納款。廷瑞整軍入城，執子琦送京師。太祖實録

大明兵取建寧、延平二路，陳友定被執。

先是，上遣使招諭友定，友定大會諸將，殺使者，置其血酒甕中，慷慨飲之，誓衆死守。湯和師至延平，隔水而陣，分一軍渡水攻其西門。友定謀於衆曰：「彼兵方鋭，不如持久以待之，伺間而動，必有可勝。」遂嚴敕軍士巡城，晝夜不少息。諸將請出戰，友定不許，數請不已，友定乃疑其部將蕭院判、劉守仁有貳心，即收其兵柄，殺蕭院判。劉守仁知事急，來奔，士卒多逾城夜遁。圍城凡十日，城中軍器局失火，砲聲亂發，我軍疑其内叛，遂併力攻城。友定見勢窮蹙，乃與副樞謝英輔、參政文殊海牙訣曰：「大事已去，吾無以報國家，惟有死耳，公等宜自勉。」乃退於省堂，按劍仰藥

飲之。達魯花赤白哈麻具服北望拜泣，與謝英輔皆自經死。賴正孫等夜開門出降。黎明，我師入城，友定氣未絶，遂舁之出水東門外，值大雷雨，復甦，械繫送京師。以唐鐸知府事。友定子宗海聞其父兵敗，自將樂來歸，遂併執之。太祖實録

湯和等命指揮孫虎督新附者守福州，乘勢自水口舟騎並抵延平水南，隔溪而陣。廖永忠渡水攻西門。友定倉卒遣參政文殊海牙、指揮賴政等，七戰不勝，閉門堅守。湯和奉命招降，友定力拒之，曰：「吾爲元守土官，可以土地易富貴耶！」子宗海叩諫不聽，遣出守將樂。將佐知其不降，乃數請出戰，友定心疑，殺其將蕭院判，士卒多逾城夜遁。徐大興攻其東北，廖永忠攻其西南，鼓譟甚逼。又聞李文忠、胡廷瑞兵皆迫攻，友定度不能支，乃衣冠北面拜訖，飲藥將絶，爲神武門疾雷震醒，械送京師。宗海自將樂來歸，併執之。郭撰友定傳

癸丑，陳友定至建康，伏誅。

友定至京師，上詰之曰：「元綱不振，海内土崩，天命更革，豈人力所能爲。爾竊據偏隅，負固逆命，害吾參軍，殺吾使者，陸梁弗服，欲何爲哉！」友定對曰：「事敗身亡，惟有死耳，尚何言！」遂併其子誅之。太祖實録

國兵既取閩，俘友定至京，上命公之子禎臠其肉，以祭公。胡琛行述　友定至京，

帝將釋之，授以原官，曰：不降，伏「銅馬」（古炮烙刑也）。友定伏之。命瘞其屍。郭撰友定傳

六月丙辰，湯和傳檄至漳州路，達魯花赤迭里彌實死之。大明兵既取福州，興化、泉州皆納款。吏走白招諭使者至，迭里彌實從容詣廳事，具公服，北面再拜，引斧斫其印文，大書手版曰「大元臣子」。即入位端坐，拔佩刀，剚喉中以死。既死，猶手執刀按膝坐，儼然如生。元史忠義傳

甲子，陳友定故將金子隆陷將樂。友定既敗，其將金子隆、馮谷保糾合清流、寧化散卒陷將樂，殺知縣馬源、主簿蘇兼善，乘勝寇延平，攻四鶴門，指揮羅得聚、千户李申擊却之。復與官軍戰於城南橋，指揮蔡玉奮擊，大破其衆，追至沙縣之青雲寨。子隆等負險固守，沐英遣兵夾攻，破之，擒馮谷保。七月，李文忠攻破清流，寧化諸山寨，獲金子隆及其餘黨，閩地悉平。太祖實録

閩有三忠，謂福建平章陳友定、僉樞白帖穆爾子壽、〔六〕漳州達魯花赤迭里迷失子初也。王逢集

福清參軍陳八不仕，藏友定像，長身巨目，狀貌偉然，其家尚世世祀之。郭撰友定傳

解縉云：元末起義諸人，獨陳友定始終盡節爲無愧。月山叢談

友定起布衣，以累功而受職，視國珍輩不同，既爲平章據全閩郡縣，不服則征之。其時既亂，不得不以便宜從事耳。朵耳、迭里彌實輩，多元死節之臣，倘友定果跋扈竊據，則朵耳輩必先死之，安肯與亂同事哉！郭造卿撰陳友定傳

校勘記

〔一〕鄧克明偕胡廷瑞：原本訛「偕」爲「借」，據郭造卿陳友定傳改。

〔二〕强弓：原本訛「弓」爲「首」，據郭造卿陳友定傳改。

〔三〕江浙：原本訛「浙」爲「省」，據八閩通志改。

〔四〕死戰：原本訛「死」爲「元」，據郭造卿陳友定傳改。

〔五〕朵耳：元史卷四七順帝十作「朵耳」，太祖洪武實録卷二四作「朵耳麻」。

〔六〕子壽：元史卷一九六忠義傳載：「柏帖穆邇字君壽」。

國初群雄事略卷之十四

東莞伯何真

真，姓何氏，字邦佐，廣東東莞人。至正乙未間，集兵保鄉里，累官至榮禄大夫、江西福建行中書省右丞。洪武元年三月，以廣東降，累官湖廣左布政使。二十年七月，封東莞伯，賜鐵券，食禄一千五百石。二十一年三月己卯卒，年六十有七。

至正十五年乙未，廣州民王成、陳仲玉搆亂，東莞人何真起兵討平之。

真，東莞之員岡人，少英偉好書劍。至正中，仕爲河源務副使、淡水鹽場管勾。

中原兵起，嶺海騷動，棄官歸鄉里，慨然以生民爲念。黄佐撰何真傳

公世居廣之東莞。至公，始遷惠州。生八歲而孤，母夫人守志不奪。少偉然有志。宋濂撰惠州何氏先祠碑

至正間，嶺南盜起，焚掠州郡，真集義兵保鄉里。太祖實録何真本傳

歲乙未，邑民王成、陳仲玉搆亂，真請於行省舉義兵除之。真躬環甲冑，往擒仲

玉以歸。成築砦自守，真使弟迪、驍將黄從簡、高彬等頓兵圍之，募人能縛成者鈔十千。未幾，成奴縛之以出，真釋之，引坐笑謂曰：「公奈何養虎遺患？」成掩面慙謝曰：「始以爲猫，孰知其虎。」奴求賞，真如數與之，使人具湯鑊烹奴，駕轉輪車，數人推之，使號於衆曰：「四境毋如奴縛主以罹此刑也！」又使數人鳴鉦，督奴妻炊火，奴一號則群應之曰：「四境有如奴縛主者，視此！」於是，人服其賞罰有章，以爲光武待蒼頭子密不能及也，競趨歸之，行省上其功。黄佐撰傳

至正十六年丙申，廣東叛將黄常寇惠州，真率兵解惠州之圍，逐黄常，復惠州，陞廣東道宣慰司元帥。

居一年，惠州人王仲剛與叛將黄常據惠，貪暴肆虐，民不堪命。衆慕真義，迎以守惠，遂解惠州之困。逐常，殺仲剛，併有循、惠二州。行省又上其功，授惠州判，尋遷惠陽路同知、廣東都元帥。黄佐撰傳

群盗攻惠州，真率衆走之，城賴以完，以功授惠州路判官，尋陞同知，既而勦滅群盗，陞廣東宣慰司都元帥，守惠州。太祖實録何真本傳

至正二十三年癸卯，南海盗邵宗愚陷廣州，真與子弟率兵分四路攻之，宗愚敗走，遂復廣州。

歲癸卯，南海三山民邵宗愚陷廣州，〔一〕守將何深死之，大肆焚掠。真聞之，率衆復廣州，號令明肅，廣人大悦，擢廣東行省參知政事。其後置江西分省於廣東，〔二〕進江西行中書省左丞，階資善大夫，分省治廣。弟迪，以從真功，擢中奉大夫、廣東道宣慰使都元帥，兼樞密院事。推恩封其二代，皆廬江郡公。未幾，合江西、福建爲一省，改拜資德大夫、江西福建行中書省左丞，仍治廣州。黄佐撰傳、碑同

至正二十五年乙巳九月，邵宗愚挾廉訪副使廣寧等叛圍廣，真禦之。至十月，部將與賊通，絶糧道，真出避，城陷。

至正二十七年丁未五月，真率惠州部曲至，廣民響應，復克之。宗愚退走，誘右丞鐵里迷失以歸。

戊午，制授真榮禄大夫，自左丞陞右丞。

時中原大亂，南北阻絶，真益練兵據險，保障一隅。太祖實録何真本傳真保有廣南，或陳符瑞，勸爲尉佗計者，即逮而戮之，以示無二心。黄佐撰傳自左丞陞右丞，未拜而王師平江西，詔至諭公，公奉廣東土地册籍以降。先祠碑

洪武元年戊申二月壬寅，大明太祖高皇帝命廖永忠爲征南將軍，率舟師取廣東。

時永忠在福州，先遣人以書諭真，曰：「元君失馭，天下土崩，豪傑之士，乘時而起，或假元之號令，或自擅其兵威，暴征橫斂，蠶食一方，生民塗炭，可謂極矣。今天子受天明命，肇造區夏，惟兩廣僻在遐荒，未沾聖化。予受命南征，順者撫綏，逆者誅殛。恐足下未悟，輒先遣一介之使相告，惟足下留意焉。」遂航海趨廣東。黄佐撰傳

三月甲戌，何真籍所部郡縣户口、兵馬、錢糧，遣使奉表迎降。

初，湯和等平福建，真遣使由海道奉表於元，遇和兵，遂改其表請降，且遣人回報真。至是，征南將軍廖永忠遣人送其使及表詣京師。上賜詔褒之，曰：「自元綱解紐，群雄並爭，天下瓜分，未見定於一者，朕舉兵濠梁，創業金陵，除殘去暴，十有四年。邇者方遣將四征，所向克捷，撫有七閩，肅清齊魯，廣西之師，相繼奏捷。大將軍提兵北伐中原，指日可定。朕思昔豪傑之士，保境安民，以待有德，若竇融、李勣擁兵據險，角立於群雄之間，非真主不屈。此漢、唐名臣，於今未見，政此興歎。爾真連數郡之衆，乃不勞師旅，先命來降，其視竇、李奚讓焉。今特驛召來庭，錫爾名爵，以旌有德。於戲！天厭紛紜，人思平治，爾之此舉，實惟知時，堅乃初心，以懋厥績。」太祖實録

壬辰，師至潮州，何真遣其都事劉克佐詣軍門，上其印章并所部圖籍。

四月辛丑，永忠至廣東之東莞縣，何真率其官屬迎見。

閏七月辛酉，〔三〕何真率其官屬入朝，詔授真江西行省參政。

上諭之曰：「天下分争，所謂豪傑有二；易亂爲治者上也，保民達變，識所歸者次也。負固偷安，流毒生民，身死不悔，斯不足論矣。頃者，師臨閩、越，卿即輸誠來歸，不煩一旅之力，使兵不血刃，民庶安堵，可謂識時達變者矣。」真叩頭謝曰：「昔武王伐暴救民，〔四〕諸侯不期而會者八百。今主上除亂以安天下，天命人歸，四海景從。臣本蠻邦之人，邇者逢亂，不過結聚鄉民，爲保生之計，實無他志。今幸遇大明麗天，無幽不燭，臣愚豈敢上違天命。」上曰：「夫能不賈禍於生靈者，必世享其澤。朕嘉卿忠誠，念江西地近廣東，是用特授爾江西行省參政，以表來歸之誠。古云：令名，德之輿也。卿令名已著，尚懋修厥德，以輔我國家。」太祖實録

真出見永忠，仍以榜招降諸寨，誅邵宗愚等，餘孽悉平。詔至，乘傳入朝，貢獻方物。賜文綺紗羅綾絹各百匹，銀千兩，將士各賜有差。侍膳内禁，賜宴中書。初賜詔諭，援例各進繳，真叩頭乞賜，藏於家，爲後世子孫榮。上可之，授真中奉大夫、江西行省參知政事。太祖實録何真本傳，黄佐撰傳同

洪武三年庚戌三月，召何真還，遷山東行省參政。

洪武四年辛亥，命何真還廣東，收集舊將士，還京，復任山東。

洪武五年壬子六月，復命何真往廣收舊卒，還京。

壬子六月，參政何真收集廣東所部舊卒三千五百六十人，發青州衛守禦。太祖實録

洪武六年癸丑六月，拜何真子貴明威將軍鎮南衛指揮僉事，真姪潤、弼、敬三人皆拜官，軍校數十人皆授管軍百户。

時真還廣州招集舊所部兵士二萬七百七十七人，并家屬送京師還朝，故有是命。太祖實録何真本傳

洪武九年丙辰，何真致仕，朝朔望。

洪武十三年庚申，何真請以子貴參侍東宫，即除貴北城兵馬指揮。

洪武十四年辛酉，命何真及其子貴同往雲南規畫糧餉，開拓道路，置立驛傳，積糧草，以俟大軍征進。及還，陞山西右布政使。

洪武十六年癸亥，何真致仕。

是年，復命真及貴往廣東收集土豪一萬六百二十三人。太祖實録

洪武十七年甲子，復命何真往廣東收集未至軍士。

閏十月，致仕布政使何真復招集廣東舊所部兵三千四百二十三人送京師。閒多道亡者，請追捕之。上曰：「彼爲民久矣，今復擾之，宜其然也。亡者勿問。」太祖實録

洪武十八年乙丑正月，起復山西左布政使致仕何真爲浙江右布政使。

洪武十九年丙寅，何真朝京師，調湖廣左布政使。

洪武二十年丁卯，復使何真致仕。

七月乙巳，〔五〕封湖廣左布政使致仕何真爲東莞伯。

誥曰：「古云：識時務者在乎俊傑。曩者元運將終，〔六〕華夷鼎沸，擅聲教而役生民，朝興暮泯，〔七〕接跡於世，終不能知時務而識天道，尚驅民以應鋒鏑，如此者豈一二人哉！爾何真率嶺南諸州壯士，保境全民，鄰敵不敢窺其際，嶺南之民莫不於爾仰賴。洪武初，朕命將西征，所在雖有降者，非義旗臨境則未附。爾真聞八閩負固，桂林驅民，海上群生，〔八〕亦不量力。爾真獨心悦誠服，罄嶺南諸州，具表入朝，非識時務者乎！常在朕心，未及崇報。今特命爾爲東莞伯，食禄一千五百石，使爾禄及世世，以報推誠之心。尚益加恭慎，以保禄位，延於永久，爾其敬哉！」太祖實録

賜鐵券，食禄一千五百石，賜鈔萬貫，仍賜第京師，以其第六子宏爲尚寶司丞。

二十三年三月，陞尚寶司少卿。太祖實録何真本傳

洪武二十一年戊辰三月己卯，東莞伯何真薨。

真蒞官有德有威，施政發令，風行霆斷，人莫敢犯，而一主於寬厚。尤好儒術，平居讀書，綴文無虚時。爲人豐偉，美鬚髯，吐音如鐘。少時，有相者謂曰：「公才兼文武，霸王之器，惜生南方，微帶火色，位不過封侯。」既貴顯，先墓嘗有紫氣，人指爲符瑞，輒斥絶之。及事高皇帝，夙夜畏威惟謹，高皇帝推心委任勿疑，故能以功名終。黄佐撰傳

四月乙巳，命何真子榮襲父爵。

榮襲爵，誥曰：「當元之季，海内兵争，群雄割據，〔九〕不可勝數。其間能識時務而審去就者幾人哉？爾何榮父東莞伯何真，昔能輯衆保有嶺南，俟朕平定之秋，不勞師旅，即納其土地，而全其民人，可謂深識時務者矣。朕嘉其誠，錫之封爵，近以高年令終，朕念不忘。今特命爾榮襲封東莞伯，爾其益勵忠實，毋墜前業，永保禄位，以傳後人。敬哉！」太祖實録

洪武二十五年壬申，命何榮往陳州、潁州二衛簡閲軍馬。

洪武二十六年癸酉二月，東莞伯何榮坐與凉國公藍玉謀反，伏誅。

十一月，東莞叛寇何迪伏誅。

迪，東莞伯真之弟也。真次子宏以罪誅，迪自疑禍及，遂聚衆作亂。南海衛以兵捕之，迪伏衆阻殺官軍三百餘人，遁入海島，廣東都指揮使司勒兵追擊，敗之，擒迪械送京師，誅之。太祖實録

何榮招云：榮廣東惠州府歸善縣人，洪武二十五年九月欽差往山西抽丁，本家置酒，與何貴、何宏弟閒話，弟何貴說：「大哥想李太師、延安侯衆人，爲交結胡丞相，都結果了。我每老官人在時，也曾去交結。如今胡黨不絶，只怕不饒我這一家兒。」榮說：「我心裏也常爲這事煩惱，又没躲避處，由他，看久後何如？」次日，起程前去，不期弟何貴在家，怕前事發露，又與龍虎衛指揮法古私通藍玉謀逆，伏誅了當。又招云：二十六年二月十八日，東平侯韓勛到鎮朔衛，在榮下處喫酒。酒閒，密說：「前日宣寧侯使人來說，凉國公收拾四川人馬，與陳義指揮等商議擺布，要下京來做一手，著我這裏聽候接應。如今全寧、會寧、宣寧、懷遠等侯、劉真都督比先都是胡黨，已商量接應他，你心裏如何？」榮回說：「我先父亦曾交結胡丞相，因見延安侯衆人廢了，我與弟何貴常常煩惱，久後不知何如？既官人每都從了時，我也和你每做。」酒畢，各散在家，一向與本官潛謀聽候。不期奸黨敗露，今蒙提問罪犯。〔一〇〕

何榮弟鎮南衛指揮何貴招云：二十六年正月，蒙古左衛指揮法古對貴說：「前

日茅都督過江潛對法古說涼國公見上只管病纏，要謀大事，你可收拾聽候。你有一千軍在我衛裏，那裏頭目我都引去見了，再教我同潘指揮來對你說。」貴說：「上位關防大，如何下手？」法古回說：「上位只關防得各門上，如今我衛裏虎刺指揮常隨涼國公出征，他是廝殺好漢。」貴即聽允。次日，到涼國公直房拜見。至晚，有本衛百户朱成到貴家說：「常教官人來帶刀討分曉，今早的言語謹慎著。」

何榮弟尚寶司少卿何宏招云：詳見詹徽內涼國公奸黨敗露，被馬黑黑指出，提問罪犯。已上俱逆臣錄

癸丑三月借張孟劬先生藏舊鈔本傳録。韻齋記於吳門柳巷寓廬。

錢謙益國初群雄事略藁本十四卷，向藏懋橋巷顧五癡家，後轉入香巖書屋。予思傳録，奈香巖丈久客山左，未能遂願。一日，香丈奉諱南還，便道過訪，談及是書，知予欲傳録未果，欣然輟贈。此書遂爲士禮居士物矣。嘉慶庚午九月，黄丕烈識。

此書先據孟兄藏本傳録，後見湘鄉袁氏卧雪廬藏黄氏原本，末有跋語四行，遂補録於此。甲寅四月，韻齋再誌。

校勘記

〔一〕邵宗愚：原本訛「邵」爲「郡」，據黄佐何真傳改。

〔二〕其後置江西分省於廣東：原本訛「置」爲「至」，據黄佐何真傳改。

〔三〕辛酉：原本訛「酉」爲「丑」，太祖洪武實録卷二九洪武元年閏七月條載：「辛酉，……廣東何真率其官屬入朝，授真江西行省參政。」據改。

〔四〕救民：原本訛「救」爲「敕」，據太祖洪武實録卷二九改。

〔五〕七月乙巳：原本訛作「八月壬寅」，太祖洪武實録卷一八三洪武二十年秋七月條載：「乙巳，……封湖廣布政使致仕何真爲東莞伯」，據改。

〔六〕元運：原本訛「運」爲「蓮」，據太祖洪武實録卷一八三改。

〔七〕朝興暮泯：原本訛「暮」爲「慕」，據太祖洪武實録卷一八三改。

〔八〕群生：原本訛「群」爲「邵」，據太祖洪武實録卷一八三改。

〔九〕群雄：原本訛「群」爲「郡」，據太祖洪武實録卷一九〇改。

〔一〇〕此條以下，原本無，俱從適園本補。

附録：適園叢書本張鈞衡跋

右國初群雄事略十五卷，國朝錢謙益牧齋撰。牧齋，常熟人，萬曆庚戌年進士及第，官至禮部侍郎，弘光時禮部尚書。入國朝，仍爲禮部侍郎。事迹入貳臣傳。牧齋博極群書，聲望卓著。崇禎朝，扼于温體仁；弘光朝，扼于阮大鋮；國朝，扼于謝陞。宦既不達，欲以史事自見，而亦未有任之者。纂名臣、名人傳誌，訂成數百册。又爲六丁取去，惟存列朝詩選，聊見微旨而已。此書即其造史長編，首韓林兒，次郭子興，〔一〕次徐壽輝，次陳友諒，次明玉珍，次明昇，次張士誠，次方國珍，次擴廓帖木兒，次陳友定，次李思齊，次納哈出，次察罕，次何真，次何榮十五人，分爲十五篇。采自諸書，牴牾處不改定，參差處不畫一，仍是長編之例，實非刊定之書。周在浚、黄俞邰徵唐、宋祕書本書目，此書在焉，然迄未刊行之者。今以漢唐齋馬氏、蘭味軒莊氏兩鈔本互校訂定，以明昇、察罕、何榮各從其父，〔二〕定爲十二卷。牧齋著作刊播於世，實爲最後矣。

癸丑十二月烏程張鈞衡跋。

校勘記

〔一〕郭子興：原本訛「興」爲「章」，適園本國初群雄事略卷一爲「宋小明王」，卷二爲「追封滁陽王」，滁陽王即郭子興，據改。

〔二〕何榮：原本訛「何」爲「方」，適園本國初群雄事略卷六「東莞伯何真」，何真子即何榮，據改。

中國史學基本典籍叢刊　書目

穆天子傳匯校集釋
國語集解
吴越春秋輯校彙考
越絶書校釋
西漢年紀
兩漢紀
漢官六種
東觀漢記校注
校補襄陽耆舊記（附南雍州記）
十六國春秋輯補
洛陽伽藍記校箋
建康實録
荆楚歲時記
大唐創業起居注箋證（附壺關録）
貞觀政要集校（修訂本）
唐六典
蠻書校注
十國春秋
皇朝編年綱目備要
皇宋十朝綱要校正
隆平集校證
宋史全文
宋太宗皇帝實録校注
金石録校證
丁未録輯考
靖康稗史箋證
中興遺史輯校
鄂國金佗稡編續編校注
皇宋中興兩朝聖政輯校
中興兩朝編年綱目
續宋中興編年資治通鑑
續編兩朝綱目備要

宋季三朝政要箋證
宋代官箴書五種
契丹國志
西夏書校補
大金弔伐録校補
大金國志校證
聖武親征録（新校本）
元朝名臣事略
明本紀校注
皇明通紀
明季北略
明季南略
國初群雄事略
小腆紀年附考
小腆紀傳
廿二史劄記校證